Gault&Millau

Hotelguide Österreich

HERAUSGEBER & CHEFREDAKTION

Martina & Karl Hohenlohe

2025

www.gaultmillau.at

Inhalt

Vorwort 4

Awards & Preisträger 7

News 18

Die besten Hotels Österreichs 29

Landkarte 31

Index A–Z 452

Impressum 27

Vorwort

© Philipp Lipiarski

In den vergangenen Jahren hat sich die heimische Hotellerie nicht nur stabilisiert, sondern auch ansehnlich weiterentwickelt. Die Branche zeigt sich widerstandsfähig und innovativ, was wir bei der Erstellung dieser fünften Ausgabe des Gault&Millau Hotelguides für Österreich eindrucksvoll bestätigt fanden. Mit Freude stellen wir Ihnen eine Auswahl der besten Hotels vor, die unvergessliche Urlaubserlebnisse versprechen.

Die Reiselust der Österreicherinnen und Österreicher bleibt ungebrochen, gleichermaßen hält der Trend zu Urlaubsreisen im eigenen Land weiter an. Dies ist nicht zuletzt dem großen Engagement und der Kreativität der heimischen Hoteliers zu verdanken, die stets bestrebt sind, ihren Gästen einzigartige Aufenthalte zu bieten. Die Vorstellungen und Erwartungen der Reisenden könnten dabei jedoch nicht unterschiedlicher sein und reichen vom charmanten Urlaub in den Bergen bis hin zum abwechslungsreichen Städtetrip im stilvollen City-Hotel.

Für all diese individuellen Bedürfnisse hält der Guide das Passende bereit. Als zuverlässiger Hotelführer präsentiert er ausgewählte Betriebe und liefert Orientierung, die auf Bewertungsplattformen und Suchmaschinen oft schwer zu finden ist. Rund 640 Hotels finden Erwähnung und bieten Ihnen eine umfassende Übersicht über die besten Übernachtungsmöglichkeiten in Österreich. Dass die österreichische Hotellerie am Puls der Zeit ist, zeigt das Bewusstsein für Nachhaltigkeit vieler Betriebe. Immer mehr Hotels integrieren umweltfreundliche Konzepte und setzen konsequent auf Regionalität. Getreu dem Motto „Das Gute liegt so nah" werden zunehmend lokale Produkte bevorzugt, um die Umwelt zu schonen und authentische Erlebnisse zu bieten.

In dieser Ausgabe möchten wir zudem auf einige bemerkenswerte Entwicklungen in der Hotellandschaft hinweisen, darunter spannende Neueröffnungen und kreative Konzepte, die die heimische Branche beleben. Ein besonderer Höhepunkt ist die Vorstellung unserer Preisträgerinnen und Preisträger, die mit außergewöhnlicher Hingabe und herausragenden Leistungen die Qualität und Vielfalt der Hotellerie in Österreich bereichern.

Dieser Guide soll Ihnen nicht nur bei der Wahl Ihrer nächsten Unterkunft helfen, sondern auch neue und inspirierende Reiseideen bieten.

Dieser Guide soll Ihnen nicht nur bei der Wahl Ihrer nächsten Unterkunft helfen, sondern auch neue und inspirierende Reiseideen bieten. Wir wünschen Ihnen unvergessliche und erfolgsame Aufenthalte in den Spitzenhotels.

Herzlichst

Martina und Karl Hohenlohe

Herausgeber Gault&Millau

AWARDS & PREISE

Mountain Resort Feuerberg

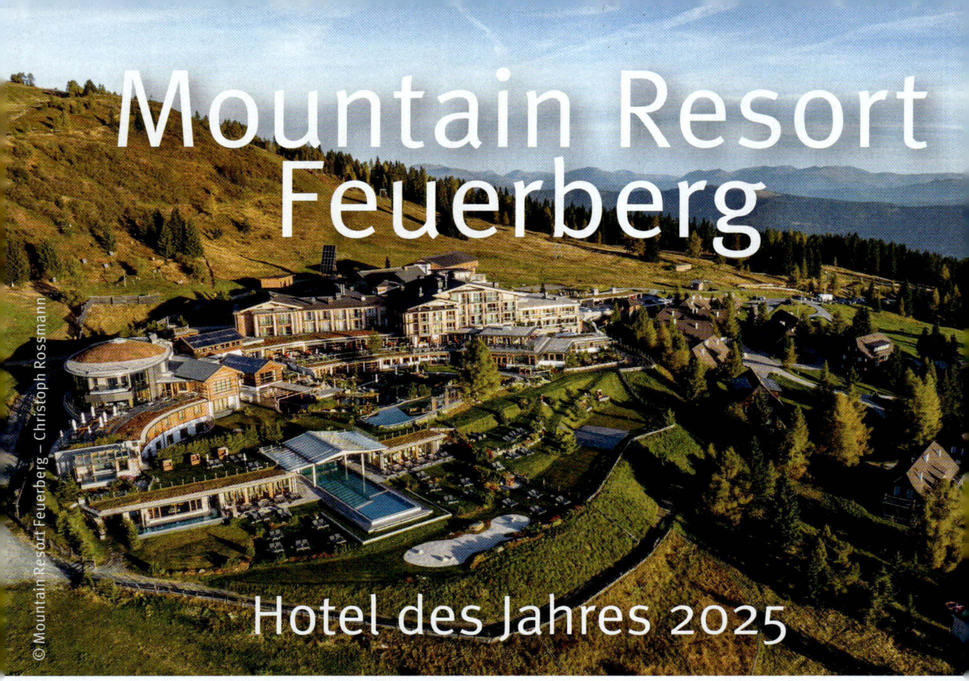

© Mountain Resort Feuerberg – Christoph Rossmann

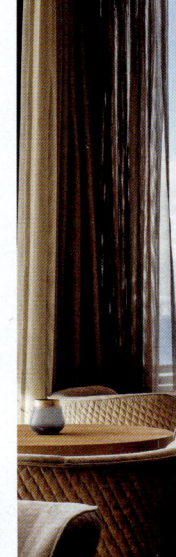

Hotel des Jahres 2025

Es gibt Augenblicke im Leben, die krallen sich mit allem, was sie haben, am Stammhirn fest und bleiben das ganze Leben unauslöschlich dort hängen. Normalerweise sind das bewegende Ereignisse wie die Geburt eines Kindes oder die eigene Hochzeit. Hin und wieder schaffen es aber auch viel profanere Momente, sich einen Stammplatz im Langzeitgedächtnis zu sichern. Auf Wunsch jederzeit abrufbar. Einer dieser Augenblicke ist ein winterlicher Sonnenaufgang im Infinitypool im Mountain Resort Feuerberg auf der Gerlitzen.

Wenn die Bergwelt Kärntens noch von Nebelschwaden durchzogen ist und nur die Gipfel silbern glitzern, ist das allein schon ein atemberaubender Anblick.

Natürlich nicht nur im Winter. Auch im Herbst und im Sommer locken der Blick und die Weite bis runter zum Ossiacher See. Aber wie gesagt: Im Winter legt man noch einmal nach. Dazu kommt das einzigartige Hüttenambiente in einem der Chalets. Das Mountain Resort Feuerberg ist – mit dem Außenpool, dem Naturbadesee, dem umfangreichen Spa-Bereich, den vielfältigen Möglichkeiten (die Chalets sind nur eine davon) und der Piste vor der Haustür – natürlich weit mehr als nur ein Hotel. Es ist genau genommen eine Wohlfühloase mit so ziemlich allen Optionen, um den

Patronanz: NESPRESSO

Alltag im Tal zu lassen – seien die Ambitionen sportlicher oder – wenn man die Auszeit relaxter anlegen möchte – entspannter Natur. Die Eckdaten dazu: elf Pools, ein Naturbadesee, elf verschiedene Saunen, 16 Ruheoasen und ein japanisch inspirierter Teeraum. Wer hier nicht zur Ruhe kommt, dem ist ohnehin nicht zu helfen. Wir haben uns für das Mountain Resort Feuerberg aus mehreren Gründen entschieden: Einer davon – und das ist nicht der unwesentlichste – ist, dass das Thema Kulinarik einen wichtigen Stellenwert im Resort hat. Was Kevin Granegger, der Küchenchef, hier auf knapp 1.800 Metern Höhe auf die Teller zaubert, ist ausgesprochen eindrucksvoll.

Mountain Resort Feuerberg
Gerlitzenstraße 87
9551 Bodensdorf

© Mountain Resort Feuerberg – Franz Gerdl

© Mountain Resort Feuerberg – Franz Gerdl

© Mountain Resort Feuerberg – Michael Stabentheiner

The Hoxton Vienna
Neueröffnung des Jahres 2025

Die Rooftop-Bar „Caya Coco" ist seit der Eröffnung eine der beliebtesten Sundowner-Locations der Donaumetropole. Unkompliziertes Ambiente mit viel karibischem Kuba-Flair zeichnet die Bar ebenso aus wie ein traumhafter Blick über ganz Wien. Die Dachterrasse ist aber nur einer von mehreren Gründen, warum wir das „The Hoxton" zur Neueröffnung des Jahres auserkoren haben. Die Gastronomie ist erfrischend anders – unkompliziert und nicht der nächste Aufguss von saisonal und regional. Für das Konzept hat man die New Yorker Szenegastronomen Fabián von Hauske Valtierra und Jeremiah Stone verpflichtet; sie haben nachhaltige Spuren hinterlassen.

Dass man im „Hox" zu feiern weiß, wurde nicht nur bei einer rauschenden Opening-Party auf mehreren Etagen offenbar – man kann sich auch weiterhin ein Bild davon machen. Im Souterrain-Club „Salon Paradise" werden nicht nur hochprozentige Cocktails gemixt, bei regelmäßigen DJ-Sessions wird auch nächtelang getanzt. Das Beste am neuen Hoteljuwel ist aber die Bewahrung der schlichten Ästhetik des 50er-Jahre-Baus von Carl Appel. Die weitläufige Lobby wird von den originalen, mit Travertin verkleideten Wänden und Terrazzoböden gerahmt. Im gesamten Hotel sorgen Vintage-Möbel und maßgefertigte Teppiche für ein einzigartiges Ambiente. Österreichisches Design des frühen 20. Jahrhunderts und der Spirit der Wiener Werkstätte kann in vielen Winkeln (wieder-)entdeckt werden. Dafür sind wir unendlich dankbar und wir freuen uns sehr über die gastronomische und kulturelle Bereicherung in der Bundeshauptstadt.

The Hoxton, Vienna
Rudolf-Sallinger-Platz 1
1030 Wien

Belmonte Boutique Hotel
Entdeckung des Jahres 2025

Wo fangen wir an? Am besten damit, wie wir das Belmonte entdeckt haben. Eigentlich wollten wir hier nur essen gehen, weil uns das Restaurant des Hotels von verschiedenen Seiten empfohlen wurde. Mehr über unseren Besuch im „La Rosa" lesen Sie in unserem Restaurantguide. Jedenfalls haben wir festgestellt, dass zum „La Rosa" auch ein Hotel gehört. Und was für eines. Klar, es ist genau umgekehrt: Das Restaurant gehört natürlich zum Hotel. Warum es für uns die Entdeckung des Jahres ist? Wegen der Zimmer, der Suite, der Architektur, der Lage, der Stimmung, der Küche, der Herzlichkeit und der vielen Möglichkeiten, völlig abzuschalten. Die Zimmer sind einerseits geradlinig, formschön und elegant, auf der anderen Seite aber auch so wohlig,

dass es eine Freude ist. Die Suite würde man am liebsten überhaupt nicht verlassen.

Für uns ein Ruhepol, für die Seele ein Ort der Entspannung.

Ein gutes Buch, lange Gespräche oder einfach nur abhängen nach einer langen Wanderung in den Bergen Osttirols.

Belmonte Boutique Hotel
Sillian 166, 9920 Sillian

Alle Bilder © Belmonte Tirol — Boutique Hotel

Roland Hamberger
Gastgeber des Jahres 2025

Es gibt Vieles über ihn zu sagen, eines ist aber einzigartig: Er lebt so intensiv für die Häuser, die er führt, dass es keinen Feierabend gibt. Kein Bürotürzumachen und privat sein. Vieles wird sehr persönlich, was manche als Schwäche interpretieren würden. Wir finden, das ist die absolute Stärke von Roland Hamberger: kompromissloses Commitment. Was er besonders gut beherrscht, ist die Nuancierung zwischen laut und leise. Wenn der Gast einen verschmitzten, ansteckend lachenden Hoteldirektor vor sich haben will, dann kann er sich auf Roland Hamberger freuen. Wenn er einen zurückhaltenden, einfühlsamen Chef kennenlernen will, dann auch. Die Kunst ist es, sich vorab

auf den Gast einzustellen, innerhalb weniger Augenblicke zu erkennen, wie sie oder er sich am wohlsten fühlt, um das dann perfekt umzusetzen. Ein weiteres hervorstechendes Atout von Roland Hamberger ist seine absolute Diskretion. Unzählige weltberühmte Persönlichkeiten waren schon einmal zu Gast in einem der Häuser, die Roland Hamberger geführt hat, aber niemand weiß es. Wir haben selbst einmal in New York einen internationalen Starkoch vor der Kamera gehabt, der gemeint hat, wenn er nach Wien komme, suche er nicht nach einem Hotel, sondern nach jenem Hotel, wo Roland Hamberger die

Zügel in der Hand hält. Mit vielen seiner Gäste hat sich im Lauf der Jahre ein Miteinander ergeben, das über das Geschäftliche hinausgeht – und wenn man es einmal geschafft hat, dass Gäste nicht Gäste bleiben, sondern als Freunde wahrgenommen werden, dann hat man die Auszeichnung „Gastgeber des Jahres" wirklich verdient.

Rosewood Vienna
Petersplatz 7, 1010 Wien

Alle Bilder © Rosewood Vienna

Refugium Lunz
Ambiente des Jahres 2025

Das Gastgeberpaar Stefanie und Christian Metzger

Lunz am See liegt nicht nur am besagten Lunzer See, sondern auch an der Mostviertler Eisenstraße. Es ist ein Bergsteigerdorf mit knapp 2.000 Einwohnern. Es liegt, wenn man so will, etwas abseits der breiten Wege. Aber genau das ist es, was diesen Ort ausmacht. Vor ein paar Jahren standen Joachim Mayr und Heinz Glatzl, zwei Architekten, am Lunzer Kirchenplatz vor einem wunderschönen, aber leeren Haus. Sie schauten erst das Haus, dann einander an. Anschließend begann es, in ihren Köpfen zu arbeiten. Was letztlich daraus wurde, ist ein Triumph der Vorstellungskraft. Und ein Ort, der seinen Namen – Refugium – völlig zu Recht trägt. Jedes Gewölbe, jede Dachschräge, ja fast jedes Fenster atmet die Geschichte des Hauses. Viele Beispiele, bei

denen historischer Bestand derart harmonisch und behutsam mit modernen Akzenten versehen wurde, gibt es nicht. Dazu kommt eine Hommage ans Handwerk, die sich wie ein roter Faden durchs Refugium zieht. Phänomenal wohnliche Zimmer. Die größeren – in anderen Häusern heißen sie „Suiten" – sind im Refugium die „Domizile". Zu essen gibt es hier ebenfalls. Im À-la-carte-Restaurant dominiert – wie auch im Rest des Hauses – das Handwerk. Und gelebte Regionalität. Weil man im Mostviertel diesbezüglich ohnehin aus dem Vollen schöpfen kann.

Refugium Lunz
Kirchenplatz 3, 3293 Lunz am See

Hotelgeflüster

Die österreichische Hotelszene steht nie still. Damit Sie nichts verpassen, präsentieren wir noch vor den Hoteltipps einen Überblick der spannendsten Neueröffnungen und baldigen Hotelprojekte. Wir sind darauf bedacht, bis Redaktionsschluss so aktuell wie möglich zu berichten.

AWA Hotel Vienna

Meiereistraße 12, 1020 Wien

Im Wiener „Viertel Zwei" am Grünen Prater entsteht ein neues Hotel, das – ganz dem Zeitgeist entsprechend – versucht, modernen Tourismus mit ESG-Kriterien zu kombinieren und dabei neue Standards zu setzen. Mit Nachhaltigkeit und Social Impact im Fokus, bietet das Hotel, das 2025 eröffnen wird, 246 stilvolle Zimmer inmitten des grünen Stadtteils. Außerdem erfreuen sich die Gäste dann an einem ganztägig geöffneten Restaurant, einem Fitnessraum und einer 480 Quadratmeter großen Tagungsfläche für Meetings und Konferenzen. Ideal für Geschäftsreisende, aber auch Individualreisende kommen dank der günstigen Lage auf ihre Kosten.

The Passenger

Europastraße 10, 5020 Salzburg

Unter dem Motto „Between worlds" verspricht das neue Hotel The Passenger Leichtigkeit, Verbundenheit und überraschende Begegnungen. Das Hotel ist Teil des spannenden Gebäudekomplexes „Helix" im Salzburger Stadtteil Taxham und liegt somit unweit zahlreicher Shoppingmöglichkeiten und Attraktionen wie der Red Bull Arena und dem Schloss Klessheim, dem Flughafen und dem Messezentrum. Auch das Salzburger Zentrum ist in Kürze erreichbar. Die Zimmer begeistern mit klaren Strukturen, liebevollen Details und einem durchdachten Design, die lichtdurchfluteten Businessräume bieten für jedes Event die richtige Umgebung und das Restaurant sowie die Bar überzeugen mit stilvollem Ambiente.

Hampton By Hilton Vienna City West

↑

Diefenbachgasse 1–3, 1150 Wien

Europas größtes Hampton By Hilton eröffnete Ende August 2024 in Wien. Das 355 Zimmer umfassende Hampton By Hilton Vienna City West richtet sich sowohl an Geschäfts- als auch Städtereisende. Unweit der U-Bahnstation Längenfeldgasse gelegen, erfreut man sich an der idealen öffentlichen Anbindung, womit man die Sehenswürdigkeiten der Stadt wie das Schloss und den Tiergarten Schönbrunn, die Staatsoper und den Stephansdom in Kürze erreicht. Für einen gelungenen Aufenthalt sorgen neben den stilvollen Zimmern ein reichhaltiges Frühstücksbuffet, ein Fitnesscenter sowie ein Businesscenter.

Grand Elisabeth

Kurhausstraße, 4820 Bad Ischl

Inmitten von Bad Ischl, hinter dem Kongresshaus, eröffnet im Februar 2025 das Grand Elisabeth. Mit klingendem Namen orientiert sich das Haus gestalterisch an den aus der Gründerzeit stammenden Bauten Bad Ischls wie der Kaiservilla, dem Kurhaus sowie der Lehár-Villa. Neben der Architektur wird das romantische Ambiente von einem Park mit Biotop und einem Pavillon abgerundet. Das Angebot reicht von 130 Zimmern über ein Restaurant, einen Kinderspielraum und einen Wellness- und Fitnessbereich bis hin zu Seminarräumen und einem Badeteich. Damit stellt es nicht nur ein ideales Hotel für Businessreisende, sondern auch für Seminarveranstalter und Touristen dar.

A by Adina Vienna Danube

Wagramerstraße 2, 1220 Wien

Hoch hinaus geht es im A by Adina Vienna Danube, dem ersten Premium-Aparthotel Europas der australischen Hotelmarke. Im 180 Meter hohen und 48-stöckigen DANUBEFLATS-Gebäude bietet das Luxus-Apartmenthotel ab Anfang 2025 120 Premiumwohnungen mit einer Fläche von 23 bis 64 Quadratmeter. Grandiose Aussichten sind hier garantiert, insbesondere vom Panoramapool, von dem der Blick über die Donauinsel hinweg bis in die Altstadt reicht. Hotelgäste erfreuen sich zusätzlich an einem Wellnessbereich und einer Businesslounge mit Meetingräumen aller Art.

© Adina Hotels

Herausgeber	Karl Hohenlohe, Mag. Martina Hohenlohe
Chefredakteurin	Mag. Martina Hohen ohe
Produktionsleitung	Paul Golger, paul.golger@gaultmillau.at
Mitarbeiterinnen der Redaktion	Derya Metzler, B. A. derya.metzler@gaultmillau.at
	Astrid Panowetz, B. A.
	Marlene Sturmaier, marlene.sturmaier@gaultmillau.at
Coverfoto	© Mountain Resort Feuerberg – Christoph Rossmann
Technische Umsetzung	i-security, 1050 Wien
	Blacksheep Productions
Lektorat	Das Textatelier, Mag. Sandra Bak, office@das-textatelier.at
Landkarten	ARGE KARTO, Mag. Herwig Moser,
	3152 St. Georgen, arge.karto@aon.at
Leserservice Österreich	leserservice@gaultmillau.at
	Gault&Millau, Strohgasse 21a, A-1030 Wien
Internet	www.gaultmillau.at
Vertrieb A	Mohr-Morawa, Wien,
	Tel.: +43/(0)1/680140
Vertrieb D/CH	Libri GmbH, Friedensallee 273, 22763 Hamburg,
	Tel.: +49/(0)40/853930, libri@libri.de
Leitung Marketing & Sales	Josef Jungmann, josef.jungmann@gaultmillau.at
Marketing & Sales	Oliver Gattringer, M. A. oliver.gattringer@gaultmillau.at
	Assunta Bidinger, assunta.bidinger@gaultmillau.at
Layout & Satz	Hannah Rott, B. A. hannah.rott@gaultmillau.at
Herstellung	Print Alliance HAV Produktions GmbH, 2540 Bad Vöslau
	www.printalliance.at
Verlag	KMH Media-Consulting GesmbH,
	Strohgasse 21A, A-1030 Wien,
	Tel.: +43/(0)1/7124384-29
	© by GaultMillau S. A.
	© by KMH Media Consulting GesmbH
	Registered Trademark
ISBN	978-3-9519970-3-2

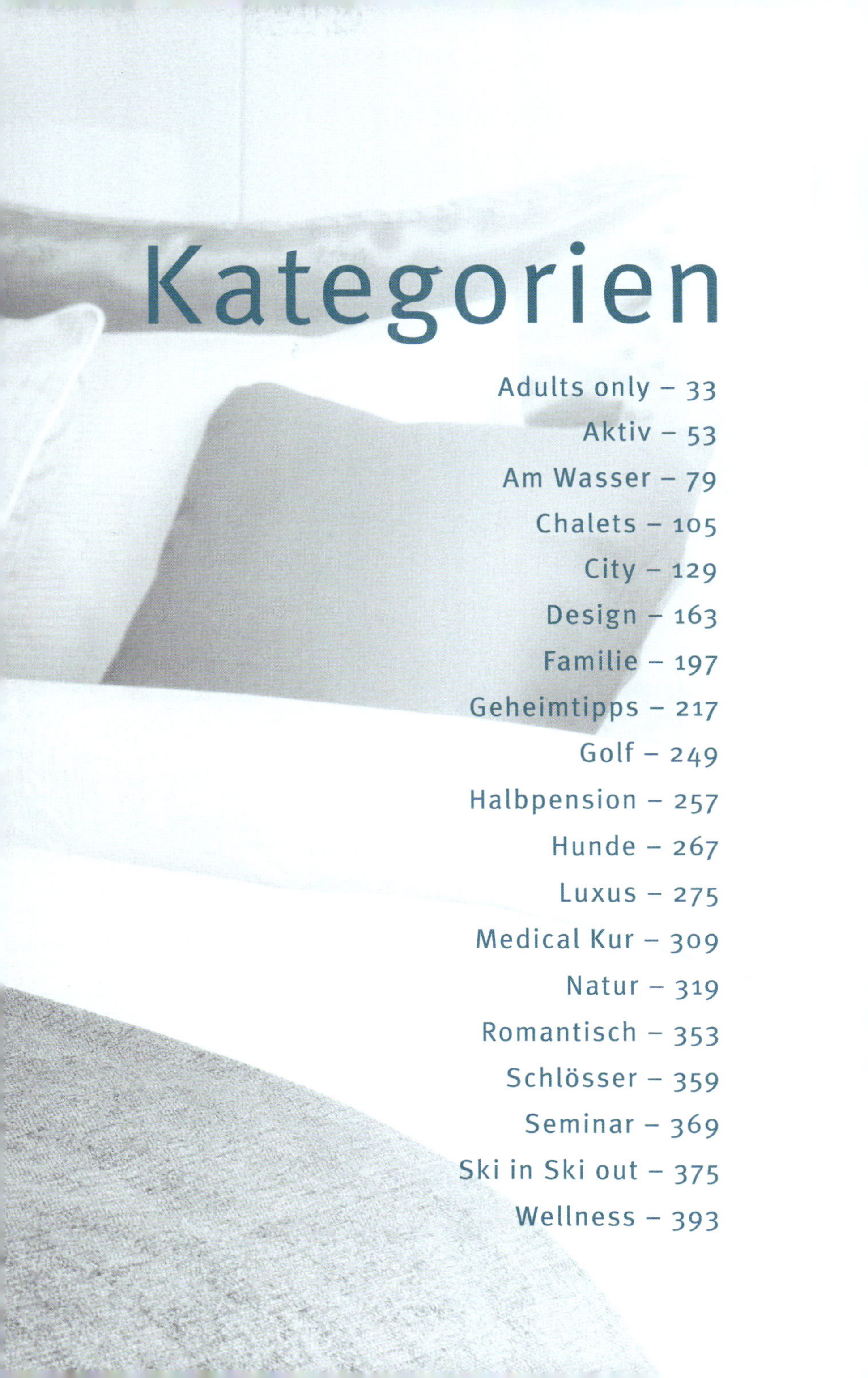

Kategorien

Adults only – 33

Aktiv – 53

Am Wasser – 79

Chalets – 105

City – 129

Design – 163

Familie – 197

Geheimtipps – 217

Golf – 249

Halbpension – 257

Hunde – 267

Luxus – 275

Medical Kur – 309

Natur – 319

Romantisch – 353

Schlösser – 359

Seminar – 369

Ski in Ski out – 375

Wellness – 393

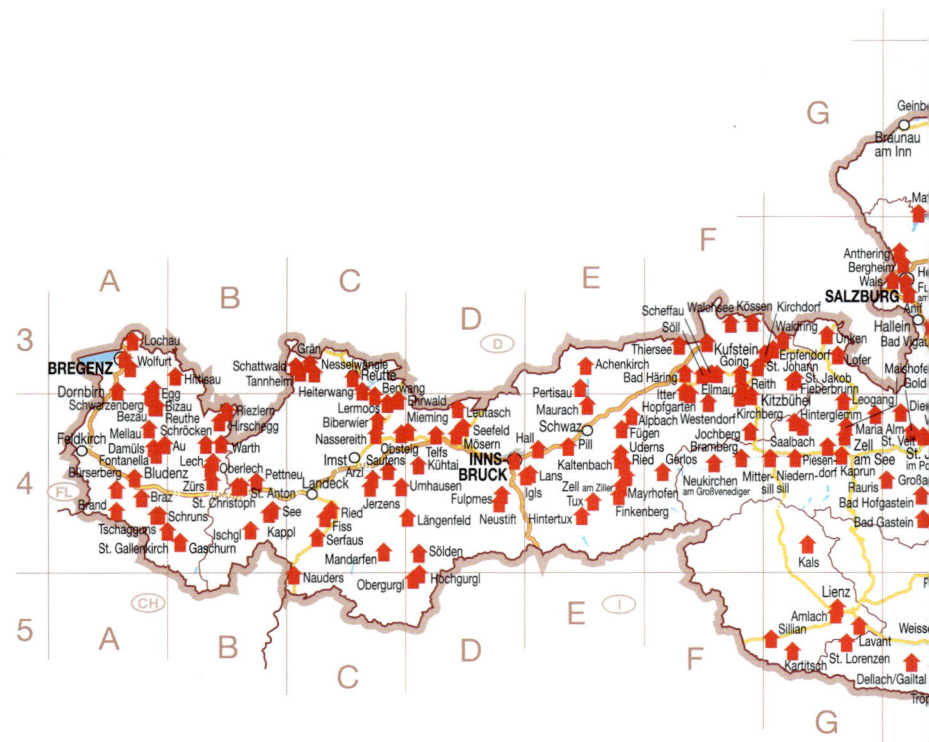

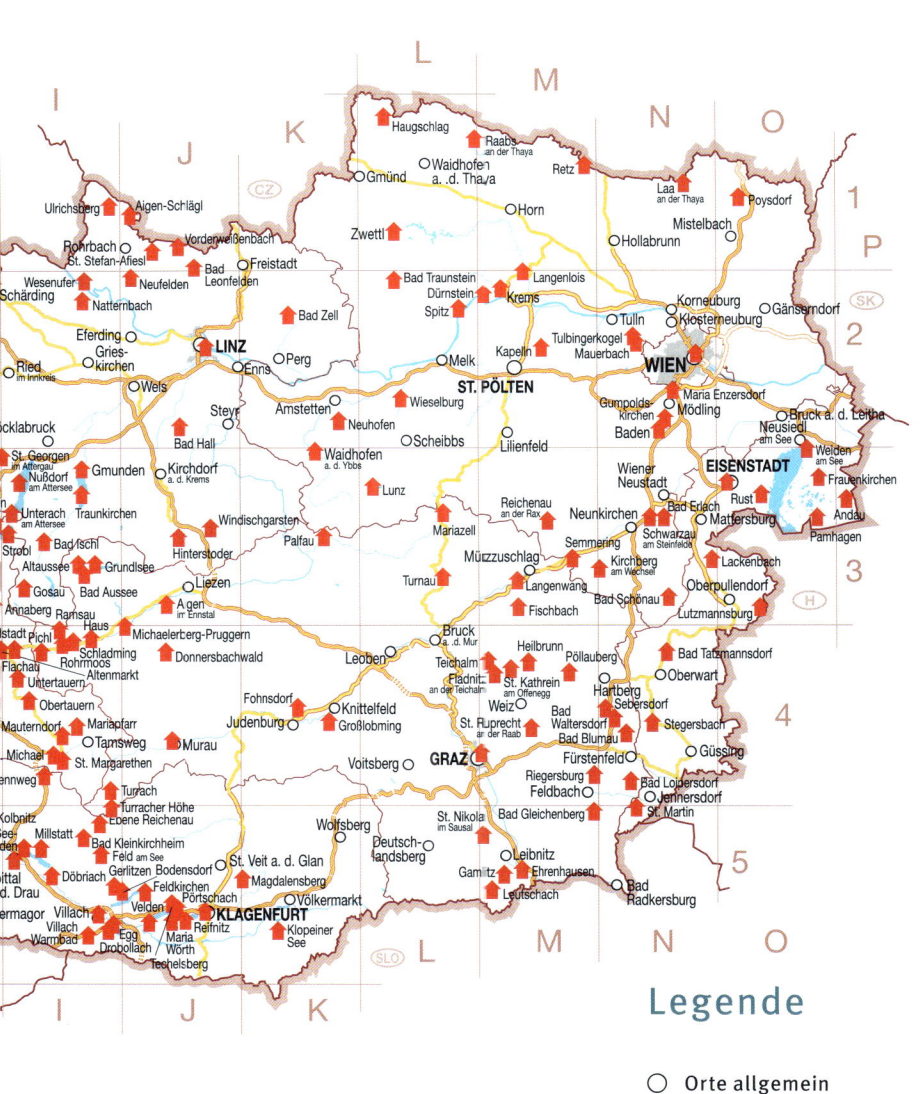

Legende

○ Orte allgemein

🏠 Hotels

Gault&Millau

Entdecken.
Entspannen.
Erleben.

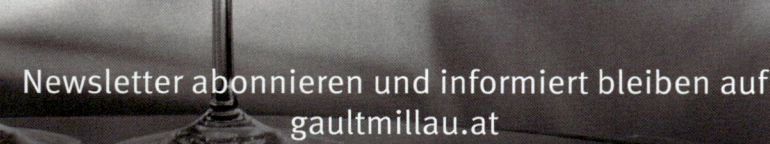

Newsletter abonnieren und informiert bleiben auf
gaultmillau.at

Das Kronthaler

6215 Achenkirch, Am Waldweg 105 a • 05246 6389
www.daskronthaler.com • welcome@daskronthaler.com

In Achenkirch nahe dem Achensee finden Gäste ab 14 Jahren im Adults-only-Hotel Das Kronthaler die ideale Umgebung, um sich ganz auf die eigene Gesundheit und Erholung fokussieren zu können. Ein vitaler Lebensstil wird mit Low-Carb-Auswahl am Frühstücksbuffet sowie eigenen Low-Carb-Menüvarianten am Abend zelebriert, auch auf vegetarische Ernährung wird Rücksicht genommen. Der 2.500 m² große Wellness- und Spa-Bereich bietet Entspannung, nachdem man sich bei einem Personal Training ausgepowert hat. Den krönenden Tagesabschluss findet man in den Bars ZEITLOS 989 und HIMMELNAH 999.

Posthotel Achenkirch

6215 Achenkirch, Obere Dorfstraße 382 • 05246 6522
www.posthotel.at • info@posthotel.at

Wer das Äquivalent zum Kinderspielplatz für Erwachsene sucht, wird im Posthotel Achenkirch fündig. Im Adults-only-Hotel wird Gästen ab 18 Jahren nahezu alles Erdenkliche geboten: Yoga? Immer! Tennis und Squash? Klar! Reiten und Kutschenfahren? Sogar mit Lipizzanern aus dem eigenen Gestüt! Golf? Auf dem hoteleigenen 9-Loch-Golfplatz! Ruhiger angehen lässt es sich in der 7.000 m² großen Wellnessoase mit Wasser- und Wohlfühlwelt, Saunaoase und etlichen Spa-Anwendungen. Kulinarisch verwöhnen regionale und saisonale Lebensmittel, die teilweise aus der eigenen naturnahen Landwirtschaft stammen.

Adults only

Am Holand

6883 Au im Bregenzerwald, Holand 24 • 05515 29 32
www.amholand.at • info@amholand.at

Inmitten des traumhaften Bregenzerwalds, umgeben von
der Zweitausender-Bergwelt, lockt das Hotel Am Holand
mit einer unvergleichlichen Einzellage am Waldrand mit
Blick übers Dorf. Hier finden Gäste ab 16 Jahren einen wahren Ruhepol. Mit nur 27 Betten urlaubt man im Hotel in entspannter Umgebung. Die regionale und saisonale Küche
liefert die nötige Energie, um die zahlreichen Möglichkeiten
der Region während eines aktiven Sommer- und Winter-
urlaubs ganz ausschöpfen zu können. Zur Ruhe kommt man
im ganzjährig beheizten Außenpool, im Panoramaruhe-
raum, in den Saunen oder bei einer Massage.

Asia Resort Linsberg

2822 Bad Erlach, Thermenplatz 1 • 02627 48000
www.linsbergasia.at • mail@linsbergasia.at

Besucht man das Asia Resort Linsberg, dann fühlt man sich
sogleich wie in Fernost. Die Philosophie des Hauses fußt
auf ganzheitlichem Wohlbefinden – und das ist auf dem
gesamten Areal spürbar. Im Adults-only-Hotel, das mitten
in der Natur liegt, werden Ruhe und Harmonie in den Mittelpunkt gestellt und das Thema „Asien" gelebt: vom Garten,
der jenen in Japan nachempfunden ist, bis hin zum Interieur.
Der Spa-Bereich mit Pool, Saunen und Dampfbädern macht
den Urlaub zu einer wahren Auszeit. Abgerundet wird das
Angebot vom Restaurant, wo die asiatischen Einflüsse gleichermaßen spürbar sind.

Adults only

Falkensteiner Genuss & Wohlfühlhotel Mühlviertel

4190 Bad Leonfelden, Wallseerstraße 10 • 07213 20687911
www.falkensteiner.com/hotel-spa-bad-leonfelden •
reservations.badleonfelden@falkensteiner.com

Eingebettet in die idyllische Mühlviertler Landschaft begrüßt das Falkensteiner Genuss & Wohlfühlhotel in Bad Leonfelden Gäste ab 14 Jahren in seinen 2023 renovierten und neu gestalteten Räumlichkeiten. Das Wohlfühl-All-inclusive-Konzept sorgt dafür, dass keine Wünsche offenbleiben. Inklusiv ist hier nicht nur der Balkon in jedem Zimmer, sondern auch ein umfassendes Getränkesortiment – darunter Weine ausgewählter Winzer, Spritzer-Variationen, Bier, Softdrinks, Tee und Kaffee sowie eine abwechslungsreiche regionale Küche. Besonders wohl fühlt man sich im 2.500 m² großen Acquapura Natur Spa.

Reiters Supreme

7431 Bad Tatzmannsdorf, Am Golfplatz 1 • 03353 8841-0
www.supremehotel.at • booking@reitershotels.at

Im Südburgenland finden Gäste ab 16 Jahren im Hotel Reiters Supreme auf einem 125 Hektar großen Areal alles für einen erholsamen und abwechslungsreichen Urlaub. Ob Reiten in Europas größtem privatem Lipizzanergestüt, Golfen auf dem 27-Loch-Golfplatz oder Entspannen im über 8.200 m² großen Spa- und Wellnessbereich, hier wird jeder fündig. Seit Frühjahr 2024 gibt es mit dem neuen Kenshō-Spa-Bereich im japanischen Stil eine zusätzliche Ruheoase. Genussvolle Momente lassen sich in einem der fünf Restaurants erleben, in denen sowohl Fleisch- als auch rein pflanzliche Köstlichkeiten aufgetischt werden.

Spa Resort Styria

8271 Bad Waltersdorf, Bad Waltersdorf 351 • 03333 31065
www.sparesortstyria.com • reservation@sparesortstyria.com

Entspannung pur erwartet Gäste ab 16 Jahren im Spa Resort Styria in Bad Waltersdorf. Inmitten der sanften Hügellandschaft des oststeirischen Thermenlands wird im Golden Spa auf über 2.500 m² in Heil- und Thermalwasser relaxt. Für besonders luxuriöse Zweisamkeit sorgt das Private Spa. Kulinarisch darf man sich auf typisch Steirisches mit kreativem und internationalem Twist freuen, dabei werden spezielle Ernährungswünsche (auch vegan) berücksichtigt. Genusshighlights wie ein Candle-Light-Dinner oder Schokofondue sind zusätzlich buchbar. Ideal für aktive Sommer- oder gemütliche Winterurlaube!

Moserhof
Hotel Landhaus

2352 Gumpoldskirchen, Wiener Straße 53 • 02252 256650
www.landhaus-moserhof.eu • reception@landhaus-moserhof.at

In Gumpoldskirchen, südlich von Wien, heißt das Adults-only-Hotel Landhaus Moserhof in der grünen Ferienregion Wienerwald willkommen. Unweit von Wien erwartet die Gäste hier eine entspannte Zeit mit Landhausflair. Die modernen, klimatisierten Zimmer im Landhausstil sorgen für viel nächtlichen Komfort, während am Tag der Garten mit Pool im Niro-Design lockt. Die Weinlounge sowie die „Alte Presse" eignen sich perfekt für Seminare, Meetings und Hochzeiten in besonderer Atmosphäre. Der umliegende Wienerwald bietet außerdem zahlreiche Mountainbike- und Wanderstrecken für den sportlichen Ausgleich.

Schwarzer Adler
Wellness-Spa-Hotel

6370 Kitzbühel, Florianigasse 15 • 05356 6911
www.adlerkitz.at • hotel@adlerkitz.at

Als einziges Adults-only-Hotel in Kitzbühel lädt der Schwarze Adler mit seinen 88 Zimmern Gäste ab 16 Jahren zu einem ruhigen Urlaub ohne Kinder ein. Kulinarisch erwartet einen ein reichhaltiges Frühstücksbuffet, für den besonderen Genuss kann ein Dinner im hauseigenen Haubenlokal Neuwirt gebucht werden. Vom Dampfbad über Massagen bis hin zu einem japanischen Bad für zwei bietet das Boutiquehotel mit dem 1.500 m² großer Black Spa die ideale Umgebung für einen entspannten Urlaub. Als besonderes Highlight lockt der Schwarze Adler mit einem 360-Grad-Panoramapool auf dem Dach mit Blick über Kitzbühel.

Palais Porcia

9020 Klagenfurt, Neuer Platz 13 • 0463 511590
www.palais-porcia.at • hotel@palais-porcia.at

Direkt am alten Hauptplatz von Klagenfurt findet man nicht nur den Lindwurmbrunnen, sondern auch das kaiserlich anmutende Hotel Palais Porcia. Die Gäste erwartet eine prunkvolle Unterkunft mit allerlei zum Staunen – von handgeschnitzten Masken, welche die Hausbar zieren, über Kunstwerke venezianischer und niederländischer Künstler in den Zimmern und Suiten bis hin zu antikem Mobiliar, Kronleuchtern, Skulpturen und kunstvollen Teppichen. Damit ist das Hotel Palais Porcia ideal für alle, die gerne in vergangene Epochen eintauchen und kaiserlich residieren wollen – und das mitten in der Stadt.

Adults only

Burgi's Living

6764 Lech am Arlberg, Zug 759 • 0664 9271763
www.burgis-lech.at • info@burgis-lech.at

Klein, aber oho: Das beschreibt das Adults-only-Hotel Burgi's Living wohl am besten. In überschaubarer Größe bietet es Platz für maximal 20 Personen. Die junge Gastgeberin Burgi betreut die Gäste und serviert morgens Frühstück am großen Esstisch im Wohnzimmer oder auf der Sonnenterrasse. In der Trust Bar können sich Gäste 24 Stunden am Tag selbst bedienen. Eine kleine Sauna sowie eine Bibliotheksecke im Wohnzimmer sorgen für Entspannung nach einem aktiven Tag in Lech. Ideal gelegen für Skifahrer, erreicht man den Skilift in wenigen Schwüngen. Für Empfehlungen steht Burgi gerne zur Verfügung.

Hotel am Domplatz

4020 Linz an der Donau, Domplatz 5 • 0732 773000
www.hotelamdomplatz.at • info@hotelamdomplatz.at

Im Hotel am Domplatz erwartet Business-, Kultur- oder Städtereisende ab 16 Jahren ein Boutiquehotel mitten in der Stadt. Viele der 69 Zimmer sowie die zwei Suiten in geradlinig-modernem Design bieten direkten Blick auf den Mariendom. Ein kleiner, aber feiner Spa-Bereich im vierten Stock sorgt für Entspannung über den Dächern von Linz. Kulinarisch können sich Gäste auf ein abwechslungsreiches Frühstück inklusive veganer Alternativen freuen. Werke internationaler Künstler finden sich überall im Hotel und sorgen für das gewisse Etwas. Für Meetings stehen drei Seminarräume im Barockhaus nebenan bereit.

Josef Reitsberger

© Hotel am Domplatz GmbH

Fritsch am Berg

Auszeit–Resort

6911 Lochau, Buchenberg 10 • 05574 43029
www.fritschamberg.at • rezeption@fritschamberg.at

Im Mental Spa Resort Fritsch am Berg blickt man nicht nur über den Bodensee bis hin zu den Schweizer Bergen und ins Allgäuer Hügelland, sondern vor allem auf sich selbst: Das Adults-only-Hotel bietet verschiedene Arrangements für die individuellen Bedürfnisse der Gäste. Das Mental-Spa-Konzept fokussiert auf das ganzheitliche Wohlbefinden, dabei wird bei der Mental-Wellness Gesundheit und Wohlbefinden auf der Körper-, Emotions- und Geistesebene gefördert. Egal, wofür man sich entscheidet, Erholung ist garantiert. Dabei helfen der über 700 m² große Wellnessbereich sowie ein genussvolles Fünf-Gänge-Abendmenü.

Schlosspark Mauerbach

Wellness und Seminar Hotel

3001 Mauerbach, Herzog-Friedrich-Platz 1 • 01 97030100
www.schlosspark.at • info@imschlosspark.at

Ob Business-Meeting oder Wellnessauszeit: Im Hotel Schlosspark Mauerbach ist beides möglich. Das Erwachsenenhotel bietet nächtlichen Komfort in 86 stilvollen Zimmern. Nach anstrengenden Meetings lässt sich im Wellnessbereich auf 1.700 m² mit In- und Outdoorpool, Saunen und Dampfbad entspannen. Wer sich stattdessen richtig auspowern möchte, findet im Fitnessraum die passenden Geräte. Im umliegenden Wienerwald können sich Gäste außerdem an der frischen Luft erfreuen und beim Wandern, Radfahren oder Laufen den Kopf frei bekommen. Eine Verwöhnpension sorgt für ganztägige Verpflegung.

ElisabethHotel

Premium Private Retreat

6290 Mayrhofen, Einfahrt Mitte 432 • 05285 6767
www.elisabethhotel.com • info@elisabethhotel.com

Im ElisabethHotel wird Gästen ab 16 Jahren futuristisches Design, kombiniert mit Tiroler Behaglichkeit, geboten. 70 Zimmer in unterschiedlichem Design bieten für jeden Geschmack das Richtige – von charakterstarkem Tiroler Stil bis hin zu zeitloser Schlichtheit. Im 1.600 m² großen Elisene-Spa entflieht man dem Alltagsstress gekonnt. Für Entspannung an der frischen Luft sorgt seit Sommer 2024 der Outdoor-Relax-Pool mit Sprudelliege und Sitzbank. Außerdem darf der 15.000 m² große Garten des Schwesterhotels mitbenutzt werden. Kulinarisch verwöhnen Produkte aus der eigenen Landwirtschaft.

Sonne Mellau

Feel good Hotel

6881 Mellau, Übermellen 65 • 05518 20100
www.sonnemellau.com • info@sonnemellau.com

Nach einem großen Umbau bietet das Sonne Mellau – Feel good Hotel jetzt noch mehr Raum für Entspannung. Umgeben von grüner Natur können Gäste ihren Fokus hier ganz auf sich selbst richten. Im Erwachsenenhotel überzeugen nicht nur die Umgebung sowie die stilvolle Gestaltung, sondern auch der herausragende Spa-Bereich, wo sich auf 2.000 m² mit Massageliegen, Pools und verschiedenen Saunen wunderbar erholen lässt. Besondere Highlights sind das neue Sonnendeck mit Pool und Lounge sowie der neue Private-Spa-Bereich für Momente zu zweit. Den perfekten Tagesausklang bereitet das Vier-Gänge-Gourmetdinner.

Haldensee

6672 Nesselwängle, Haller 27 • 05675 20727
www.haldensee-hotel.com • info@haldensee-hotel.com

Im Hotel Haldensee im Tiroler Tannheimer Tal verschwimmt die Grenze zwischen Hotel und Natur. Das Adults-only-Haus bietet Gästen ab 16 Jahren eine unvergleichliche Atmosphäre direkt am See. Jedes Zimmer überzeugt mit einem eigenen Balkon, Panoramafenster und Seeblick. Ein umfangreiches Aktiv- und Vitalprogramm – von Yoga über Aquafit bis hin zu geführten Wanderungen – sorgt für sportliche Abwechslung, entspannt wird im 1.400 m² großen Wellnessbereich. Als besondere Highlights locken das beheizte Schwimmbad und das Infinity-Freibad mit Haldensee- und Bergpanorama.

Mühle Resort 1900

6456 Obergurgl, Gurgler Straße 87 • 05256 6767
www.muehle-resort.at • info@muehle-resort.at

In absoluter Ruhelage, inmitten der Ötztaler Alpen, empfängt das Mühle Resort 1900 Gäste ab 14 Jahren und bietet eine unvergleichliche Wohlfühloase. Bergluft und Zirbenduft umspielen die Nase, wenn im Whirlpool auf der 360-Grad-Panorama-Dachterrasse entspannt wird. Das Hotel ermöglicht, auf einer 1.300 m² großen Wellnessfläche – inklusive beheiztem Indoorpool, neun Saunen und Spa-Lounge mit Kaminfeuer und Kuschelnischen – zur Ruhe zu kommen. Handy- und Tabletverbot im Spa sowie im Restaurant sorgen für ungestörte Momente. Highlight für zwei: ein exklusives Acht-Gänge-Romantikdinner samt Weinbegleitung im Weinkeller.

Goldstück

5753 Saalbach/Hinterglemm, Obertaxingweg 534 • 0664 1308582
www.goldstueck-saalbach.at • info@goldstueck-saalbach.at

Das Adults-only-Hotel Goldstück lockt mit dem Versprechen, Glücksmomente zu schaffen. Hierbei reichen die
Glücksmomente von Entspannung in den Saunen mit Panorama über Schwimmen im Infinity-Außenpool bis hin zum
Lesen einer Neuerscheinung in der Bibliothek. Für einen
gemütlichen Tagesbeginn kann das Frühstück auf betttaug-
lichen Serviertabletts mitgenommen und im privaten Komfort der modernen Zimmer genossen werden. Kulinarisch
bietet die Hausbar tagsüber jederzeit Kaffee, Kuchen und
Snacks, abends gibt es unter dem Motto „Grab & Stay" eine
Auswahl von zwei Gerichten und verschiedene Salate.

© 2013 Antiketta Sangasaeng | Shutterstock

Stein

LVX

5020 Salzburg, Giselakai 3–5 • 0662 8743460
www.hotelstein.at • info@hotelstein.at

Wer auf der Suche nach einem perfekten Mix aus Geschichte, Kunst und Lifestyle ist, ist beim Adults-only-Hotel Stein an der richtigen Adresse. Hier werden 1950er-Style mit Luxusglaskunst, Originaleinbauten aus dem Mittelalter und modern-urbanem Design kombiniert. Das denkmalgeschützte Stadthotel glänzt mit einer großartigen Lage im Zentrum Salzburgs, von wo zahlreiche Sehenswürdigkeiten fußläufig erreichbar sind. Ein besonderes Highlight ist die Dachterrasse mit Blick über die Stadt auf die Festung Hohensalzburg. Für Entspannung nach einem ereignisreichen Tag sorgt das charmante Hotel-Spa.

© Michael Groessinger

Winzer

Wellness & Kuscheln

4880 St. Georgen im Attergau, Kogl 66 • 07667 6387
www.hotel-winzer.at • info@hotel-winzer.at

Ungestörte Zweisamkeit ist im Hotel Winzer garantiert. Das Adults-only-Hotel bietet nur zehn Autominuten vom Attersee entfernt die idealen Voraussetzungen für einen romantischen Kuschelurlaub. Viele der luxuriösen Zimmer sind mit Kamin und Whirlpool ausgestattet, ab Sommer 2024 gibt es zudem neu renovierte Doppelzimmer im Wellness-Schlössl. Aphrodisierende Sinnesgerichte, Candle-Light-Dinner und Fondue Chinoise sorgen für das gewisse Etwas. Entspannt wird im 5.000 m² großen Wellness- und Relaxbereich. Das umliegende Salzkammergut ermöglicht außerdem unbegrenzte Möglichkeiten für aktive Stunden.

Geniesserhotel Unterlechner

Adults only & Boutiquehotel

6392 St. Jakob in Haus, Reith 23 • 05354 88291, 0664 494 9302
www.unterlechner.com • anfrage@unterlechner.com

Das Geniesserhotel Unterlechner heißt Gäste ab 14 Jahren willkommen und bietet inmitten der Kitzbüheler Alpen im Pillerseetal ein luxuriöses Wohlfühlambiente. Mit 22 Zimmern und Suiten in alpenländisch-modernem Stil wird auf besondere Ruhe und Exklusivität gesetzt. Nachhaltigkeit und Naturnähe werden im Boutiquehotel großgeschrieben. Beim Frühstück wird von einem Buffet abgesehen, stattdessen dürfen sich Gäste auf eine Frühstücketagere freuen. Abends gibt es auf Wunsch ein Sechs-Gänge-Genießermenü im Gourmetrestaurant Esskultur, wo 99 Prozent regionale Lebensmittel Verwendung finden.

Aviva

4170 St. Stefan-Afiesl, Höhenweg 1 • 07216 37600
www.hotel-aviva.at • info@hotel-aviva.at

Ein unvergesslicher Urlaub exklusiv für Singles und Freunde, ganz ohne Kinder und Paare – das erwartet Gäste im Hotel Aviva im nördlichen Mühlviertel. Im Singlehotel ist man nicht allein, sondern unter Gleichgesinnten. Hier werden beim abwechslungsreichen Aktivprogramm und beim Feiern in der hauseigenen Disco und Alm Freundschaften geschlossen und Erinnerungen geschaffen. Raum zum Entspannen findet man im 2.000 m² großen Wellnessbereich. Viel Wert wird zudem auf Nachhaltigkeit gelegt, das zeigt sich in der neuen PV-Anlage, die 70 Prozent des Strombedarfs abdeckt, sowie in der regionalen Kulinarik.

Rehbach
Ruhehotel & Naturresort

6677 Schattwald, Rehbach 1 • 05675 6694
www.rehbach-hotel.at • info@rehbach.at

Inmitten der Tiroler Berge findet man in abgelegener Lage das Ruhehotel und Naturresort Rehbach. Das Adults-only-Hotel empfängt Gäste ab 14 Jahren und bietet den idealen Rückzugsort für Alleinreisende, Paare und Freunde. Vom hektischen Alltag befreit, genießt man hier die Ruhe, das Zwitschern der Vögel und die Natur. Das umliegende Tannheimer Tal bietet Zahlreiches für einen aktiven Urlaub, während im Hotel Saunen, der Naturbadeteich sowie der beheizte Outdoorpool mit atemberaubendem Bergpanorama für Entspannung sorgen. Holz und Naturtöne im Zimmer kreieren eine besonders angenehme Atmosphäre.

Schöne Aussicht

6450 Sölden, Hochsöldenstraße 3 • 05254 2221
www.schoeneaussicht.at • info@schoeneaussicht.at

Beim Hotel Schöne Aussicht ist der Name Programm. Auf einer Seehöhe von 2.090 Meter werden Gäste mit einem imposanten Bergpanorama belohnt und sind zusätzlich in Kürze auf den Pisten des Skigebiets Sölden. Nach einem aktiven Tag im Schnee entspannt man im Spa oder im Outdoor-Infinity-Pool. Im Sommer findet man in diesen luftigen Höhen die ideale Umgebung, um Ruhe zu finden und die Berglandschaft zu erkunden. Lieblingsorte findet man im Haus zur Genüge: Zigarrenlounge, Kaminbar oder die stilvolle Skybar mit regelmäßiger Livemusik und köstlichen Drinks. Auch für Team-Building-Events geeignet.

Boutiquehotel Weinspitz

3620 Spitz, In der Spitz 3 • 02713 2644
www.donabaum.at • weingut@donabaum.at

Umgeben von der malerischen Landschaft der Wachau residieren Gäste ab 16 Jahren im Boutiquehotel Weinspitz in einer der elf großzügigen, klimatisierten Terrassensuiten. Vier Suiten bieten mit Infrarotkabine und Badewanne im Zimmer exklusives Spa-Feeling. Entspannung pur heißt es auch im Saunahaus und beim Längenziehen im beheizten Edelstahl-Infinitypool mit traumhaftem Blick in die Weinberge. Als hundefreies Hotel ist das Haus auch für Allergiker geeignet. Morgens wartet außerdem ein Genießerfrühstück, unter anderem mit Produkten aus eigener Produktion und aus dem eigenen Garten.

Adults only

Falkensteiner Balance Resort Stegersbach

7551 Stegersbach, Panoramaweg 1 • 03326 55155
www.falkensteiner.com/balance-resort-stegersbach
reservations.balanceresort@falkensteiner.com

Das Falkensteiner Balance Resort Stegersbach stellt die Gesamtheit des Menschen in den Fokus. Gäste ab 14 Jahren können sich hier im Rahmen des ganzheitlichen Gesundheitskonzepts etwas Gutes tun. Im Balance MedSpa wird auf individuelle Bedürfnisse eingegangen. Ärztlich betreut, wird dabei medizinische Diagnostik mit Therapien und Coachings kombiniert. Entspannung erwartet die Gäste im Acquapura Spa inklusive zwei ganzjährig beheizter Outdoor-Infinity-Pools. Gekocht wird mit regionalen Produkten – zum Teil aus dem eigenen Permagarten – und immer mit großer veganer und vegetarischer Auswahl.

Juffing Hotel & Spa

6335 Thiersee, Hinterthiersee 79 • 05376 55850
www.juffing.at • info@juffing.at

Nur wenige Autominuten vom malerischen Thiersee entfernt finden volljährige Gäste im Juffing Hotel & Spa einen wahren Ort der Entspannung. Die 53 Zimmer und Suiten sorgen mit Tiroler Handwerkskunst, Lärchen- und Ahornholz sowie Naturstein, gepaart mit Pastellfarben, für eine zeitlose Wohlfühlatmosphäre. Mit Entspannungs- und Stressmanagement-Methoden wird am mentalen Wohlbefinden gearbeitet. Entspannt wird im 2.000 m² großen Spa-Bereich sowie in den zwei Bibliotheken. Hörbücher auf iPods und ein Zu-Ende-Lese-Service, der Gästen die Mitnahme von Büchern gestattet, finden bei Bücherfans Anklang.

Adults only

MalisGarten

Green Spa Hotel

♔ Hotel des Jahres 2024

6280 Zell am Ziller, Rohrerstraße 5 • 05282 2236, 0664 2236000
www.malisgarten.at • info@zillerseasons.at

Egal, ob Wellness-, Aktiv- oder Kulinarikurlaub: Im Green Spa Hotel MalisGarten bleiben keine Wünsche offen. Das nachhaltige Adults-only-Hotel bietet Gästen ab 14 Jahren eine einzigartige Wohlfühlatmosphäre inmitten des malerischen Zillertals. Im Herbarium Spa lässt man sich mit Beauty-Treatments verwöhnen, taucht in den 23 Meter langen Outdoorpool mit Inneneinstieg ein oder powert sich im Fitnessraum aus. Kulinarische Highlights sind das Fine Dining im „Heleni", das Frühstück und die À-la-carte-Gerichte in der „Wilden Kräuterküche", die süßen Köstlichkeiten in der „Eden Patisserie" sowie die Cocktails in der „Eden Bar".

Gault&Millau

Genussmesse, Weinfest und vieles mehr...

Alle Tickets zu unseren kulinarischen Events auf gaultmillau.at

Europäischer Hof
Aktivhotel & Spa

5640 Bad Gastein, Miesbichlstraße 20 • 06434 25260
europaischerhof.at • office@europaeischerhof.at

Bad Gastein: Die geschichtsträchtigste Aktiv- und Gesund-
heitsdestination Österreichs ist mondän, weltoffen, traditionell und modern. Natur und Heilwasser auf der einen, Flair
und Ambiente einer luxuriösen Kleinstadt auf der anderen
Seite. Und mittendrin das Aktivhotel & Spa Europäischer
Hof, das ehemalige Cesta Grand, welches die österreichische Gemütlichkeit mit Luxus kombiniert. Es ist der ideale
Rückzugsort, um den Alltag hinter sich zu lassen. Nach
einem aktiven Tag, etwa am in unmittelbarer Nähe gelegenen 18-Loch-Golfplatz, entspannt man im SigNatur-Bade-
paradies auf 1.800 m².

Das Römerstein

8282 Bad Loipersdorf, Henndorf Therme 18 • 03329 46777
www.roemerstein.at • hotel@roemerstein.at

Das Hotel Römerstein, das Erwachsenenrefugium in Loipersdorf, bietet ein exklusives Erlebnis für Gäste ab 15 Jahren.
Hier kann man den Alltag hinter sich lassen und in eine Atmosphäre der Ruhe und Exklusivität eintauchen. Die Zimmer, alle
sorgfältig mit natürlichen Materialien gestaltet, bieten einen
herrlichen Blick auf die malerische Umgebung. Kulinarische
Höhenflüge genießt man auf der Panoramaterrasse, wo kreative Gerichte und erlesene Weine den Gaumen verwöhnen.
Der Wellnessbereich mit Panorama-Innenpool und Sauna verspricht Regeneration.

Valavier Aktivresort

6708 Brand, Mühledörfle 25 • 05559 217, 0664 3964100
www.valavier.at • servus@valavier.at

Im familiengeführten Valavier Aktivresort in Brand wird eine perfekte Kombination aus Aktivurlaub und Entspannung geboten. Die modernen Zimmer und Suiten mit herrlichem Blick auf die umliegenden Berge sind der ideale Rückzugsort nach einem ereignisreichen Tag. Familienzimmer und -suiten bieten außerdem Platz für die ganze Familie. Im Restaurant verwöhnen regionale und internationale Spezialitäten: vom Frühstück über Lunch bis hin zum sechsgängigen Kulinarik-Menü. Abgerundet wird das Angebot vom großzügigen Wellnessbereich inklusive beheiztem Außenpool mit Bergblick und wohltuenden Saunen.

Alpinresort Schillerkopf

6707 Bürserberg, Tschengla 1 • 05552 63104
www.schillerkopf.at • info@schillerkopf.at

Inmitten der Vorarlberger Bergwelt wird im Alpinresort Schillerkopf mit wunderbarer Aussicht geurlaubt. Umgeben von der Naturlandschaft herrschen ganzjährig beste Bedingungen für einen Aktivurlaub der Extraklasse. Skifahrer profitieren von der Lage direkt neben der Talabfahrt. Nach aktiven Tagen lässt sich im Wellnessbereich inklusive Saunawelt und Indoorpool entspannen. An heißen Tagen bietet der Außennaturpool erfrischende Abkühlung. Im hauseigenen Restaurant „MundArt" wird traditionelle Küche mit internationalem Flair aufgetischt. Im Sommer gibt es außerdem ein wöchentliches Smoker-BBQ.

Der Bär

6352 Ellmau, Kirchbichl 9 • 05358 2395
www.hotelbaer.com • info@hotelbaer.com

Heimeliges Ambiente und alpines Flair bietet das Hotel Der
Bär in Ellmau. Die charmanten Zimmer sind mit Eichenholz-
böden und edlen Stoffen ausgestattet, damit ist Wohlfühlatmosphäre garantiert. Im Wellnessbereich werden beim
Saunieren und Entspannen in den Ruhebereichen die Energiespeicher aufgefüllt. Im Infinitypool genießt man den
Blick auf den Wilden Kaiser. Ganzjährig beheizt, lässt es
sich im Innen- und Außenpool auch im Winter schwimmen.
Für einen erlebnisreichen Urlaub sorgen ein spannendes
Wochenprogramm sowie die Aktivitätenvielfalt der Umgebung – darunter Tandemfliegen und Golfen.

© Günter Standl

Kosis

Sports Lifestyle Hotel

6263 Fügen, Dorfplatz 2 • 05288 62266
www.hotel-kosis.at • info@hotel-kosis.at

In Fügen im Zillertal erwartet das Hotel Kosis seine Gäste in modernem Design und entspannter Atmosphäre. Die 70 stilvollen Zimmer und Suiten bieten einen herrlichen Ausblick auf die umliegende Berglandschaft und sind mit allen Annehmlichkeiten ausgestattet. Im über 500 Jahre alten „Hackelturm" kommt man im Wellnessbereich zur Ruhe und kann die Seele bei einer wohltuenden Massage baumeln lassen. Mit der Halbpension werden Gäste bestens umsorgt, auch die À-la-carte-Küche im Kosis Wine & Dine ist einen Besuch wert. Außerdem bietet die Umgebung zahlreiche Aktivitäten wie Skifahren, Wandern oder Radfahren.

Alpinhotel Pacheiner

9520 Gerlitzen, Pölling 20 • 04248 2838
www.pacheiner.at • info@pacheiner.at

1.900 Meter über der Niederung befindet sich auf der Kärntner Gerlitzen Alpe das Hotel Pacheiner und bietet neben traumhaftem Bergpanorama auch zahlreiche Annehmlichkeiten, die man sich für einen gelungenen Urlaub wünscht. Im ganzjährig beheizten Infinity-Außenpool schwimmt man mit traumhaftem Ausblick. Modell- und Gleitschirmflieger begeistert die ideale Thermik, während Skifans von der Piste direkt vor dem Hotel profitieren. In der Küche werden Kärntner Spezialitäten und Alpen-Adria-Küche vereint. Als außergewöhnliches Highlight empfiehlt sich das Sterneschauen in der hoteleigenen Sternwarte.

Hasenauer

5754 Hinterglemm, Schwarzacherweg 157 • 06541 6332
www.hasenauer.at • hotel@hasenauer.at

Sportbegeisterte, Familien und Freunde sind im Hotel Hasen-auer in Hinterglemm goldrichtig. Inmitten der Salzburger Alpen locken hier neben der Toplage auch die Panorama-Saunawelt mit Bergblick, der ganzjährig beheizte Außen-Swimmingpool sowie die Rooftop-Relax-Area und der Whirl-pool auf der Dachterrasse. Kulinarisch erfreuen sich Gäste abends am Fünf-Gänge-Verwöhnmenü. In der Umgebung sind mehrere Hundert Kilometer Wander- und Radwege sowie Mountainbike-Trails und Downhillstrecken zu finden, was das Hotel ideal für einen aktiven Urlaub macht – auch im Winter mit seiner Lage direkt an der Piste.

Das Adler Inn
Tyrol Mountain Resort

6294 Hintertux, Madseit 690 • 05287 8500777
www.adlerinn.com • info@adlerinn.com

Das Adler Inn in Hintertux bietet seinen Gästen ein unver-gessliches Urlaubserlebnis. Die Zimmer und Suiten bieten einen atemberaubenden Blick auf die Tiroler Bergwelt und verfügen alle über eine Miniloggia. Das Mountain Spa sorgt auf über 2.000 m² für herrliche Entspannung. Die Küche des Hauses verwöhnt mit alpiner Wellnessküche. Ein besonde-res kulinarisches Angebot sind die hausgemachten Köstlich-keiten von Gastgeberin Anni – Brot, Marmeladen, Nudeln, Kräutersalz und süßes, erfrischendes Eis –, vieles davon auch zum Mitnehmen. Sportliche Aktivitäten locken in der direkten Umgebung.

Das Hohe Salve

Sportresort

6361 Hopfgarten im Brixental, Meierhofgasse 26 • 05335 2420
www.hohesalve.at • welcome@hohesalve.at

Das Hohe Salve Sportresort im Herzen der Kitzbüheler Alpen ist mehr als nur ein Hotel – es ist ein Ort der Inspiration und des Wohlbefindens. Ein Rundum-Wohlfühlprogramm sorgt für den perfekten Urlaub: Von einem vielfältigen Sportangebot, darunter etwa Gruppenkurse wie Yoga, bis zum schönen Wellnessbereich mit Pools, Saunen und Massagen – im „Move & Relax"-Bereich findet jeder das Passende! Und für die kulinarischen Genüsse sorgt das Restaurant mit regionalen Produkten und einem abwechslungsreichen Angebot mit Themenbuffets, Fünf-Gänge-Menüs und der „Move & Relax"-Energy-Küche.

Taurerwirt

Wanderhotel

9981 Kals am Großglockner, Burg 12 • 04876 8226
www.taurerwirt.at • info@taurerwirt.at

Das Wanderhotel Taurerwirt in Kals am Großglockner ist der ideale Rückzugsort für Naturliebhaber und Aktivurlauber. Auf 1.500 Metern gelegen, bietet es direkten Zugang zu Wander- und Bergtouren im Nationalpark Hohe Tauern. Das familiengeführte Hotel bietet gemütliche Zimmer mit Panoramablick auf die umliegenden Berge. Außerdem legt man großen Wert auf Regionalität, wie sich an den kulinarischen Köstlichkeiten im hauseigenen Restaurant erkennen lässt. Die Küche verwendet frische, lokale Produkte sowie Fische aus dem eigenen Fischteich. Highlight: Wanderprogramm mit geführten Wanderungen.

Minglers Sportalm

Genießerhotel

6365 Kirchberg in Tirol, Brandseitweg 26 • 05357 2778
www.hotel-sportalm.at • info@hotel-sportalm.at

Dieses Hotel ist ideal für all jene, die Aktivität mit den Genüssen des Lebens kombinieren möchten. Dank der wunderbaren Lage genießt man im Winter Ski-in/Ski-out, im Sommer startet man direkt vor der Tür mit Wander- und Mountainbiketouren. Danach findet man geniale Entspannung im Spa-Bereich mit Highlights wie einem Infinitypool und einer Panorama-Außensauna. Den Tag rundet ein tolles Dinner ab – hier erwartet einen ein erstklassiges Fünf-Gänge-Menü. Im familiengeführten Gourmet- und Genießerhotel Minglers Sportalm erlebt man die perfekte Symbiose aus Genuss, Entspannung und alpiner Lebensfreude.

Kaiserhof Kitzbühel

6370 Kitzbühel, Hahnenkammstraße 5 • 05356 75503
kitz.hotel-kaiserhof.at • kitz@hotel-kaiserhof.at

In Kitzbühel heißt das traditionsreiche Hotel Kaiserhof Kitzbühel-Gäste am Fuße des Hahnenkamms direkt neben der Hahnenkammbahn, willkommen. Hier erwartet die Gäste ein familiengeführtes Haus mit Charme. Die Zimmer sorgen mit Zirbenholzeinrichtung im Tiroler Landhausstil für hohen Komfort. Durch die traditionelle österreichische Küche top gestärkt, stoppt den idealen Aktivurlaub in der Natur nichts mehr. Entspannt wird schließlich im Spa-Bereich inklusive Panorama-Indoorpool. Abgerundet wird das Angebot durch vier miteinander kombinierbare Räume mit einem insgesamt 200 m² großen Veranstaltungsbereich für Meetings.

Mama Thresl

5771 Leogang, Sonnberg 252 • 06583 20800
www.mama-thresl.com • info@mama-thresl.com

Bergurlaub mit urbanem Flair erlebt man im lässigen Hotel Mama Thresl. Aktive Gäste fühlen sich hier, inmitten des Bike-Paradieses Leogang und umgeben von etlichen Wander- und Klettertouren sowie 400 Pistenkilometern, besonders wohl. Langweilig wird es mit Live-DJ jeden Donnerstag bis Samstag, regelmäßigen Events, Yoga und vielem mehr nie. 51 rustikal-gemütliche Zimmer und Suiten – je nach Kategorie mit frei stehender Badewanne, privater Sauna oder Hot-Pot auf dem Balkon – laden zum Verweilen ein. Keinesfalls entgehen lassen sollte man sich den Flammkuchen, den Schmankerlmarkt sowie die haushohe Indoor-Kletterwand.

Wildspitze

6481 Mandarfen im Pitztal, Mandarfen 46 • 05413 86207
www.hotel-wildspitze.com • info@verwoehnhotels.at

Zwischen Rifflsee und Pitztaler Gletscher besticht das Hotel Wildspitze in Mandarfen durch seine idyllische Lage und die einzigartige Mischung aus Luxus und traditionellem Tiroler Flair. Das 1.600 m² große Gletscherspa überzeugt mit feuchter und trockener Hitze in den Saunen, einem Indoorpool mit Gegenstromanlage sowie Ruheräumen. Im Freien erwartet die Gäste ein Infinitypool mit grandiosem Panoramablick auf die unberührte Natur. Mit Schneesicherheit beim Herbstskilauf, 95 Kilometer Laufstrecken, 380 Kilometer Wanderwegen und markierten Mountainbikerouten steht dem perfekten Aktivurlaub nichts im Weg.

Eder

5761 Maria Alm, Am Dorfplatz 5 • 06584 7738
www.hoteleder.com • info@ederhotels.com

Im Hotel Eder, direkt am Dorfplatz von Maria Alm, fühlt sich Urlaub gleich doppelt so schön an. Vor der traumhaften Naturkulisse des Hochkönigs werden die Gäste hier in einem wahren Familienbetrieb willkommen geheißen. Das Haus ist einer Schutzhütte nachempfunden und überzeugt mit alpinem Charme. Charmant sind auch die 72 modern-schlichten oder klassisch-eleganten Zimmer. Für das leibliche Wohl sorgen traditionelle Pinzgauer Köstlichkeiten sowie international inspirierte Gerichte. Die umliegende Natur bietet ganzjährig Aktivitäten für jedes Fitnesslevel. Ein Highlight ist zudem der 26-Meter-Pool.

Gut Stiluppe Ⓝ

6290 Mayrhofen, Stillupklamm 826 • 05285 8124
www.stiluppe.at • stiluppe@zillerseasons.at

Im Hotel Gut Stiluppe in Mayrhofen genießt man nicht nur die wunderbare Lage im Zillertal, sondern auch die vielen Annehmlichkeiten, die das Haus zu bieten hat. Die neu renovierten, lichtdurchfluteten Zimmer bieten herrlichen Ausblick, gemütliche Ausstattung und liebevolle Details. Im Sauna- und Wasserbereich entspannt man sowohl als Familie als auch nur unter Erwachsenen. Kulinarik gibt es ganz nach Belieben – egal, ob Frühstück, Halb- oder Vollpension. Authentische Tiroler Küche à la carte wird in der „Stiluppe Stuben" serviert. Für vielfältige Outdooraktivitäten sorgt das Zillertal.

Bären

6881 Mellau, Platz 66 • 05518 2207
www.baerenmellau.at • hotel@baerenmellau.at

Direkt am Dorfplatz von Mellau besticht das Hotel Bären durch weltoffene Leichtigkeit und alpinen Charme. Die Kombination aus modernem Design und natürlichen Materialien sorgt für eine warme und einladende Atmosphäre. Die gemütlichen Zimmer tragen ebenso zu einem relaxten Aufenthalt bei wie die finnische Sauna und der Relaxroom. Im Café Deli genießt man ein köstliches Frühstück sowie tagsüber eine Vielfalt an Köstlichkeiten – auch vegan, vegetarisch oder glutenfrei. Idealer Ausgangspunkt für Aktivitäten in der Bregenzerwald-Region, sei es im Sommer beim Wandern oder im Winter auf den Pisten.

Nidum
Casual Luxury Hotel

6100 Mösern bei Seefeld, Am Wiesenhang 1 • 05212 203000
www.nidum-hotel.com • info@nidum-hotel.com

Auf dem Seefelder Plateau lässt sich im Nidum Casual Luxury Hotel in einem der 57 großzügigen Zimmer vom Alltagsstress abschalten. Für besonders erholsame Momente begibt man sich am besten ins Nidum Spa zum Saunieren oder man schwimmt im Infinitypool mit faszinierendem Bergpanorama oder im Naturbadeteich direkt am Wald. Ein Highlight ist die Sauna on the rocks – eine in den Fels gebaute Außensauna, die über eine Hängebrücke erreichbar ist. Direkt vor der Haustür finden Gäste die Anfänge mehrerer Wanderwege, auch der Möserer See ist nur 15 Minuten entfernt und lädt zum Baden ein.

Mein Almhof

6543 Nauders, Doktor-Tschiggfrey-Straße 314 • 05473 87313
www.meinalmhof.at • info@meinalmhof.at

Inmitten der malerischen Tiroler Bergwelt in Nauders am Reschenpass erleben Gäste im Hotel Mein Almhof einen unvergesslichen Urlaub. Das Hotel verbindet traditionelle Elemente mit modernem Design und bietet stilvolle Zimmer und Suiten, die zum Entspannen einladen. Der luxuriöse 4.500 m² große Spa-Bereich bietet neben einem umfangreichen Erholungsangebot auch einen atemberaubenden Blick auf die umliegenden Berge. Im Winter lädt das nahegelegene Skigebiet zum Skifahren ein, während im Sommer Wander- und Radwege darauf warten, entdeckt zu werden. Abends lässt man den Tag in der „Wunder Bar" ausklingen.

Panorama

5562 Obertauern, Brettsteinstraße 1 • 06456 7432
www.panorama.at • info@panorama.at

Als Ski-Hotspot im Winter allbekannt, lohnt sich ein Sommerurlaub in Obertauern mindestens genauso. Im Hotel Panorama finden Gäste die ideale Unterkunft für jede Jahreszeit. Mit einer exzellenten Lage direkt neben dem Skilift freut man sich beim Aufwachen in den liebevoll eingerichteten Zimmern gleich doppelt auf den bevorstehenden Tag. Erholung pur gibt es im umfassenden 1.000-m²-Wellnessbereich mit Indoorpool, Whirlpool, Saunen und großzügigen Ruheräumen sowie bei einer Massage oder Osteopressur. Nach einem ereignisreichen Tag in den Bergen verwöhnt das Restaurant mit Köstlichkeiten.

coolnest

6284 Ramsau, Ramsau 425 • 05282 22048
coolnest.at • info@coolnest.at

Inmitten der Tiroler Bergwelt findet man in Ramsau das Hotel coolnest. Es besticht durch modernes Design und eine gemütliche Atmosphäre, die höchsten Komfort und stilvollen Luxus vereint. Die Zimmer, liebevoll „Nester" genannt, verfügen über großzügige Terrassen mit Blick auf die Zillertaler Alpen. Das Hotel bietet ein nachhaltiges Frühstücksbuffet, eine Saft- und Teebar sowie kostenlose Gruppen-Yoga-Kurse. Der Wellnessbereich umfasst einen Rooftop-Pool, Sauna und Dampfbad, Ruheraum sowie Fitness- und Yogaräumlichkeiten. Abgerundet wird das Angebot durch geführte Wanderungen und ein Aktivprogramm.

Berghof

8972 Ramsau am Dachstein, Ramsau 192 • 03687 818480
www.hotel-berghof.at • office@hotel-berghof.at

In atemberaubender Bergkulisse verspricht der Berghof in Ramsau erholsame Stunden. Abseits des Hauses laden zig Aktivitäten in der Natur ein: Die Urlaubsregion Schladming-Dachstein lockt mit Klettersteigen, Wanderwegen, Mountainbike-Trails und Skipisten zu einer besonderen Aktivauszeit. Zurück im Hotel, kann im Berghof-Spa mit Hallenbad, Saunen, Wintergarten und Naturteich entspannt werden. Ausklingen lassen kann man den Tag schließlich bei einem Dinner in der Stube, wo hauptsächlich Produkte aus der Region verarbeitet und serviert werden. Und wie wäre es mit einem Vogelbeerschnaps als Digestif?

Lindenhof

8972 Ramsau am Dachstein, Ramsau 301 • 03687 81555
www.hotel-lindenhof.at • info@hotel-lindenhof.at

Am Fuße des Dachsteins lädt der Lindenhof in Ramsau seine Gäste ein, in familiärer Atmosphäre und alpiner Umgebung zu entspannen. Die gemütlich eingerichteten Zimmer bieten einen herrlichen Blick auf die Berglandschaft und laden zum Wohlfühlen ein. Im Wellnessbereich entspannt man im Infinity-Außenpool und in den unterschiedlichen Saunen, im Winter lässt sich im Biotop Eisbaden. Die hauseigene Küche serviert regionale Köstlichkeiten und legt besonderen Wert auf Qualität und Frische. Ob Skifahren, Wandern oder einfach nur die Natur genießen – die Region lockt mit zahlreichen Aktivitäten.

Zum Mohren

6600 Reutte, Untermarkt 26 • 05672 62345
www.hotel-mohren.at • info@hotel-mohren.at

Das Hotel Zum Mohren bietet zweifelsohne „more" – mitten in der Natur, mit coolem Design und mittendrin im Leben. Die Zimmer sind stylish und chic und der ideale Rückzugsort inmitten des Outdoorparadieses rundherum – ein Kraftplatz und eine Ruheoase. Im Mohren lädt man seine Batterien wieder auf, denn alles animiert entweder zum Relaxen oder zum Aktivsein: von A wie Ausflug mit dem Bike bis Z wie zusammen im hoteleigenen Badesee toben. Auf den Tellern treffen sich Tiroler Spezialitäten mit mediterranem Genuss. Und im Glas: more Mohr-Genussmomente.

Skihotel Galzig

6580 St. Anton am Arlberg, Hannes-Schneider-Weg 5 • 05446 42770
www.skihotelgalzig.at • info@skihotelgalzig.at

Wie bereits der Name erahnen lässt, ist das Skihotel Galzig der ideale Ausgangspunkt für einen traumhaften Skiurlaub, aber auch Sommerreisende erfreuen sich an der unschlagbaren Lage in St. Anton: direkt vom Hotel zur Piste, zum Wandern, zum Bummeln und zum Erkunden des Orts. Die gemütlichen, lichtdurchfluteten Zimmer sind alle mit Holzboden ausgestattet, viele bieten außerdem Bergblick. Regionalität wird großgeschrieben: So gibt es morgens beim Frühstück Brot vom Dorfbäcker sowie Marmeladen und Almkäse aus der Region. Ein Highlight sind außerdem die luxuriösen Suiten in der Galzig Lodge mit Private Spa.

Sporthotel St. Anton

6580 St. Anton am Arlberg, Dorfstraße 48 • 05446 3111
www.sporthotel-st-anton.at • office@sporthotel-st-anton.at

Mitten in St. Anton bietet das Sporthotel St. Anton die perfekte Grundlage für einen unvergesslichen Aktivurlaub. Nahe der Liftanlagen gelegen, ist man im Winter in Kürze auf der Piste und kann das Skidepot an der Liftstation kostenlos nutzen. Der kleine, aber feine Wellnessbereich mit Hallenbad, Sauna und Infrarotkabine unterstützt die Regeneration nach einem aktiven Tag in der Natur. Gespeist wird in einem der Hotelrestaurants oder im Steakrestaurant. Das lebendige St. Antoner Nachtleben lädt abends zum Feiern ein. Erholsamen Schlaf bieten anschließend die gemütlichen Zimmer im alpenländischen Stil.

Adler

6791 St. Gallenkirch, Montafoner Straße 277 • 05557 6206-0
www.deradler.at • hotel@deradler.at

Wo bereits vor 200 Jahren ein Dorfgasthof einlud, empfängt heute das familiär geführte Hotel Adler mit dem Charme vergangener Tage. Die Zimmer im alpenländischen Stil sorgen mit viel Holz für eine gemütliche Umgebung. Entschleunigt wird beim Saunieren und bei Spa-Behandlungen. Ein Highlight ist der Natur-Alpin-Pool, der mit reinem, streng biologisch gereinigtem Gebirgswasser für Abkühlung im Sommer sorgt. Im Winter lädt der zugefrorene Teich zum Eisstockschießen ein. Die Lage im Montafon ist zudem ideal für einen aktiven Sommer- und Winterurlaub. Kulinarisch setzt man auf heimische Lebensmittel.

Falkensteiner Hotel Schladming

8970 Schladming, Europaplatz 613 • 07203 0382563
www.falkensteiner.com/hotel-schladming • reservations.schladming@falkensteiner.com

Im Falkensteiner Hotel Schladming kommen Natur- und Sportliebhaber auf ihre Kosten. In den Zimmern und Suiten wird moderne Architektur mit rustikal-alpinem Komfort kombiniert, der Balkon mit Bergblick trägt zusätzlich zum Wohlfühlfaktor bei. Das großzügige Acquapura SPA lädt zum Entspannen ein, besonders wohltuend sind die Alpenwellness-Treatments. Im Hotelrestaurant bereiten modern und steirisch interpretierte, internationale Klassiker Gaumenfreuden. Ob Skifahren im Winter oder Wandern und Klettern im Sommer, hier findet man die ideale Ausgangslage für unvergessliche Erlebnisse.

Schütterhof

8970 Schladming, Wiesenweg 140 • 03687 61205
www.schuetterhof.com • hotel@schuetterhof.com

Das Hotel Schütterhof in Schladming ist ein charmantes Hotel für die ganze Familie, das sich durch hohen Komfort und Toplage auszeichnet. Alle 80 großzügigen Zimmer verfügen über einen möblierten, gemütlichen Balkon. Der 2.000 m² große Wellness- und Spa-Bereich bietet die ideale Voraussetzung für Stunden voller Entspannung. Ein besonderes Highlight ist hier der 25-Meter-Infinitypool mit Blick auf den imposanten Dachstein. Köstliche kulinarische Kreationen genießt man im Rahmen der Dreiviertel-Genießerpension, die von einem reichhaltigen Frühstücksbuffet bis hin zu mehrgängigen Abendmenüs reicht.

Schwaigerhof

8970 Schladming, Schwaigerweg 19 • 03687 61422
www.schwaigerhof.at • info@schwaigerhof.at

Eingebettet in die Schladminger Berglandschaft empfängt das Hotel Schwaigerhof mit zahlreichen Annehmlichkeiten für einen entspannten Aktivurlaub. Hier lässt sich in der neuen „Dachstein Event-Sauna", dem neuen Ruheraum „Tannenstille" sowie im renovierten Saunabereich wunderbar entspannen. Längenschwimmen kann man im Innen- und Außenpool sowie im erfrischendem Naturbadeteich. Mit Familienzimmern, großem Spielzimmer und Ballsporthalle eignet sich das Haus auch wunderbar für Kinder. Ob Sommer oder Winter, das Hotel ist der ideale Ausgangspunkt für vielfältige Aktivitäten in der Natur.

Berghaus Schröcken

6888 Schröcken, Schröckbach 129 • 05519 22600
www.berghaus-schroecken.at • servus@berghaus-schroecken.at

In Vorarlberg begrüßt das Berghaus Schröcken mit Bergidylle. Inmitten der majestätischen Berge ist es der ideale Ort für Naturliebhaber und Individualisten. Die Unterkünfte reichen von gemütlichen Studios bis zu geräumigen Chalets für Selbstversorger, die perfekt für Gruppen oder Familien sind. Im Winter ist das Berghaus ein Paradies für Skifahrer und Freerider, während im Sommer vielfältige Wander- und Klettermöglichkeiten locken. Morgens verwöhnt ein Frühstücksbuffet mit energiereichen Lebensmitteln, tagsüber bietet das hauseigene Restaurant „Alwins Stammtisch" kleine Snacks und Getränke.

Fernblick Montafon

Bartholomäberg

6780 Schruns, Panoramastraße 32 • 05556 73115
www.fernblick-montafon.at • hotel@fernblick-montafon.at

Das Fernblick Montafon in Schruns bietet ein atemberaubendes Panorama auf die umliegende Bergwelt. Die luxuriösen Zimmer und Suiten sind mit viel Liebe zum Detail gestaltet. Viele davon sind 2024 sorgsam erneuert worden und bieten höchsten Komfort. Ein Highlight ist der großzügige Wellnessbereich mit Infinitypool, der Erholung und Entspannung verspricht. Kulinarisch wird traditionelle Vorarlberger Küche mit internationaler Kulinarik vereint, die in den neu gestalteten Restaurants genossen wird. Ob Sommer oder Winter, hier ist man richtig für einen erholsamen und aktiven Urlaub.

Inntalerhof

6100 Seefeld, Möserer Dorfstraße 2 • ɔ5212 4747
www.inntalerhof.at • info@inntalerhof.com

Im Inntalerhof in Tirol erlebt man einen Aktivurlaub in entspannter Umgebung. Die stimmig eingerichteten Zimmer im Tiroler Stil sowie die Suiten mit Kachelofen sorgen für komfortable Nächte. Tagsüber bietet die Region Seefeld eine Bandbreite an sportlichen Aktivitäten in der Natur. In den zwei Hotelrestaurants werden Köstlichkeiten mit internationalem Flair sowie rustikal-traditionelle Tiroler Gerichte aufgetischt. Auf der Sonnenterrasse kann man abends den Sonnenuntergang genießen. Entspannt wird im Wellnessbereich beim Saunieren und Längen schwimmen im Panorama-Indoorpool.

die berge

6450 Sölden, Gemeindestraße 2 • 05254 2062
www.dieberge.at • info@dieberge.at

Im Ötztaler Hotel „die berge" ist der Name Programm. Dass hier ein Lifestyle-Hotel von und für Berg- und Sportbegeisterte entwickelt wurde, ist sofort zu erkennen. Hier schlägt das Sportlerherz höher! Morgens stärkt man sich am vielfältigen Frühstücksbuffet mit heimischen Produkten, bevor es auf den Berg geht. Von Mountainbiken, Klettern und Raften im Sommer über Skifahren, Langlaufen und Schneeschuhwandern im Winter bis hin zu ganzjähriger Entspannung im Sky Spa mit Infinitypool – hier ist alles möglich. Mit Nachhaltigkeitsfokus überzeugt auch das von der umliegenden Natur inspirierte Interieur.

Sonnhof European Ayurveda

6335 Thiersee, Hinterthiersee 16 • 05376 5502
www.sonnhof-ayurveda.at • info@sonnhof-ayurveda.at

Indische Heilmethoden und fernöstliche Lebensphilosophie in den Bergen Tirols erwartet die Gäste im Sonnhof
European Ayurveda. Auf dem Hochplateau des Thierseetals
entscheiden sich Gäste hier zwischen Ayurveda-kuren und
Anwendungen. Im Fokus stehen dabei immer Körper und
Geist: Stress abbauen, Sorgen loslassen, Energie tanken
und ein neues Lebensgefühl entwickeln. Die alte Heilslehre
in Kombination mit dem regionalen Bezug zur westlichen
Welt machen das Hotel einzigartig. Erholsame Stunden verbringt man in den Meditations- und Ruheräumen, im Panorama-Hallenbad sowie in den Themensaunen.

Post am See

4801 Traunkirchen, Ortsplatz 5 • 07617 2307
www.hotel-post-traunkirchen.at • post@groellerhospitality.com

Das Hotel Post am See in Traunkirchen erscheint in neuem
Glanz. Das Interior ist ganz dem Zeitgeist entsprechend
urban, kreativ, lebendig und gleichzeitig entspannt und ins-
pirierend. Die großzügigen Zimmer, viele mit Balkon, sind
stilvolle Rückzugsorte, in denen man gerne länger verweilt.
Kulinarisch hat man die Qual der Wahl zwischen Casual
Dining in der „Belétage" und Wirtshausküche in der „Poststube 1327". Entspannt wird im neuen „Rooftop BergSPA"
mit Infinitypool, Saunaaufgüssen und Sunset Lounge. Langweilig wird es hier nie, so locken doch zahlreiche aktive
Erlebnisse in der Umgebung.

Alpenhof

6293 Tux, Hintertux 750 • 05287 8550
www.alpenhof.at • info@alpenhof.at

In Hintertux empfängt Gastgeberfamilie Dengg die Gäste im Alpenhof. Aktivurlauber schätzen die Nähe zum Ganzjahresskigebiet Hintertuxer Gletscher sowie die Lage inmitten der majestätischen Dreitausender, die zum Wandern und Radfahren einlädt. Erholung erwartet die Gäste im 2.800 m² großen VITALIS SPA. Mit einem Herz für Kinder bietet das Hotel Attraktionen wie eine Teen-Lounge mit Billard, Kicker und Playstation, eine Sporthalle sowie ein Kinderspielzimmer. Kulinarisch verwöhnt die Alpenhof-Genießer-Pension. In einen besonderen Genuss kommen Gäste im hauseigenen „Gourmetrestaurant Genießerstube".

© Alpenhof

Das Walchsee ⓝ

6344 Walchsee, Johannesstraße 1 • 05374 5331
www.daswalchsee.at • info@hotelwalchsee.at

Hier trifft Wasser auf eine alpine Landschaft: Im Hotel Das Walchsee, das bereits dem Namen nach unverkennbar am See gelegen ist, erleben Gäste eine aktive Auszeit: von sanften bis anspruchsvollen Touren in der Natur bis hin zu ganzheitlichen und entspannenden Bewegungen im „Move & Relax"-Bereich. Die Zimmer gibt es in unterschiedlichen Kategorien; entweder man nächtigt direkt am See oder in einem Zimmer mit Bergblick. Das kulinarische Angebot des Hauses verfolgt eine ausgewogene und regionale Philosophie, um einen gesunden und nährstoffreichen Lebensstil zu fördern.

Sternen Hotel

6922 Wolfurt, Sternenplatz 4 • 05574 64999
www.sternenhotel.at • office@sternenhotel.at

Das Sternen Hotel in Wolfurt nahe Bregenz ist der ideale Ort für einen entspannten Aktivurlaub oder eine erfolgreiche Businessreise. Die komfortablen Zimmer in geradlinigem Design sorgen für einen erholsamen Schlaf. Morgens bedient man sich am reichhaltigen Frühstücksbuffet mit regionalen Produkten. Entspannung bieten ein kleiner Wellnessbereich und ein Fitnessraum. Ein Tagungsraum mit Platz für 70 Personen eignet sich für Seminare. Die Nähe zu Bregenz eröffnet zahlreiche Möglichkeiten, doch auch Wolfurt hat einiges zu bieten, beispielsweise das Naturschutzgebiet „Ried" und einen Zoo.

Lorünser

Sporthotel

6763 Zürs am Arlberg, Nr. 112 • 05583 22540
www.loruenser.at • hotel@loruenser.at

Im Sporthotel Lorünser in Zürs wird Urlaubsvergnügen für die ganze Familie geboten. Direkt an Piste und Skilift gelegen, bietet es ideale Bedingungen für einen gelungenen Skiurlaub. Familien erfreuen sich am Skikindergarten und an der Skischule direkt vor der Tür, womit einem entspannten Familienurlaub nichts im Weg steht. Im Wellnessbereich lässt sich auf zwei Etagen mit Pool, Dampfbad, Saunen sowie Whirlpools entspannen. Für den nächtlichen Komfort sorgen 74 gemütliche Zimmer mit alpinem Charme. Im Rahmen der Vollpension genießen die Gäste österreichische und internationale Küche.

AM
WASSER

loisi's

6215 Achenkirch, Christlumsiedlung 10∠ • 05246 6396
www.loisis.at • info@loisis.at

Für Abenteurer und Ruhesuchende gleichermaßen geeignet ist das Hotel loisi's am Achensee. Die Region um Achenkirch verzückt mit einer malerischen Kulisse und bietet zudem zahlreiche Outdooraktivitäten sowohl im Sommer als auch im Winter. Entspannte Stunden verbringt man im Vitalbereich, wo man mit Sauna, Erlebnisduschen, Ruheraum und Wärmebank richtig zur Ruhe kommt. Morgens schlemmen die Gäste nach einer erholsamen Nacht in den traditionell und modern ausgestatteten Zimmern am Frühstückbuffet. Zwischendurch und am Abend genießt man feine Köstlichkeiten im Restaurant „Ziho Genussreich".

Seevilla Altaussee

8992 Altaussee, Fischerndorf 60 • 03622 71302
www.seevilla.at • hotel@seevilla.at

Kunst, Kultur und Tradition prägen das Hotel Seevilla Altaussee inmitten des steirischen Salzkammerguts. Während hier in den 140 Jahren seit dem Ursprung des Hauses bekannte Komponisten, Literaten und Schauspieler einkehrten, wird auch heute noch ein besonderer Wert auf die Traditionen der Region gelegt. Das erkennt man auch an den stillvoll eingerichteten Zimmern, bei denen man die Wahl zwischen Berg- und Seeblick hat. Die traumhafte Landschaft des Altausseerlands lässt sich beim Wandern, Mountainbiken, Klettern oder Schifffahren erkunden. Erholung gibt es anschließend im Panorama-Spa.

Parkhotel Tristachersee

9908 Amlach/Lienz, Tristachersee 1 • 04852 67666
www.parkhotel-tristachersee.at • parkhotel@tristachersee.at

Das Parkhotel Tristachersee ist ein wahres Kleinod in Osttirol. Im kleinen Paradies am See erwartet die Gäste herrliche Ruhe inmitten der wunderschönen Naturkulisse. Im Rahmen der Halbpension genießt man im Restaurant feine Menüs, die den Gaumen erfreuen. Morgens begibt man sich auf die Seeterrasse, um den Tag mit frischem Gebäck vom heimischen Bäcker zu starten. Innere Ruhe tankt man im Wellnessbereich, zudem locken die traumhafte Gartenanlage sowie der Tristachersee. Sportliche Abwechslung ist hier garantiert: Schwimmen, Wandern, Biken, Eislaufen, Rodeln und mehr hält die Region bereit.

Seefischer
Finest Hideaway

9873 Döbriach, Fischerweg 1 • 04246 77120
www.seefischer.at • hotel@seefischer.at

Direkt am Ufer des Millstätter Sees begrüßt das Hotel Seefischer mit herrlichem Seepanorama und ruhiger Atmosphäre. Die 43 liebevoll gestalteten Zimmer und Suiten bieten herrlichen Komfort und Blick auf den See. Erholsame Stunden verbringt man im Spa- und Wellnessbereich bei wohltuenden Behandlungen, entspannten Runden in den Pools und angenehmer Wärme in den Saunas. Ein Highlight ist der Strand, der mit flachem, sandigem Seezugang und bequemen Liegen begeistert. Im Restaurant Seefischer genießt man ausgezeichnete Gourmetmenüs vor traumhafter Kulisse. Auch ideal für märchenhafte Hochzeiten.

Ebner's Waldhof am See

5330 Fuschl am See, Seestraße 30 • 06226 8264
www.ebners-waldhof.at • info@ebners-waldhof.at

Direkt am malerischen Fuschlsee gelegen, lädt das Hotel Ebner's Waldhof am See zu einer erholsamen Auszeit ein. Die 110 stillvoll-elegant eingerichteten Zimmer sorgen für erholsamen Schlaf und einen gemütlichen Rückzugsort. Im Waldhof Spa können Gäste auf einer 4.000 m² großen Fläche entspannen – mit sieben Pools, mehreren Saunen und unterschiedlichen, wohltuenden Massagen sowie Beauty-Behandlungen findet jeder das Passende. Im Rahmen des Genießer-Arrangements werden Gäste kulinarisch bestens umsorgt. Ob Aktivurlaub oder erholsame Tage am See – das Hotel bietet Vielfalt für jedermann.

Seehotel Grundlsee

8993 Grundlsee, Mosern 22 • 03622 860444
www.seehotel-grundlsee.at • willkommen@seehotel-grundlsee.at

Das Seehotel Grundlsee besticht durch seine traumhafte Lage direkt am Seeufer. Die 16 stilvoll eingerichteten Zimmer und Suiten bieten eine herrliche Aussicht auf den See sowie die umliegende Berglandschaft. In der Seesauna vergisst man den Alltagsstress, während man das herrliche Panorama und die wohltuende Wärme genießt. Morgens lockt ein köstliches Frühstück, für ein besonderes Erlebnis nimmt man dies auf der Plätte, dem traditionellen Holzboot, zu sich. Inmitten des steirischen Salzkammerguts mangelt es zudem nicht an aktiven und erholsamen Freizeitaktivitäten sowie kulturellen Schätzen.

Fischer am See

6611 Heiterwang, Fischer am See 1 • 05674 5116
www.fischeramsee.at • hotel@fischeramsee.at

Was einst vor knapp 100 Jahren noch eine kleine Almwirt-
schaft mit wenigen urlaubenden Sommerfrischlern war, hat
sich in das herzliche Hotel Fischer am See weiterentwickelt.
Hier spürt man, wie viel Leidenschaft die Familie in ihr Haus
steckt. Am Ufer des Heiterwanger Sees in Tirol können die
Gäste zwischen modernen Zimmern in klarem Design und
gemütlichen, authentisch-traditionellen Zimmern wählen.
Zur Ruhe kommt man hier nicht nur im Wellnessbereich mit
Saunen und Ruheräumen, sondern vor allem auch in der
Natur. Nicht entgehen lassen sollte man sich eine Schiff-
fahrt am malerischen Heiterwanger See.

Rosewood Schloss Fuschl Ⓝ

Hotel des Jahres 2011

5322 Hof bei Salzburg, Schloss Straße 19 • 06229 39980
www.rosewoodhotels.com • schlossfuschl@rosewoodhotels.com

In privilegierter Lage thront das neue Rosewood Schloss
Fuschl über dem Fuschlsee. 50 elegante Zimmer und 48 luxuriöse Suiten und Chalets bieten bezaubernde Ausblicke,
höchsten Komfort und historischen Charme. Wenige Kilometer von Salzburg entfernt, genießt man hier nicht nur
Ruhe und die malerische Naturkulisse, sondern kommt auch
in den Genuss der Kultur- und Shoppingvielfalt der Stadt.
Sechs gastronomische Einrichtungen sorgen für kulinarische Höhepunkte – vom Schlossrestaurant mit österreichischen Klassikern bis hin zum „Whiskey Room". Der beheizte
Infinity-Außenpool rundet das Angebot ab.

Alpenhotel Kitzbühel

6370 Kitzbühel, Seebichlweg 37a • 05356 642540
www.alpenhotel-kitzbuehel.at • info@alpenhotel-kitzbuehel.at

In einzigartiger Lage am Ufer des Schwarzsees schafft das
Alpenhotel Kitzbühel einen Ort, wo Lifestyle, Design und
Wellbeing aufeinandertreffen. In den großzügigen Zimmern
und Suiten kombiniert man typisch alpinen Tiroler Charakter mit einem Touch modernem Lifestyle. Im Rahmen einer
Gourmet-Verwöhnpension startet man morgens mit einem
reichhaltigen Frühstücksbuffet in den Tag, genießt am Nachmittag eine feine Jause und freut sich abends auf ein fünf-
gängiges Wahlmenü mit Wildfleisch aus der eigenen Jagd.
Highlights sind der beheizte Infinitypool mit See- und Bergpanorama sowie das Seebad.

Das Seepark

9020 Klagenfurt, Universitätsstraße 104 • 0463 2044990
www.dasseepark.at • info@seeparkhotel.at

Das Seepark in Klagenfurt bietet eine moderne Oase für
Paare, Individual- und Geschäftsreisende sowie Familien.
Die eleganten Zimmer und Suiten sind mit allen wünschens-
werten Annehmlichkeiten ausgestattet. Der großzügige
Wellnessbereich mit Sauna, Spa sowie In- und Outdoorpool
lädt zum Entspannen ein. Im Restaurant sorgen regionale
Köstlichkeiten für das leibliche Wohl. Sonntags freut man
sich auf einen ausgiebigen Brunch. Mit fünf Seminarräumen
für bis zu 200 Personen und einer weitläufigen Parkland-
schaft eignet es sich wunderbar für Tagungen sowie für festliche Galadinners und Hochzeiten.

Amerika-Holzer am See

Wellnessresort

9122 Klopeiner See, Am See XI/4 • 04239 2212
www.amerika-holzer.at • hotel@amerika-holzer.at

Ins Wellnessresort Amerika-Holzer zieht es Gäste, die Südsee-Urlaub in Österreich genießen möchten. Mit einem Sandstrand direkt am warmen, türkis-strahlenden Klopeiner See kommen Badeurlauber auf ihre Kosten, aber auch Laufen, Nordic Walking und Wandern lohnen sich allemal. Im Hotel entspannt man im Saunabereich mit Seeblick und planscht im Außenpool. Es werden sowohl für Paare als auch für Familien ideale Räumlichkeiten geboten, sodass einem romantischen Urlaub zu zweit oder einem abwechslungsreichen Familienurlaub nichts im Weg steht. Weitere Highlights sind der SUP-Verleih sowie der nahe Panorama-Golfplatz.

Seehotel Am Kaiserstrand Ⓝ

6911 Lochau, Am Kaiserstrand 1 • 05574 58111
www.kaiserstrand.at • info@kaiserstrand.at

Im Seehotel Am Kaiserstrand trifft Tradition auf Moderne und Geschichte auf eine neue Ära. Mit unverwechselbarer Fassade, die nach sorgfältigen Renovierungsarbeiten weiterhin an die über 100-jährige Geschichte erinnert, und großartiger Lage am Bodensee begeistert das Hotel ebenso wie mit der 900 m² großen Wellnessoase samt Innenpool, Cardio-Lounge und Saunen. In den modern ausgestatteten Zimmern und Suiten schläft es sich besonders gut. Kulinarische Vielfalt erwartet die Gäste – angefangen beim Feinschmecker-Frühstück über das schmackhafte Mittagsessen bis hin zum exquisiten Abendessen.

Linde

9082 Maria Wörth, Lindenplatz 3 • 04273 2278, 0664 181 9559
www.hotellinde.at • info@h-linde.at

Die einzigartige Lage auf der Halbinsel von Maria Wörth
direkt am Wörthersee begeistert Gäste des Hotels Linde
ganz besonders. Ob beschauliche Einzelzimmer, stilvolle
Doppelzimmer oder gemütliche Familienzimmer, ob See-
oder Dorfblick, hier ist für jeden Anspruch etwas dabei.
Für absolute Privatsphäre werden außerdem nur drei Gehminuten entfernt exklusive Villen am See geboten. Abends
diniert man mit Blick auf den See, als Hotspot für Sushi und
Aperitif lockt außerdem die Seebar. Mit der hauseigenen
Wasserskischule stehen den Gästen zudem zahlreiche Wassersportarten zur Verfügung.

Seewirt Mattsee

Kuschelhotel & SPA am See

5163 Mattsee, Seestraße 4 • 6217 5271
www.seewirt-mattsee.at • hotel@seewirt-mattsee.at

Eine romantische Auszeit zu zweit wird im Hotel Seewirt
Mattsee direkt am Ufer des Mattsees zelebriert. Die stilvoll eingerichteten Zimmer und Suiten bieten eine traumhafte Aussicht auf den See und laden zum Kuscheln ein.
Im Wellnessbereich können Gäste entspannen und beim
Schwimmen im Panoramapool, beim Saunieren oder bei
einer wohltuenden Massage zur Ruhe kommen. Kulinarische Highlights sind ein Candle-Light-Dinner im Restaurant
„Overture" sowie die Köstlichkeiten im „Lustreich". Auch
wenn man am liebsten den ganzen Tag kuschelnd im Hotel
verbringt, lohnt sich auch eine Erkundung der Umgebung.

Villa Postillion am See

9872 Millstatt am See, Kaiser-Franz-Josefstraße 106 • 04766 2552
www.villa-postillion.at • info@villa-postillion.at

Direkt am Ufer des Millstätter Sees schätzen Gäste des Hotels Villa Postillion am See die schlichte Schönheit und die lange Geschichte des Hauses. Die geradlinig-eleganten Zimmer und Suiten bieten etliche Annehmlichkeiten, viele einen Balkon. Besonders nächtigt man im Biwak unter den Sternen, einer kuscheligen Unterkunft direkt am See. Im Restaurant genießt man hervorragenden Seeblick sowie fangfrischen Fisch aus der eigenen Netzfischerei und weitere Köstlichkeiten. Im Wellnessbereich und beim Yoga kommt man zur Ruhe, während man sich in der umliegenden Naturwelt beim Sport auspowern kann.

Aichinger
Boutique Hotel

4865 Nußdorf am Attersee, Am Anger 1 • 07666 8007
www.hotel-aichinger.at • office@hotel-aichinger.at

Das Hotel Aichinger in Nußdorf am Attersee ist ein Boutiquehotel mit fast 200-jähriger Tradition. Ursprünglich als Brauerei gegründet, bietet das Hotel heute stilvoll eingerichtete Zimmer und luxuriöse Suiten mit atemberaubendem Seeblick. Der 2.000 m² große Privatstrand und ein großzügiger Poolgarten laden zum entspannten Verweilen ein. Bei Schlechtwetter bietet der kleine, aber feine Wellnessbereich Erholung. Das Restaurant „Das Bräu" verwöhnt mit köstlichen Gourmetgerichten, das ACHTERDECK mit Fine Dining. Ideal für Gäste, die Tradition und modernen Komfort gleichermaßen schätzen.

Das Grafengut

Entdeckung des Jahres 2024

4865 Nußdorf am Attersee, Dorfstraße 65 • 07666 8414
grafengut.com • office@grafengut.com

Ruhesuchende sind im Hotel Grafengut genau richtig. Inmitten eines 13.000 m2 großen Parks am Westufer des Attersees bietet das geschichtsträchtige Haus mit 27 Doppel- und zwei Einzelzimmern eine angenehme, ruhige Atmosphäre. Hier genießt man die Natur, nutzt die herrliche Lage am See und liest ein gutes Buch im Schatten der Bäume. Ist das Wetter mal grau und regnerisch, erfreut man sich an den bunten Akzenten im Hotelinneren, sei es eine kräftige Wandfarbe, ein interessantes Kunstwerk oder ein gemusterter Stoff. Außerdem eignet sich das Hotel auch als Hochzeitslocation mit besonderem Flair.

Seehotel Einwaller

6213 Pertisau, Seepromenade 15 • 05243 5366
www.einwaller.at • info@einwaller.at

In ruhiger Lage am Achensee begrüßt das Seehotel Einwaller in Pertisau Ruhesuchende und Naturliebende. Die 29 modernen, bequemen Wohlfühlzimmer tragen ebenso zu einem unvergesslichen Urlaubserlebnis bei wie das Panorama Rooftop Spa mit Rundumblick auf den Achensee sowie das Karwendel- und Rofangebirge. Exklusive Zweisamkeit unter freiem Himmel ist im „1.000 Sterne Rooftop"-Zimmer möglich. Fernab des Trubels erfreut man sich hier außerdem am privaten Badesteg. Egal, ob Frühling, Sommer, Herbst oder Winter, die Lage am Achensee lädt das ganze Jahr zu aktiven Stunden in der Natur ein.

Gault&Millau

Süße
Säure
& Tannine

Alle News rund um österreichische Weine
im Newsletter und auf gaultmillau.at

Parkhotel Pörtschach

9210 Pörtschach, Hans-Pruscha-Weg 5 • 04272 26210
www.parkhotel-poertschach.at • office@parkhotel-poertschach.at

Im Parkhotel Pörtschach lässt sich ein Juwel der 1960er-Jahre erkennen. Das Hotelareal überzeugt nicht nur mit der interessanten Architektur, sondern vor allem mit dem privaten Badestrand am Wörthersee sowie einem weitläufigen Hotelpark. Ob Familien-, Sport- oder Kultururlaub, Event- oder Seminarreise – hier findet jeder einen Lieblingsplatz. Seeblick ist durch die die exklusive Insellage in allen 191 renovierten Zimmern und Suiten garantiert. Während die umliegende Natur für abwechslungsreiches Aktivprogramm sorgt, bietet das Hotel auch ideale Voraussetzungen für größere Businessevents.

Seehotel Dr. Jilly

9210 Pörtschach, Alfredweg 5–7 • 04272 2258
www.hotel-jilly.at • seehotel@jilly.at

Das Seehotel Dr. Jilly in Pörtschach am Wörthersee bietet seinen Gästen eine luxuriöse Unterkunft direkt am Seeufer. Die eleganten Zimmer und Suiten bieten atemberaubende Ausblicke auf den See und bestechen durch ihr helles Design. Massagen sowie physiotherapeutische Verfahren im Therapiezentrum sorgen für das Wohlergehen der Gäste. Entspannt wird direkt am See oder im übersichtlichen Sauna- und Fitnessbereich. Die herrliche Lage des Hotels bietet ideale Voraussetzungen für zahlreiche Outdooraktivitäten wie Segeln, Schwimmen und Wandern. Auch für Seminare und Events geeignet.

Werzers

Hotel Resort Pörtschach

9210 Pörtschach, Werzerpromenade 8 • 04272 2231
www.resort.werzers.at • resort@werzers.at

Das Werzers Hotel Resort in Pörtschach am Wörthersee bietet seinen Gästen Luxus und Komfort in einer traumhaften Umgebung. Alle Zimmer und Suiten sind mit einem Balkon und allen Annehmlichkeiten ausgestattet, die man für einen entspannten Aufenthalt benötigt. Dabei begeistert das schlicht-elegante Design mit gekonnter Akzentsetzung. In der 2.000 m² großen Wellnessoase kommt man zur Ruhe, während man am hoteleigenen Badestrand die Sonne genießt. Die Natur wartet mit zahlreichen Aktivitäten auf. Mit den passenden Räumlichkeiten ist es auch ideal für Familienurlaub, Seminare und Feierlichkeiten.

Strandhotel Sille

9081 Reifnitz, Wörthersee-Süduferstraße 108 • 04273 2237
www.strandhotel-sille.com • reservierung@hotel-sille.com

Wer im Strandhotel Sille urlaubt, erfreut sich an der idyllischen Lage am Südufer des Wörthersees und der hübschen Architektur des historischen Gebäudes. Viele der stilvollen Zimmer und alle Suiten bieten einen traumhaften Ausblick auf den See. Direkt am Wasser genießt man auf der Terrasse des Seerestaurants internationale, mediterrane und Kärntner Küche sowie Fischspezialitäten. Der private Badestrand direkt vor dem Hotel lädt zum Verweilen ein. Für aktive Abwechslung sorgen die zahlreichen Wanderwege sowie eine Vielfalt an Wassersportarten im angrenzenden Wassersportzentrum.

Cortisen am See

5360 St. Wolfgang, Markt 15 • 06138 23760
www.cortisen.at • hotel@cortisen.at

Kreativ, bunt und absolut nicht dem Mainstream entsprechend: Das ist, was das Cortisen am See ausmacht. Das Boutiquehotel für Erwachsene bietet 25 individuell eingerichtete Doppelzimmer sowie neun Designer- und Loftsuiten. Ganz exklusiv nächtigt man im Oberdeck des Bootshauses in der Boat Shed Suite – dort erwartet die Gäste neben Frühstück im Weidekorb auch Wolfgangsee-Panorama direkt beim Aufwachen. Lokale Kunst und Kultur sorgen für den lokalen Charakter des Cortisen. Weitere Highlights sind das sechsgängige À-la-carte-Frühstück, das hoteleigene Motorboot, die Zigarren-Lounge und der Privatstrand.

Im Weissen Rössl am Wolfgangsee

5360 St. Wolfgang, Markt 74 • 06138 23060
www.weissesroessl.at • welcome@weissesroessl.at

Das Hotel Im Weissen Rössl am Wolfgangsee ist ein Synonym für Luxus und Tradition. Viele der stilvoll eingerichteten Zimmer und Suiten bieten einen atemberaubenden Blick auf den Wolfgangsee und die umliegende Berglandschaft. Der großzügige Wellnessbereich mit beheiztem Seebad und Sauna lädt zum Entspannen ein. Morgens wartet auf die Gäste ein herrliches Frühstück mit Seeblick. Für besondere Hochgenüsse empfiehlt sich ein Besuch im hauseigenen Gourmetrestaurant Poll's Kaiserterrasse. Zudem bieten St. Wolfgang und das Salzkammergut zu jeder Jahreszeit ein umfangreiches Kultur- und Aktivangebot.

© Hotel Im Weissen Rössl am Wolfgangsee

Landhaus zu Appesbach

5360 St. Wolfgang, Au 18 • 06138 2209
www.tauroa.at/landhaus-zu-appesbach • appesbach@tauroa.at

Im Landhaus zu Appesbach erlebt man unvergessliche Momente an einem beflügelnden Ort. Die 22 Zimmer und Suiten sind individuell und einzigartig ausgestattet und erinnern an vergangene Zeiten. Der Charme des über 100-jährigen Landhauses blieb erhalten und sorgt heute für ein Gefühl des Besonderen, des Rückzugs und der Geborgenheit. Das von Efeu und wildem Wein umrankte Gebäude ist umgeben von einem großzügigen Park mit jahrhundertealtem Baumbestand, wo man bestimmt ein Lieblingsplätzchen findet. Direkt am Wolfgangsee genießt man außerdem traumhaften Weitblick über den See und Bergpanorama.

Seevilla Wolfgangsee

5360 St. Wolfgang, Markt 17 • 06138 23055
www.seevilla-wolfgangsee.at • welcome@seevilla.co.at

Erholsame Tage verbringt man in der Seevilla Wolfgangsee. In 28 der 29 stilvoll-eleganten Zimmer genießt man wunderbaren Seeblick, das 29. Zimmer überzeugt hingegen mit Bergblick. Am reichhaltigen Frühstückbuffet stärkt man sich morgens, damit man voller Energie die Outdoorvielfalt – von Wasser- und Bergsport über Golf bis hin zu Paragleiten und Reiten – auskosten kann. Auch im Haus lässt sich wunderbar sporteln, beim Schwimmen im ganzjährig beheizten Outdoor-Infinitypool oder im neuen Rooftop-Fitness- und Yogaraum. Die Poolbar und die gemütliche Kaminlounge sind immer einen Besuch wert.

Kollers

9871 Seeboden, Seepromenade 2–4 • 04762 82000
www.kollers.at • info@kollers.at

Kollers Hotel in Seeboden am Millstätter See bietet das ganze Jahr unvergessliche Urlaubserlebnisse. Fast alle der stilvoll eingerichteten Zimmer bieten einen Balkon mit See- oder Nockberge-Blick. Ganzjähriger Badespaß wird mit dem beheizten Seebad sowie dem Hallen- und Außenpool garantiert. Für pure Erholung sorgen das Spa im Hotel, am See und das hoteleigene Wellnessschiff. Genuss auf ganzer Linie bietet die Hotelküche mit ausgesuchten heimischen Produkten, hausgemachten Spezialitäten und den sechs-gängigen Gourmet-Abendmenüs. Highlight für Verliebte: „Dinner for 2" auf der Palmeninsel am See.

Seespitz

6100 Seefeld, Innsbrucker Straße 1 • 05212 2217
www.seespitz.at • info@seespitz.at

Am malerischen Wildsee in Seefeld genießt man ganzjährig die atemberaubende Naturkulisse des Tiroler Hochplateaus. Das Hotel Seespitz ist dabei die ideale Unterkunft für einen luxuriösen Bergurlaub. Die modernen Zimmer und Suiten sorgen mit naturbelassenem Holz und farbigen Akzenten für Wohlfühlatmosphäre. Der beheizte Indoor- und Outdoor pool lädt zum Längenschwimmen ein, im Sommer springt man zur Erfrischung in den Wildsee. Ruhe ist in der großzü-gigen Saunalandschaft garantiert. Neben Outdooraktivitä-ten wie Biken, Eislaufen und Skifahren lohnt sich auch das kulturelle Angebot in der Umgebung.

Das Traunsee

Das Hotel zum See

4801 Traunkirchen, Klosterplatz 4 • 07617 2216

www.dastraunsee.at • traunsee@groel.erhospitality.com

Im Hotel Das Traunsee kombiniert man gekonnt Luxus, Natur und Genuss. Alle 39 Zimmer und Suiten bieten einen herrlichen Blick auf den Traunsee und die umliegende Berglandschaft. Das exklusive SeeSpa begeistert mit einer Panoramasauna, die direkten Blick auf den Traunstein bietet, angenehmen Wasserbetten im Ruhebereich, Soft-Sauna, Eisgrotte, Marmor-Dampfbad und als Highlight: mit direktem Seezugang. Kulinarisch kommt man in den Genuss eines Feinschmeckerfrühstücks und eines viergängigen Abendmenüs. Nicht entgehen lassen sollte man sich einen Besuch im Haubenlokal „Bootshaus".

© Gröller Hospitality/Christa Wagner

Seehotel Jägerwirt

8864 Turrach, Jägerwirtsiedlung 63 • 04275 8257
www.seehotel-jaegerwirt.at • urlaub@seehotel-jaegerwirt.at

Das Seehotel Jägerwirt am Turracher See vereint Tradition und Moderne in einer beeindruckenden Alpenkulisse. Die gemütlichen und komfortablen Zimmer bieten einen traumhaften Blick auf den See und die umliegenden Berge. Dem Alltag entfliehen und völlig entspannen geht hier in absoluter Ruhelage im Zirbenwald direkt am See besonders gut, dazu trägt auch der Wellnessbereich mit Saunen, Pools und balinesischen Treatments und Massagen sowie Yoga im Grünen bei. Kulinarisch werden Gäste mit besten Produkten aus der Region verwöhnt, gerne auch rein pflanzlich. Ideal für einen erholsamen Aktivurlaub.

Seegasthof Stadler

4866 Unterach am Attersee, Stockwinkel 1/3 • 07665 8346, 0664 147 3133
www.seegasthof-stadler.at • info@seegasthof-stadler.at

Ungestörter Badeurlaub in ruhiger Alleinlage direkt am Attersee klingt fast zu gut, um wahr zu sein. Doch all das erwartet Gäste im Seegasthof Stadler. Inmitten der malerischen Berge findet man hier einen perfekten Rückzugsort, der neben herrlichem Panoramablick auch großzügige, gemütliche Zimmer und Suiten, einen kleinen, aber feinen Wellnessbereich sowie einen weitläufigen Privatstrand bietet. Eine Vielzahl an Möglichkeiten zu Wasser und an Land sorgen für einen abwechslungsreichen Urlaub. Besondere Highlights sind die hoteleigene Wasserski-Schule im Sommer sowie die geführten Wanderungen.

Seehotel Europa

9220 Velden am Wörthersee, Wrannpark 1–3 • 04274 2770
www.seehotel-europa.at • seehotel.europa@wrann.at

Auf der Suche nach erholsamen Tagen in stilvoller Umgebung zieht es Gäste nach Velden am Wörthersee ins Seehotel Europa. Hier nächtigt man in elegant-modernen Zimmern und Suiten in harmonischer Farbgebung und mit wunderbarer Aussicht. Pure Entspannung findet man im exklusiven Wellnessbereich beim Saunieren und Treibenlassen im Indoor-Panoramapool. Direkt am See gelegen, verfügt das Hotel über einen privaten Seestrand, der zum Sonnen einlädt. Das Angebot an Freizeitaktivitäten reicht von Segeln, Wandern und Golfen über Reiten und Tennis bis hin zum Rennrad- und Mountainbikefahren.

Karnerhof
Genießerhotel

9580 Villach-Drobollach am Faaker See, Karnerhofweg 10 • 04254 2188
www.karnerhof.com • hotel@karnerhof.com

Das Hotel Karnerhof, idyllisch am Ufer des Faaker Sees gelegen, ist eine wahre Wohlfühloase. Die großzügigen Zimmer und Suiten bieten atemberaubende Ausblicke auf den See, die umliegenden Berge und ins Grüne. Das SEEMOTIONEN-Spa überzeugt mit einem beheizten Außen-Infinitypool, Außen-Sprudelbecken, Saunagarten sowie weiteren Ruheplätzen. Für einen abwechslungsreichen Aktivurlaub sorgt der Faaker See – von gemütlich-romantischen Ruderboottouren, einer spannenden Kajak- oder Kanurunde bis hin zu Stand-up-Paddling und klassischem Schwimmen. Nicht verpassen sollte man außerdem die feine Kulinarik.

Nils am See

7121 Weiden am See, Seepark-Feriendorf 1 • 02167 434340
www.nilsamsee.at • reservations@nilsamsee.at

Direkt am Ufer des Neusiedler Sees erwartet die Gäste im Hotel Nils am See in Weiden eine Bleibe für jeden Geschmack. Die 63 Zimmer und Suiten in Naturtönen sind mit Liebe zum Detail gestaltet. Entspannt wird beim Schwimmen im beheizten Outdoorpool sowie im kleinen Wellnessbereich mit Sauna und Massage. Kulinarisch begeistert das Restaurant Ankkuri mit kreativen Komposi-tionen aus regionalen und saisonalen Produkten. Frühstück und Snacks für den Tag bietet das „Nils am See Bistro". Außerdem ist das Hotel der ideale Ausgangspunkt für Wein-verkostungen, Nationalpark-Besuche und Radtouren.

Gralhof

Biohotel

9762 Weissensee, Neusach 7 • 04713 2213
www.gralhof.at • info@gralhof.at

„Die Herzen im Himmel, die Wurzeln im Boden": Bio und Nachhaltigkeit ziehen sich hier durch das gesamte Konzept. Die Küche arbeitet mit biologischen Zutaten, auf dem Tisch des Restaurants Freiblick, einem Zubau aus Glas und Stahl mit uneingeschränktem Seeblick, steht selbst gebackenes Brot. Die 16 Zimmer sind moderne Refugien in alten Mauern und mit Biomatratzen und -bettwäsche ausgestattet, die herzigen Dekoelemente bestehen aus gepresstem Heu und Wiesenblumen. Biozertifizierungen und ressourcenscho-nende Arbeitsweise sind selbstverständlich und seit 2020 ist der familiengeführte Gralhof am Weissensee klimaneu-tral.

Geniesserhotel Die Forelle

9762 Weissensee, Techendorf 80 • 04713 2356, 0676 706 5501
www.forellemueller.at • info@dieforelle.at

Das Geniesserhotel Die Forelle am Weissensee verzichtet
auf Chichi und besinnt sich auf die wichtigen Dinge : Ruhe,
Achtsamkeit und Natur. Dies zeichnet sich bei den sorgsam
gestalteten Zimmern mit duftendem Holz aus den heimischen Wäldern genauso ab wie bei der feinen Küche. Hier
wird auf Nachhaltigkeit geachtet. So werden frische Produkte aus der Region verwendet, möglichst naturbelassen
und saisonal, denn nur so sind sie besonders intensiv, ehr-
lich und gesund. Egal, ob meditativ-sanfter oder eher sport-
lich-aktiver Urlaub: Der Saunabereich und die facettenrei-
che Natur ermöglichen beides.

Seehotel Enzian

9762 Weissensee, Neusach 32 • 04713 2221
www.seehotelenzian.at • office@seehotelenzian.at

Erholung pur heißt es im Seehotel Enzian am Weissensee.
Morgens mit Blick auf den See aufwachen, ein reichhaltiges
Frühstücksbuffet genießen und anschließend in einen ent-
spannten Tag am See starten – das klingt wie Balsam für die
Seele. Die gemütlichen Zimmer sorgen mit viel Holz für eine
angenehme Atmosphäre. Ruhe und Wärme genießt man im
See-Spa, insbesondere in der See-Sauna direkt am Wasser.
Abends lässt man sich mit einem fünfgängigen Gourmet-
menü verwöhnen, bevor man in der Almbar vor knisterndem
Kaminfeuer den Tag ausklingen lässt. Für aktive Stunden
begibt man sich in die Natur.

© Seehotel Enzian

Strandhotel am Weissensee

9762 Weissensee, Neusach 18 • 04713 2219
www.strandhotel-weissensee.at • info@strandhotel-weissensee.at

Das Strandhotel am Weissensee ist ein Hotel für jede
Lebenslage. Zu zweit im gemütlichen Zimmer, als Familie im
praktischen, neu renovierten Apartment oder mit Freunden
im exklusiven Seehaus, hier findet jeder seinen Platz. Im
1.000 m² großen See-Spa lässt man die Seele baumeln. Als
rein vegetarisches Hotel freut man sich hier auf facettenrei-
che vegetarisch-vegane Küche, teilweise mit Produkten aus
dem eigenen Permagarten. Die idyllische Lage des Hotels
ermöglicht zahlreiche Outdooraktivitäten wie Wandern,
Radfahren und Wassersport. Yogis kommen außerdem bei
den Yoga-Retreats auf ihre Kosten.

Grand Hotel Zell am See

5700 Zell am See, Esplanade 4–6 • 06542 7880
www.grandhotel-zellamsee.at • info@grandhotel-zellamsee.at

Das Grand Hotel Zell am See, majestätisch auf einer Halbinsel im Zeller See gelegen, verbindet historischen Charme
mit modernem Luxus. Die 131 eleganten Zimmer und Suiten
– passend für Singles, Paare und Familien – bieten atemberaubendes See- und Bergpanorama. Entspannt wird
im familienfreundlichen Classic Spa mit direktem Seezugang inklusive privatem Badestrand oder im GRANDSPA ab
16 Jahren. Im Rahmen der Grand-Gourmet-Halbpension wird
abends eines von drei Menüs serviert – klassisch, vegetarisch oder aus der Health Cuisine. Außerdem ideal für Skifahrer, Wanderbegeisterte und Wassersportler.

Seehotel Bellevue

5700 Zell am See, Seeuferstraße 41 • 06542 21828
www.seehotel-bellevue.at • info@seehotel-bellevue.at

Im Seehotel Bellevue in Zell am See ist der Name Programm, hier genießt man eine wahrlich schöne Aussicht. Bereits vor über 150 Jahren fand man hier einen Ort des Vergnügens, daran hat sich bis heute nichts geändert. Komfort auf hohem Niveau ist in den 32 gemütlichen Zimmern und Suiten garantiert, die nicht nur mit angenehmer Farbwahl, sondern außerdem mit Blick auf den See oder eigener Sauna begeistern. Kulinarisch begeistert das Restaurant „Seensucht" sowie morgens das À-la-carte-Frühstück. Vor der atemberaubenden Kulisse eignet sich das Hotel auch wunderbar für Hochzeiten und andere Events.

CHALETS

Chalet Bischoferalm

6236 Alpbach, Außerbischofen 131 • 0676 5026945
www.luxuschalet-tirol.at • info@luxuschalet-tirol.at

Auf 1.350 Meter Seehöhe thront das luxuriöse Chalet Bischoferalm über dem Alpachtal. Hier wird auf 3.000 m² exklusive Privatsphäre für bis zu 20 Personen geboten, durch die Gesamtvermietung ist man immer unter sich. In der abgeschiedenen Bergidylle, fernab aller Menschenmengen, genießt man die Ruhe und entspannt sich zusätzlich im Bio-Vital-Spa sowie im Whirlpool. Zur aktiven Abwechslung lädt die umliegende Bergwelt ganzjährig zu Outdooraktivitäten ein. Auf Wunsch verwöhnt ein Private Cook die Gesellschaft. Auch ideal für Hochzeiten, Firmenfeiern und andere Events bis 40 Personen.

Luxuslodge Zeit zum Leben

5524 Annaberg, Steuer 88 • 0664 4232662
www.luxuslodge.at • info@luxuslodge.at

Die drei Chalets der Luxuslodge Zeit zum Leben bieten Ruhesuchenden wahre Refugien in Annaberg. Konzipiert für zwei bis zehn Personen, eignen sich die einzelnen Chalets sowohl für Paare als auch für Familien und Freundesgruppen. Im wildromantischen Lammertal mit Blick auf das Dachstein-Massiv hat man wahrlich „Zeit zum Leben", sei es beim Wandern, Mountainbiken, Wasser- und Skisport in der Natur oder beim Entspannen, Regenerieren und Genießen in den Chalets, die mit beheizten Badezubern sowie teilweise Sauna und offenem Kamin begeistern. Auch kulinarisch ist man bestens umsorgt.

LaPosch

Dein Bergaway

6633 Biberwier, Schmitte 12 • 05673 21021
www.laposch.at • info@laposch.at

Eingebettet in die Bergwelt der Tiroler Zugspitz Arena heißt das Chaletdorf LaPosch Gäste in seinen 16 individuell gestalteten Häusern willkommen. Von kuscheligen, urigen Chalets, über luxuriös-moderne Lodges mit Berghütten-Charme, zauberhafte LakeSide-Villen mit direktem Zugang zum Kristallsee bis hin zu Pool-Villen, die mit eigenem beheizten Infinitypool alle Erwartungen übertreffen. Moderne und Tradition werden hier bestens vereint und sorgen zusammen mit den privaten Spa-Bereichen für eine einzigartige Wohlfühlatmosphäre. 365 Tage im Jahr belohnt die umliegende Natur mit zahlreichen Aktivitäten.

Waldchalets Brandnertal

6708 Brand, Schedlerhof 34 • 0664 88469401
waldchalets-brandnertal.at • servus@s942574125.online.de

Inmitten des Brandnertals sind unter Lärchen am Waldrand die Waldchalets sowie die Älmele Lodge zu finden. Die fünf modern gestalteten Chalets bieten jeweils bis zu sechs Personen eine heimelige Atmosphäre im Herzen der Vorarlberger Berge, während die Älmele Lodge mit rustikalem Charme bis zu vier Personen beherbergt. Morgens weckt der gut gefüllte Frühstückskorb, der Gaumenservice, der wunschlos glücklich macht, und die Spezerei, wo feinste Produkte aus der Region verkauft werden. Kleine Gäste freuen sich darüber hinaus auf den nahen Kinderspielplatz und den Tiererlebnispfad mit vielen Tieren.

Landschützer Bergdorf Riesner

8953 Donnersbachwald, Donnersbachwald 236 • 06380 40050, 0676 4476070
www.landschuetzer.at • office@landschuetzer.at

Im Landschützer Bergdorf Riesner erfreuen sich Familien und Freunde an den elf gemütlich-rustikalen Chalets und den zwei traditionell-komfortablen Suiten. Direkt an der Skipiste und an der Bergbahn Riesner gelegen, sorgt die Lage bei Skifahrern für Begeisterung. Auch Hunde fühlen sich in den Chalets mit exklusivem Hundeservice pudelwohl, besonders wenn es raus in die faszinierende Natur der steirischen Bergwelt geht. Kulinarisch freut man sich auf ein regionales Bergdorf-Frühstück sowie Kaffee und Kuchen im Chalet. Im Sommer stehen spezielle Grillpakete und ein Kugelgrill zur Verfügung.

Hollmann am Berg

9565 Ebene Reichenau, Turracher Höhe 163–166 • 05 7778300
www.crazyhollmann.com • hello@crazyhollmann.com

Toni, Luki und Franzi empfangen auf der Turracher Höhe im Dreiländereck Steiermark – Kärnten – Salzburg Gäste in drei charaktervollen Hütten des Feriendorfs Hollmann am Berg. Von klein und gemütlich über geräumig bis hin zu unaufdringlich-luxuriös finden hier Familien, Freunde und befreundete Paare ideale Unterkünfte. Jede der Hütten ist liebevoll gestaltet, mit Spielesammlung, kleiner Bibliothek sowie zahlreichen Annehmlichkeiten ausgestattet und überrascht mit charmanten Ideen. Mit Familien-Skipisten, Langlaufloipen und zahlreichen Wanderwegen ist die Gegend ein Paradies für Aktivurlauber.

Geinberg5

Private Spa Villas

4943 Geinberg, Thermenstraße 13 • 07723 85015555
www.geinberg5.com • office@geinberg5.com

Die Geinberg5 Private Spa Villas in Geinberg bieten exklusiven Luxus und private Wellnessmomente auf höchstem Niveau. Die luxuriösen Villen und Suiten verfügen über eigene Spa-Bereiche mit Sauna, Dampfbad und Whirlpool, die einen unvergleichlichen Rückzugsort bieten. Ein privater Butler-Service sorgt für einen maßgeschneiderten Aufenthalt. Kulinarisch werden Gäste mit einem Gourmetfrühstück und feinster Gourmetküche verwöhnt. Die umliegende Natur lädt zu erholsamen Spaziergängen und sportlichen Aktivitäten ein, während der private Zugang zur Therme Geinberg zusätzliche Entspannung verspricht.

Feriendorf Holzleb'n

5611 Großarl, Unterbergstraße 1 • 06414 2130, 0664 889 27517
www.holzlebn.at • feriendorf@holzlebn.at

Ob abenteuerlicher Familienurlaub, Wellnesstage mit Bauernhof-Feeling, romantische Auszeit zu zweit oder Reise mit Hund, im Feriendorf Holzleb'n im Großarltal wird man fündig. Acht exklusive Chalets sowie sieben gemütliche Ferienwohnungen und ein bequemes Doppelzimmer im Haupthaus bieten Komfort in traditionell gestalteter Umgebung. Jedes Chalet verfügt über eine eigene Sauna, einen Kaminofen und einen privaten Garten. Im Haupthaus freuen sich Gäste über den feinen Wellnessbereich. An aktiven Freizeitmöglichkeiten mangelt es in Großarl nicht. Besonders Kinder begeistert das Leben auf dem Bauernhof.

Kitz Boutique Chalet

6365 Kirchberg in Tirol, Klausner Höhe 19 •
www.kitzboutiquechalet.com • info@kitz-boutique-chalet.com

Mit praktischer Ski-in/Ski-out-Lage, unweit der Talstation der Fleckalmbahn sowie der Talabfahrt ist das Kitz Boutique Chalet in Kirchberg die perfekte Unterkunft für aktive Reisende, die exklusive Privatsphäre schätzen. Es bietet luxuriösen Komfort und alpinen Charme in einer atemberaubenden Berglandschaft. Je nach Bedarf kann das ganze Chalet mit Platz für 14 Gäste gebucht werden oder alternativ nur eins der drei Appartements mit gemütlichen Wohnbereichen, moderner Küche sowie privatem Wellnessbereich. Gäste können auf Wunsch einen persönlichen Kochservice in Anspruch nehmen.

Bühlhof

Penthouse

6764 Lech am Arlberg, Strass 328 • 05583 2859, 0660 225 2303
www.buehlhof.com • office@buehlhof.com

Am Rande von Lech am Arlberg bietet der Bühlhof vier reizende luxuriös-komfortable Berg-Apartments. Je nach Apartment finden vier bis zwölf Personen Platz. Wintersportler kommen mit der Skipiste direkt vor der Haustür auf ihre Kosten. Inmitten der magischen Winterlandschaft empfängt die wohlige Wärme in den Apartments nach einem langen Tag im Schnee. Am Kachelofen angelehnt genießt man hier einen entspannten Abend in netter Gesellschaft. Die Gäste erwartet bei Ankunft ein prall gefüllter Kühlschrank mit regionalen Köstlichkeiten, der Brötchen-Service sorgt für täglich frisches Gebäck.

Chalet 1551

6764 Lech am Arlberg, Oberlech 747 • 0676 643 4060
www.chalet1551.com • info@chalet1551.com

Einzigartige Genussmomente werden im Chalet 1551 gesammelt, einer Unterkunft, wo ein individueller Urlaub der Luxusklasse für bis zu 14 Gäste garantiert ist. Mit besten Ski-in/Ski-out-Voraussetzungen verbringt man aktive Stunden auf der Piste, bevor man sich im umfangreichen Spa-Bereich mit Pool, Sauna, Whirlpool und Massagen entspannt. Bei Schlechtwetter powert man sich im privaten Gym aus oder kuschelt vor dem Kamin im Wohnzimmer. Das private Koch- und Servicepersonal umsorgt die Gäste auf höchstem Niveau, während der Butler jeden Wunsch von den Lippen abliest. Auch für Workation geeignet.

Chalet 1597

6764 Lech am Arlberg, Stubenbach 29 • 0041027 7762164
www.brambleski.com • info@brambleski.com

Das Chalet aus dem namensgebenden Jahr 1597 wurde sorgsam renoviert und begeistert heute mit Original-Features, clever kombinierten Antiquitäten und exquisiten Materialien, die das charmante alpine Zuhause komplettieren. In Lech am Arlberg gelegen, freuen sich Skifreunde hier besonders auf die Pistennähe. Die müden Muskeln lassen sich nach einem aktiven Tag im Sauna- und Spa-Bereich regenerieren. Ein besonderes Highlight für Kinder – aber auch für Erwachsene – ist der Kinoraum, der direkt an das gemütliche Wohnzimmer mit Kamin angrenzt. Ein Concierge kümmert sich um jedwede Wünsche.

The Arula Chalets

6764 Lech am Arlberg, Oberlech 706 • 0664 140 7074
www.thearulachalets.com • info@thearulachalets.com

Wunschlos glücklich wird man in den Arula Chalets in Lech. Zwei besonders großzügige Chalets – eines mit 1.800 m² für bis zu 22 Personen inklusive Kinderzimmer, ein weiteres mit 800 m² für bis zu acht Personen – begeistern mit traumhaftem Ausblick, Toplage direkt an der Skipiste und einem privaten Wellnessbereich inklusive Sauna und Pool. Beide Chalets verfügen darüber hinaus über einen offenen Kamin im Speise- und Wohnbereich, ein Heimkino sowie einen Whirlpool auf der Terrasse. Bestens betreut wird man vom 24/7-Butler und -Concierge. Private Chef und Chauffeur runden das Angebot ab.

Priesteregg

Premium Eco Resort

♟ Ambiente Award 2021

5771 Leogang, Sonnberg 22 • 06583 82550
www.priesteregg.at • bergdorf@priesteregg.at

Das Priesteregg Premium Eco Resort in Leogang vereint Luxus und Nachhaltigkeit auf hohem Niveau. Die exklusiven Chalets und Villen bieten privaten Luxus mit traumhaftem Blick auf die Leoganger Steinberge. Jedes Chalet ist einzigartig ausgestattet, teils mit eigenem Saunabereich, Infinitypool oder Badebucht. Das Resort legt großen Wert auf umweltfreundliche Praktiken wie der Nutzung von erneuerbaren Energien und der Einbindung lokaler Ressourcen. Pinzgauer Spezialitäten genießt man in „Huwi's Alm" oder direkt im Chalet. Neu sind die drei umgebauten Seehütten, denen 2025 vier weitere folgen werden.

Senhoog

5771 Leogang, Sonnberg 124 • 00494651 8865904
www.senhoog.com • info@senhoog.com

Urlaub ganz nach den eigenen Regeln, Rundum-Service und exklusive Privatsphäre erhalten Gäste der Senhoog-Chalets in Leogang. Die Chalets „Gipfelkreuzliebe" und „Bergwärtsgeist" werden von morgens bis abends von Wunscherfüllern betreut, die sich nur um die Anliegen der Gäste kümmern, also wie ein Concierge mit persönlicher Note. Mit dem täglichen Gourmetfrühstück startet man bestens in den Tag, abends verwöhnen Chalet-Gerichte, Fondue und Barbecue, auf Wunsch kocht ein Private Chef. Im Private Spa mit Sauna, Hot-Tub und Infinitypool sowie bei einer wohltuenden Massage vergisst man alle Sorgen.

Country Suites

5571 Mariapfarr, Bruckdorf 636 • 0676 447 6070
www.landschuetzer.at/de/country-suites-mariapfarr • info@countrysuites.com

Die Country Suites in Mariapfarr sind der ideale Rückzugsort für Naturliebhaber und Ruhesuchende. Ländliche Idylle kombiniert mit dem Charme historischer Gebäude sowie dem modernen, großzügigen Wohnfeeling eines Luxushotels sorgen im liebevoll adaptierten alten Stallgebäude für eine einzigartige Atmosphäre. Die zwei eleganten Unterkünfte bieten neben einem exklusiv ausgestatteten Wohnbereich eine hochwertige Küche sowie einen privaten Wellnessbereich mit Whirlpool und Sauna. Hier finden je nach Suite bis zu sechs beziehungsweise. acht Personen ein Lieblingsplätzchen inmitten des traumhaften Lungau.

Montestyria

Chalets & Suiten

8630 Mariazell, Kalvarienberg 5 • 03882 93080
www.montestyria.at • welcome@montestyria.at

Der Hideaway-Geheimtipp in der Steiermark: Sechs Chalets inklusive Wellnessbereich und privater Sauna lassen die Herzen höherschlagen – direkter Zugang zum beheizten Sky-Pool mit einem grandiosen Blick in die herrliche Bergkulisse des Mariazeller Landes obendrauf. Auch die Juniorsuiten im Haupthaus sind eine Ruheoase, die Erholung und absolute Entschleunigung bieten. Das reichhaltige Frühstück stärkt einen den ganzen Tag, nachmittags gibt es Kuchen. Das Abendessen genießt man in einem der vielen schönen Gasthäuser in der Nähe.

Chalet Grand Flüh

6672 Nesselwängle, Nesselwängle 146 • 0676 673 5787
www.chalet-grand-flueh.at • info@chalet-grand-flueh.at

Im Zeichen der vier Elemente verbringt man erholsame Tage in den drei Häusern des Chalet Grand Flüh. Die Verbundenheit zur Erde spiegelt sich in der Verwendung von Holz- und Naturmaterialien. Rot wie Feuer schimmert das Alpenglühen am Berg, während in den Chalets der Kamin und die Sauna Wärme ausstrahlen. Im Hochtal scheint der Himmel zum Greifen nah, dabei lädt das Reich der Lüfte zum Klettern, Paragliding und Bergwandern ein. Wasser als letztes Element genießt man im SPA-Garten mit privatem Whirlpool, in den warmen Monaten locken das angrenzende Freischwimmbad und der erfrischende Haldensee.

Naturdorf Oberkühnreit

5741 Neukirchen am Großvenediger, Marktberg 143 • 0664 104 5615
www.naturdorf.at • info@naturdorf.at

Das autofreie Naturdorf Oberkühnreit in der Hohe-Tauern-Region begeistert mit zehn rustikalen Hütten und vier gemütlichen Ferienwohnungen mit alpinem Charme sowie herrlichem Bergpanorama. Ein Schwimmteich sowie eine Zirbensauna stehen allen Gästen zur Verfügung, einzelne Chalets verfügen darüber hinaus über eine private Sauna. Kräutergarten, Bienenstöcke und eigene Hühner liefern die frischesten Frühstücksleckereien; knuspriges Brot vom Bäcker aus dem Ort, hausgemachte Marmelade sowie weitere Köstlichkeiten vervollständigen den täglichen Frühstückskorb. Ideal für Aktivurlauber, auch mit Hund.

Chalet Plauderei

5722 Niedernsill, Sonnberg 9 • 0049163 7844813
www.plauderei.at • info@plauderei.at

Mit 200 m² Wohn- und Nutzfläche über drei Etagen und vier gemütlichen Doppelzimmern eignet sich das Chalet Plauderei in Niedernsill großartig, um mit Freunden und Familie den Stress des Alltags hinter sich zu lassen und gemeinsam entspannte Tage zu verbringen. Sowohl im Sommer als auch im Winter lockt die Natur mit einem umfangreichen Aktivprogramm wie Wandern, Klettern, Skifahren und Rodeln. Ist das Wetter mal grau, freut man sich ganz besonders auf gemütliche Tage im Chalet, wo man sich vor dem Kamin einkuscheln, im Wellnessbereich entspannen und gemeinsam Spiele spielen kann.

Chalet Mimi

6764 Oberlech, Oberlech 141 • 0664 140 7074
www.chaletmimi.com • office@chaletmimi.com

Beim Urlaub im Chalet Mimi heißt es nur: zurücklehnen und
genießen! Das Chalet in Oberlech bietet einen grandiosen
Ausblick samt Bergpanorama. Bis zu 14 Gäste finden in dem
gemütlich-minimalistischem Chalet Platz. Der 24/7-Butler
organisiert, was das Herz begehrt – private Touren, Kinderbetreuung, Heli-Transfer, Partys ect. –, während ein privater
Koch für kulinarische Hochgenüsse sorgt. Außerdem steht
ein privater Chauffeur zur Verfügung. Im Winter begeistert die Lage direkt an der Skipiste, während im Sommer
gleich losgewandert werden kann. Ein Highlight ist der Spa-
Bereich mit Spa-Cinema.

© Anton Pronin | Shutterstock

Vila Vita Pannonia

7152 Pamhagen, Storchengasse 1 • 02175 2180
www.vilavitapannonia.at • info@vilavitapannonia.at

In diesem naturnahen Feriendorf im Burgenland findet jeder
seine persönliche Rückzugsoase. Die Bungalows am See
warten mit Luxus auf, die traditionell mit Schilf gedeckten
Landhäuser überzeugen mit eigenem Gartenzugang. Die
Anlage bietet vier verschiedene Restaurants: die Möwe
mit Strandflair, das Buffetrestaurant Vitavesta, die ländliche Csarda und den stimmungsvollen Vitakella Weinkeller.
Inmitten des Nationalparks Neusiedler See hat man viele
Optionen: zur Ruhe kommen im Spa-Bereich und auf dem
200 Hektar großen Naturareal, auspowern beim Mountainbiken oder schlendern durch den Obstgarten.

© Vila Vita Pannonia

Landgut Moserhof

9816 Penk/Mölltal, Moos 1 • 04783 2300, 0664 454 265
www.landgut-moserhof.at • info@landgut-moserhof.at

Das Landgut Moserhof in Penk bietet ein einzigartiges Urlaubserlebnis inmitten der Kärntner Alpen. Von Luxus-Chalets und einfachen Almhütten in Alleinlage über gemütliche Suiten im Bauernhof bis hin zu charmanten Chalets im Chaletdorf werden Unterkünfte für jeden Geschmack geboten. Einzelne Chalets bieten ein Private Spa für exklusive Erholung. Das Badehäusl sorgt für entspannende Momente für alle Gäste. Hier findet man die ideale Umgebung für Familien und Naturliebhaber, die das Landleben genießen und die vielfältige Flora und Fauna der Region entdecken möchten – gerne auch mit Hund.

Almdorf Reiteralm

8973 Pichl bei Schladming, Preunegg 66 • 06454 724440
www.almdorf-reiteralm.at • info@almdorf-reiteralm.at

Mitten im Ski- und Wandergebiet Reiteralm Schladming warten 36 Almhütten und Chalets für zwei bis 24 Personen darauf, erkundet zu werden. Ideal für einen geselligen Urlaub mit Familie und Freunden oder einen romantischen Kuschelurlaub für Pärchen. Mit unendlich vielen Möglichkeiten sammelt hier jeder Glücksmomente. Während sich Kinder am riesigen Kinderspielplatz, am Fußballplatz und auf der Gokart-Strecke austoben, entspannen Erwachsene im hütteneigenen Private Spa und im Adults-only-Naturbadeteich. Aktivurlauber profitieren von den Mountainbiketrails, Wanderwegen und Pisten rundherum.

Luxuschalet Schmiedalm

5754 Saalbach/Hinterglemm, Schwarzacherweg 73 • 06541 6633
www.schmiedalm.at • info@schmiedalm.at

Ganz für sich sein, die Ruhe der Natur genießen und gleichzeitig die Vorteile eines Hotels erleben: Das ist in der
Schmiedalm möglich. Das alpine Kleinod oberhalb von Saalbach-Hinterglemm bietet Platz und einen Luxusurlaub nach
Maß für bis zu zehn Personen. Für das leibliche Wohl wird
auf Wunsch gerne mit schmackhafter Kulinarik und Produkten aus der eigenen Landwirtschaft gesorgt: von einfachem
Lieferservice bis hin zum feinen Private-Cooking-Service.
Direkt an der Piste gelegen, ist man mit einem Schwung wieder zu Hause und kann dort im beheizten Außenpool und im
Wellnessbereich entspannen.

Chalet Artemis

6580 St. Anton am Arlberg, Nassereiner Straße 84 • 004407497 628064
www.chaletartemis.com • info@chaletartemis.com

In St. Anton erfüllt das Chalet Artemis alle Wünsche, die
man sich im Skiurlaub von seiner Unterkunft nur wünschen
kann. Unvergessliche Urlaubserlebnisse für bis zu 12 Personen sind hier garantiert, von Filmabenden im hauseigenen
Kino, über gemütliche Stunden vor dem offenen Kamin bis
zu einem herrlichen Dinner vom Private Chef, der alle kulinarischen Anliegen erfüllt. Von einem Chauffeur wird man
täglich zur Skipiste gebracht, während auf Wunsch eine
professionelle Kinderbetreuung organisiert wird. Entspannt
wird im exklusiven Wellnessbereich mit Pool, Whirlpool,
Sauna und Massageraum.

Kauz Design Chalets

5582 St. Michael im Lungau, Katschberg 654 • 04734 83888, 0676 845 115286
www.kauz-katschberg.at • hello@kauz-katschberg.at

Eine perfekte Symbiose aus Quiet Luxury Design und Alpine Nature Lifestyle findet sich in den Kauz Design Chalets direkt am Katschberg. In den vier Häusern urlaubt man in stilvollem Ambiente, ein Kamin sorgt für eine warme Atmosphäre. Im Winter geht es direkt vom Chalet auf die Skipiste, während im Sommer zahlreiche Wanderrouten zum Erkunden einladen. Die Inhouse-Sauna sorgt für private Erholung nach einem anstrengenden Tag, außerdem kann der Wellness- und Fitnessbereich des Alpenhauses Katschberg 1640 verwendet werden. Mit Kinder- oder Mehrbettzimmern eignen sich die Chalets ideal für Familien.

Golden Hill
Country Chalets & Suites

8505 St. Nikolai im Sausal, Steinfuchsweg 2/Waldschach • 0650 350 5936
www.golden-hill.at • welcome@golden-hill.at

Auf der Suche nach einem Private-Hideaway kommt man an den Golden Hill Country Chalets & Suites nicht vorbei. Fünf exklusive Country-Chalets, ein Premium-Chalet mit Infinitypool sowie ein atemberaubendes Loft begeistern mit außergewöhnlicher Architektur, privatem Luxus und grandioser Lage inmitten der Südsteiermark. Stilvoll eingerichtet, bieten sie höchsten Komfort und überzeugen mit liebevollen Details. Jedes Chalet verfügt über ein eigenes Private-Spa. Frühstück gibt es in den eigenen vier Wänden. Nicht verpassen sollte man zudem das Private Dinner der Gastgeberin Barbara Reinisch.

Bergwiesenglück

Boutique Hotel Chalets und Suites

6553 See/Paznaun, Neder 400 • 05441 20077, 0664 881 89116
www.bergwiesenglueck.at • info@bergwiesenglueck.at

Atemberaubender Blick auf die Tiroler Bergwelt fernab des Alltagstrubel in 1.250 Metern Höhe findet man im Bergwiesenglück, wo das wahre Glück zu Hause ist. Umgeben vom Paznauntal werden hier exklusive Chalets und luxuriöse Suiten geboten, die alle über einen eigenen Wellnessbereich mit Sauna und Almbad verfügen. Der Infinitypool auf dem Dach des Haupthauses ist ein Highlight für alle Gäste. Den Tag beginnt man mit einem reichhaltigen regionalen Frühstück in „Hermanns Kitchen", wo abends Tiroler Sushi und authentische, regionale Küche begeistern. Erlebnisreich im Sommer und im Winter.

© Olena Yakobchuk / Shutterstock

Gault&Millau

Entdecken.
Entspannen.
Erleben.

Newsletter abonnieren und informiert bleiben auf
gaultmillau.at

Beim Hochfilzer

Hotel & Premium-Chalets

6306 Söll, Reit 1 • 05333 5491
www.hochfilzer.info • info@hochfilzer.info

In Söll in der Ferienregion Wilder Kaiser erlebt man herrliche Sommer an romantischen Bergseen, tolle Wanderungen und spannende Mountainbike-Strecken sowie großartige Winter mit Aktivitäten wie Langlaufen, Skifahren und Rodeln. Der ideale Ausgangspunkt dafür sind die Chalets sowie Hotelzimmer des Beim Hochfilzer. Sieben luxuriös ausgestattete Chalets für bis zu sechs Personen mit privatem Spa-Bereich, Lese- und Kuschelecken, Balkon sowie Frühstück in den eigenen vier Wänden sorgen hierbei für einen unvergesslichen Urlaub. Auch ein Aufenthalt in den 32 Betten des Hotels lohnt sich.

beide Fotos © beim Hochfilzer

Anno Dazumal

6293 Tux, Lanersbach 456 b • 05287 877830
www.annodazumal.at • info@annodazumal.at

Im Anno Dazumal in Tux kehrt man zum Ursprünglichen zurück, besinnt sich auf die wichtigen Dinge im Leben wie Zeit mit der Familie, Ruhe, Entspannung und gemütliches Beisammensein. Egal, ob man sich für eine charmante Almhütte oder ein fürstliches Chalet entscheidet, alpenländische Stil und Wohlfühlatmosphäre sind überall garantiert. Zum Wellnessen begibt man sich in die Alpenvital Badehütte mit Dampfbad, Sauna, Massagen und beheiztem Außen-Infinitypool. Gesellig ist es in der „Ratschkathl", wo auch das Frühstück serviert wird. Für aktive Abwechslung sorgt ganzjährig die umliegende Bergwelt.

Inns Holz
Chaletdorf

4161 Ulrichsberg, Schöneben 10 • 07288 70600
www.innsholz.at • info@innsholz.at

Im Herzen des Böhmerwalds finden Erholungsuchende sowie aktive Naturbegeisterte im Inns Holz im Mühlviertel eine einzigartige Kombination aus Wellness und Naturerlebnis, die begeistert. Die elf komfortablen Chalets mit Private Spa sind in traditionellem Stil eingerichtet und bieten unkomplizierten Luxus. Im Hotel bieten 45 gemütlichcharmante Zimmer höchsten Komfort. In der Vitaloase samt Indoorpool sowie im Naturspa erwartet die Gäste Entspannung pur. Auch die Lieblinge auf vier Pfoten sind herzlich willkommen und freuen sich hier auf lange Spaziergänge in der malerischen Natur.

Lehenriedl

5602 Wagrain, Lehenriedl 15 • 06413 8462
www.lehenriedl.at • info@lehenriedl.at

Erholsame Tage im Salzburger Land verbringt man in den Chalets des Lehenriedl. Gemütlich eingerichtet, bieten sie herrlichen Komfort und alpines Flair. Jedes Chalet verfügt über einen eigenen Wellnessbereich mit Salzsteinsauna und Ruheraum. Gäste starten den Tag genussvoll mit dem Lehenriedl Genuss-Frühstückskorb. Abends ist man mit dem persönlichen Cateringservice gut bedient. Die Umgebung bietet das ganze Jahr zahlreiche Outdooraktivitäten wie Skifahren, Langlaufen, Wandern und Mountainbiken. Für einen schlichten Urlaub in Wagrain werden außerdem drei gemütliche Apartments angeboten.

Alpegg Chalets

6384 Waidring, Alpegg 13 • 0650 587 5872
www.alpegg.com • info@alpegg.com

In den Alpegg Chalets findet jeder sein Lieblingsplätzchen in einem der fünf Häuser Berg.Heimat, Berg.Pioniere, Berg.Kunst, Casa Defrancesco und Main Lodge. Alle sind stylish-luxuriös und herrlich gemütlich gestaltet und bieten eine eigene Sauna und einen Whirlpool oder ein Holzbadefass. Einzelne Chalets bieten außerdem einen Plattenspieler für eine gemütliche Auszeit, eine Hängematte zum Abhängen auf der Terrasse oder einen Steg zum entspannenden Biotop. Morgens kann ein Brötchenservice dazugebucht werden, für kulinarische Highlights am Abend lohnt sich die Buchung der privaten Köchin.

CITY

Goldener Ochs

4820 Bad Ischl, Griesgasse 1 • 06132 23529

www.goldenerochs.at • office@goldenerochs.at

Direkt am Traunufer in zentraler Lage gegenüber der Altstadt Bad Ischls findet man das Hotel Goldener Ochs. Seit 1791 wächst das Hotel und begrüßt heute Gäste jeder Generation in den individuell gestalteten Zimmern. Im Wellnessbereich mit Indoorpool und Saunalandschaft entspannt man mit Blick auf die Berge. Der Tag beginnt mit einem köstlichen Frühstück samt regionalen Speisen, Bioprodukten und Brot vom Bäckermeister aus der Stadt. Die Kaiservilla sowie das Kongress- und Theaterhaus sind fußläufig erreichbar, zudem bietet die umliegende Natur zahlreiche sportliche Aktivitäten.

Schlosshotel Dörflinger

6700 Bludenz, Schloss-Gayenhof-Platz 5 • 05552 63016

www.schlosshotel.cc • welcome@schlosshotel.cc

Über den Dächern von Bludenz thront das Schlosshotel Dörflinger auf einem Felsen über der Alpenstadt und eröffnet den Gästen einen herrlichen Blick auf die Berge. In den Zimmern erwartet die Gäste ein Mix aus 8oer-Jahre-Holzelementen und modernem Design, immer stillvoll abgestimmt und gemütlich. Das Schlosshotel samt Restaurant ist ein Ort der Zusammenkunft, hier fühlt man sich sofort zu Hause. Kulinarisch begeistern frische und bodenständige Speisen, Hausmannskost und regionale Köstlichkeiten. Die Lage bietet die ideale Voraussetzung für einen entspannten Städteurlaub mit aktiven Stunden in der Natur.

Germania

6900 Bregenz, Am Steinenbach 9 • 05574 42766
www.hotel-germania.at • office@hotel-germania.at

Im traditionsreichen Hotel Germania, unweit der Uferpromenade des Bodensees, nahe dem Stadtzentrum und nur wenige Gehminuten von der Pfänderbahn und dem nächsten Berg entfernt, ist ein abwechslungsreicher Urlaub garantiert. Von gemütlichen Einzel- über geräumige Doppelzimmer bis hin zu komfortablen Suiten bietet das Hotel in den 38 Zimmern die passende Unterkunft für jedermann. Auch ein kleines feines Spa gibt es. Morgens genießt man das „Carpe Diem"-Frühstücksbuffet, bevor man sich zu Fuß auf Erkundungstour durch die Stadt, zum Wandern auf den Berg oder für eine Schifffahrt auf den Bodensee begibt.

Schwärzler

6900 Bregenz, Landstraße 9 • 05574 4990
schwaerzler.s-hotels.com • schwaerzler@s-hotels.com

Willkommen im Hotel Schwärzler in Bregenz, wo Kultur und Natur, Geschichte und Gegenwart aufeinandertreffen! Seit 1905 ist das Schwärzler ein Ort der Begegnung für Einheimische und Gäste aus aller Welt. Hier genießt man herzliche Gastfreundschaft und die geradlinige Küche, die frische Produkte aus der Region in den Mittelpunkt stellt. Den Tag beginnt man mit einem genussvollen Frühstück in der Brasserie Karl, weiters entspannt man im Schwärzler Spa oder trainiert im Fitnessstudio. Mit 61 Premium-, Superior- und De-luxe-Zimmern bietet das Hotel erstklassigen Komfort.

Weisses Kreuz

6900 Bregenz, Römerstraße 5 • 05574 49880
www.hotelweisseskreuz.at • hotelweisseskreuz@kinz.at

Das charmante Hotel Weisses Kreuz empfängt im Herzen von Bregenz mit historischem Ambiente. Das Hotel bietet 44 komfortable, einfache Zimmer mit etlichen Annehmlichkeiten und einem Hauch von historischem Charme. Je nach Zimmer finden sowohl Familien, Paare als auch Alleinreisende ausreichend Platz. Dank der großartigen Lage erreicht man in wenigen Gehminuten den Bodensee, die Seebühne, das Casino, den Bahnhof sowie zahlreiche Geschäfte, Restaurants und Bars. Im Hotel genießt man morgens ein nettes Frühstück, abends lässt man den Tag in der hauseigenen KreuzBar bei einem Gläschen ausklingen.

Zum Verwalter

6850 Dornbirn, Schlossgasse 1 • 05572 23379, 0664 131 2980
www.zumverwalter.at • hotel@zumverwalter.at

Inmitten des bezaubernden Dornbirner Oberdorfs lädt das Boutiquehotel Zum Verwalter zu einem unvergesslichen Aufenthalt ein. Die stilvoll modernisierten Zimmer des charmanten Fachwerkhauses bieten einen malerischen Blick auf die umliegende Landschaft. Authentische Frischmarktküche und erlesene Weine verwöhnen die Sinne in gemütlicher Atmosphäre. Eine Weinreise durch den begehbaren Weinkeller mit über 600 edlen Tropfen rundet das Erlebnis perfekt ab. Ein Ort der Genüsse und der Entspannung, an dem man sich dank der Gastgeber sowie ihres engagierten Teams sofort wie zu Hause fühlt.

Boutiquehotel Dom

im Palais Inzaghi

8010 Graz, Bürgergasse 14 • 0316 824800
www.domhotel.co.at • domhotel@domhotel.co.at

In der Grazer Innenstadt versteckt sich hinter den historischen Mauern des eleganten Palais Inzaghi das Boutiquehotel Dom. 29 komfortable Zimmer und Suiten überzeugen mit individuellem Design, dabei begrüßen Keramikfiguren des Künstlers Erwin Schwentner. Am Morgen genießen die Gäste das reichhaltige Frühstücksbuffet im Frühstücksraum mit Gewölbe. Die weit zurückreichende Geschichte des Gebäudes zeigt sich an vielen Stellen, mit wachen Augen treffen Gäste immer wieder auf überraschende Überreste. Charmant, chic und einzigartig, ist das Hotel ideal für Urlaubs- als auch für Geschäftsreisende.

Das Weitzer

8020 Graz, Grieskai 12–14 • 0316 7030
www.hotelweitzer.com • hotel@weitzer.com

Im über 100-jährigen Hotel Weitzer wohnt man in Toplage: direkt neben der Mur, mitten in der Altstadt, nur Schritte vom Kunsthaus und unweit vom Schloßberg, Hauptplatz und Grazer Congress. Die stilvoll eingerichteten Zimmer sowie die elegante Suite begeistern mit Wohlfühlambiente. Morgens genießt man im Engelreich, dem Frühstückssaal, ein köstliches Frühstücksbuffet. Das hauseigene Kaffeehaus sowie das Restaurant Der Steirer warten zudem ganztags mit Köstlichkeiten auf. Entspannt wird in der Rooftop-Sauna. Ideal für Tagungen, Hochzeiten und Events ist außerdem die Vielzahl an Räumlichkeiten.

Grand Hôtel Wiesler

8020 Graz, Grieskai 4–8 • 0316 70660
www.grandhotelwiesler.com • info@grandhotelwiesler.com

Das Grand Hôtel Wiesler punktet mit grandioser Lage direkt an der Mur, nur wenige Schritte vom Kunsthaus entfernt und mitten in Graz. Die 102 Zimmer überzeugen Designfans mit einer naturbelassenen Rohwand, handbemalten Talavera-Waschbecken aus Mexiko, offen integrierten Duschen oder frei stehenden Badewannen sowie ausgewählten Design-Elementen wie Gitarren und Schreibmaschinen. Dass Kunst hier eine große Rolle spielt, zeigt sich im Banksy-gewidmeten Zimmer 500, beim Jugendstilmosaik im Seminarraum sowie beim Werk von Clemens Hollerer in der Lobby. Im Salon Marie sorgt man für kulinarische Hochgenüsse.

Lendhotel

8020 Graz, Grüne Gasse 2 • 0316 717000
www.lendhotel.at • office@lendhotel.at

Kunstgalerie oder Hotel ist hier die Frage. Das Lendhotel in Graz zeichnet sich durch eine faszinierende Kunstsammlung aus, die das ganze Haus ziert. Zu bestaunen ist auch der Topfloor, wo nicht nur eine Dachterrasse zum Chillen einlädt, sondern auch ein 24-Stunden-Gym bereitsteht – beides mit 360-Grad-Blick über die Stadt. Die Zimmer variieren in Größe und Design, sorgen aber alle für einen angenehmen Aufenthalt. Das Frühstück macht wunschlos glücklich, dabei lohnt sich das „Lend-Frühstück" genauso wie die À-la-carte-Köstlichkeiten. Tagsüber verwöhnt das Café mit saisonalen Kreationen.

Schlossberghotel

Das Kunsthotel

8010 Graz, Kaiser-Franz-Josefs-Kai 30 • 0316 80700
www.schlossberghotel.at • office@schlossberghotel.at

Im Schlossberghotel Graz treffen Geschichte und Avantgarde aufeinander. Seit über fünfhundert Jahren ist es ein Ort des Wandels und der Harmonie zwischen Tradition und Moderne. Kunst ist hier nicht nur Dekor, sondern ein lebendiger Teil des Erlebnisses. In verwinkelten Mauern verbirgt sich Inspiration, während Qualität und Genuss die Gäste verwöhnen. Die Terrassen führen zu einem himmlischen Ort der Entspannung, komplett mit einem erfrischenden Pool. Sauna, Infrarotkabine und Fitnessraum bieten Rund-um-die-Uhr-Entspannung. Genächtigt wird in kunstvollen Zimmern oder in modernen Apartments im „Spitz".

Kontor

Boutiquehotel

6060 Hall in Tirol, Unterer Stadtplatz 7a • 05223 23801
www.hotel-kontor.at • info@hotel-kontor.at

Könnten Gebäude sprechen, hätte das Hotel Kontor in Hall in Tirol viel zu erzählen. Von 1450 bis zum Ende des 19. Jahrhunderts befand sich in den Räumen des heutigen Boutiquehotels ein Handelshaus, die verstrichenen Epochen spiegeln sich heute in der Architektur und den Details – von Holzeinlagen aus Ebenholz über historischen Stuck bis hin zur gotischen Holzdecke – wider. Die Zimmer überzeugen durch schlichte Eleganz und herrlichen Holzboden. Im barocken Saal genießt man vom feinen Frühstücksbuffet hausgemachte Köstlichkeiten. Kleinstadtflair und viel Geschichte ziehen die Gäste nach Hall.

Das Innsbruck

Hotel | Convention | Culinary | SPA

6020 Innsbruck, Innrain 3 • 0512 5986893

www.hotelinnsbruck.com • office@hotelinnsbruck.com

Mitten im Zentrum Innsbrucks findet man das Hotel Das Innsbruck, aufgebaut auf den Fundamenten der ehemaligen Stadtmauer. Urban mit alpinem Charme: Das beschreibt das Hotel gut. Die Zimmer und Suiten überzeugen mit bodenständigem Luxus, stilvollem Ambiente und gemütlicher Atmosphäre. Wellness- und Spa-Bereich sind in Stadthotels eher die Ausnahme als die Regel, weshalb man sich hier besonders auf den Innenpool, die Saunen, Massagen und den Eisbrunnen freut. Hier reichen die Aktivitäten von Sightseeing über Aktivurlaub in den Bergen bis hin zur Arbeit in den optimalen Seminarräumen des Hotels.

Goldener Adler

6020 Innsbruck, Herzog-Friedrich-Straße 6 • 0512 5711110

www.goldeneradler.com • office@goldeneradler.com

Das Hotel Goldener Adler in Innsbruck ist ein historisches Juwel mit modernem Komfort. Die Zimmer sind in sieben Stilrichtungen verfügbar, sodass für jeden Geschmack das Richtige dabei ist. Im hauseigenen Restaurant werden die Gäste mit regionalen Köstlichkeiten verwöhnt, während das über 600 Jahre alte Mauerwerk des geschichtsträchtigen Gebäudes bestaunt werden kann. Im Herzen der Altstadt gelegen, lassen sich die Sehenswürdigkeiten der Stadt bequem zu Fuß zu erkunden, aber auch der nächste Berg ist in Kürze erreichbar. Abends lässt man den Tag in der Weinbar ausklingen.

Kapeller

6020 Innsbruck, Philippine-Welser-Straße 96 • 0512 344445
www.stadthotel-innsbruck.at • office@kapeller.at

Im Hotel Kapeller am Stadtrand von Innsbruck, nur wenige Gehminuten vom Schloss Ambras entfernt, trifft urbaner Lifestyle auf alpine Lebensart. Perfekt für einen Aktivurlaub mit Kultur, Kulinarik, Shopping und Nachtleben, erreicht man in Kürze das Stadtzentrum inklusive Altstadt und ist ebenso schnell auf dem nächsten Berg. Die schlichten, aber komfortablen Zimmer sind mit allem ausgestattet, was man für einen angenehmen Aufenthalt benötigt. Das Frühstücksbuffet bietet eine reichhaltige Auswahl an regionalen Spezialitäten, damit man bestens gestärkt in einen Tag voller Abwechslung starten kann.

Stage 12
Hotel by Penz

6020 Innsbruck, Maria-Theresien-Straße 12 • 0512 312312
www.stage12.at • office@stage12.at

Innsbruck-Reisende sind bestens im Stage 12 – Hotel by Penz aufgehoben. Direkt auf der Maria-Theresien-Straße – der Pracht- und Einkaufsstraße Innsbrucks – gelegen, befindet man sich hier inmitten der Altstadt, umgeben von Rathaus, Hofburg und Innbrücke, und erhascht sogar einen Blick auf das Goldene Dachl, dem glanzvollen Wahrzeichen Innsbrucks. Jedes der 120 modern gestalteten Zimmer ist einzigartig, gemeinsam haben sie alle jedoch den hohen Komfort und die herrliche Ruhe durch die isolierten Fenster. Außerdem zu erwähnen sind das herrliche Frühstücksbuffet sowie die köstlichen Drinks an der Bar.

Arcotel Nike

4020 Linz an der Donau, Untere Donaulände 9 • 0732 76260
nike.arcotel.com/de • nike@arcotel.com

Direkt an der Donau in Linz neben dem Bruckner Haus kommt man im Arcotel Nike ins Schwärmen. Die stilvoll eingerichteten Zimmer bieten Blick auf die Donau oder die Stadt. Das gewisse Extra erleben Gäste der Themensuiten, wo in der zwölften Etage der Weitblick begeistert. Im hoteleigenen Restaurant Uferei wird mit regionalen Produkten gekocht. Sehenswürdigkeiten wie das Ars Electronica Center, der Mariendom und das Lentos sind bequem zu Fuß erreichbar. Zusätzlich gibt es modulierbare Seminarräume für bis zu 220 Personen. Hier kommen Kulturreisende ebenso wie Seminargäste auf ihre Kosten.

Elefant

5020 Salzburg, Sigmund-Haffner-Gasse 4 • 0662 843397
www.hotelelefant.at • reception@elefant.at

In einer Seitenstraße der Getreidegasse, inmitten der Fußgängerzone der Salzburger Altstadt und nur knapp 55 Meter von Mozarts Geburtshaus entfernt nächtigt, man im Hotel Elefant in Toplage. Die stilvoll eingerichteten Zimmer bieten je nach Kategorie Platz für Alleinreisende, Paare, Freundesgruppen oder Familien. Hunde sind gegen Gebühr herzlich willkommen, außerdem freuen sich Gäste über die Tipps für eine Salzburg-Reise mit dem vierbeinigen Freund. Beim Frühstücksbuffet startet man mit regionalen und internationalen Produkten sowie frischen Säften aus der hauseigenen Saftpresse in den Tag.

Hotel & Villa Auersperg

5020 Salzburg, Auerspergstraße 61 • 0662 889440
www.auersperg.at • info@auersperg.at

Im Hotel & Villa Auersperg erlebt man einen entspannten Urlaub inmitten der Mozartstadt. Auf dem Liegestuhl im blühenden Garten verweilend, abgeschirmt vom Treiben der Stadt, vergisst man fast, dass nur Meter entfernt reges Treiben herrscht. Auf der Gartenterrasse genießt man das Frühstück, Café und Kuchen sowie Drinks und frische Speisen in angenehmer Atmosphäre. In den zwei Gebäuden – Hotel und Villa – finden Gäste in einem der 55 Zimmer ihren klassisch bis modern gestalteten Rückzugsort. Nicht entgehen lassen sollte man sich die Dachterrasse mit Weitblick, Panoramasauna, Massagen und Yoga.

Hyperion Salzburg

5020 Salzburg, Rainerstraße 4 • 0662 2342140
www.h-hotels.com • info@h-hotels.com

Im Herzen Salzburgs empfängt das Hyperion Salzburg im denkmalgeschützten Gebäude des Palais Faber im Wiener Ringstraßenstil. Die 115 Zimmer und Suiten bieten anspruchsvollen Gästen gehobenen Komfort in edler Umgebung. Im Restaurant „Gaumenfreund" beginnt man den Tag mit einem umfangreichen Frühstücksbuffet, mittags und abends wird internationale Küche serviert. Nur unweit des Schlosses Mirabell mit dem berühmten Mirabellgarten sowie einen Katzensprung von der Altstadt entfernt, stehen einem die kulturellen Türen weit offen. Oder wie wäre es mit einem kurzen Abstecher in die umliegende Natur?

Imlauer Hotel Pitter Salzburg

5020 Salzburg, Rainerstraße 6 • 0662 889780
imlauer.com/hotel-pitter-salzburg • pitter@imlauer.com

Nur wenige Schritte vom bekannten Schloss Mirabell und dem wunderschönen Mirabellgarten entfernt, liegt im Herzen Salzburgs das Imlauer Hotel Pitter. Edles Ambiente und familiäres Flair tragen im familiengeführten, traditionsreichen Haus zu einer wunderbaren Wohlfühlatmosphäre bei. Nach einer erholsamen Nacht in den gemütlichen Zimmern freut man sich morgens auf das ausgiebige Frühstücksbuffet. Langschläfer genießen das À-la-carte-Frühstück in der Imlauer Sky Bar hoch über den Dächern der Stadt mit Blick auf die Festung, wo abends auch Dinner-Menüs und Cocktails serviert werden.

Krone 1512

5020 Salzburg, Linzer Gasse 48 • 0662 872300
www.krone1512.at • hotel@krone1512.at

Das traditionsreiche Hotel Krone 1512 in Salzburg bietet eine charmante und gemütliche Unterkunft mit historischem Charme im Herzen der Altstadt. Die liebevoll eingerichteten Zimmer – von klassisch-schlicht bis hin zu modern-elegant – bieten Komfort und eine warme Atmosphäre. Morgens erwartet die Gäste ein reichhaltiges Frühstück vom Buffet. Das Hotel verfügt über einen schönen Innenhof, in dem die Gäste entspannen können. Die zentrale Lage ermöglicht es, die wichtigsten Sehenswürdigkeiten wie den Salzburger Dom und die Getreidegasse sowie die Festspielbühne bequem zu Fuß zu erreichen.

Radisson Blu Altstadt Hotel

5020 Salzburg, Rudolfskai 28/Judengasse 15 • 0662 8485710
www.radissonhotels.com • info.altstadt@radissonblu.com

Das Radisson Blu Altstadt Hotel in Salzburg bietet eine exklusive Unterkunft im Herzen der Altstadt, nur wenige Schritte von den wichtigsten Sehenswürdigkeiten entfernt. Das historische Gebäude stammt aus dem Jahr 1377, kunstvolle Stuckarbeiten, antike Kunstwerke und Holzdecken zeugen heute von der langen Geschichte. Die 62 eleganten Zimmer bieten eine gemütliche Atmosphäre. Ein besonderes Erlebnis bietet die Kaiser Suite im Dachboden. Im hauseigenen Restaurant Symphonie genießt man morgens das einladende Frühstücksbuffet, damit man bestens gestärkt die Stadt erkunden kann.

Wolf-Dietrich

5020 Salzburg, Wolf-Dietrich-Straße 7 • 0662 871275
www.salzburg-hotel.at • office@wolf-dietrich.at

Ein Schritt vor die Tür und schon ist man mitten im Geschehen der Salzburger Altstadt – damit ist das Hotel Wolf-Dietrich wie gemacht für einen Städteurlaub. Wichtige Sehenswürdigkeiten sind fußläufig erreichbar, während im Hotel Ruhe herrscht. Die liebevoll eingerichteten Einzel- und Doppelzimmer sowie die Suiten bieten eine warme Atmosphäre. Im Wellnessbereich erholt man sich beim Schwimmen, Saunieren und Entspannen vom Stadttrubel. Morgens verwöhnt das Frühstücksbuffet mit regionalen und hausgemachten Köstlichkeiten sowie Salzburger Spezialitäten wie Scheiterhaufen, Apfelradln oder Kaiserschmarren.

Palais 26

9500 Villach, Hauptplatz 26 • 04242 26101
www.palais26.at • office@palais26.at

Das geschichtsträchtige Palais 26 versprüht traditionellen Charme. Seit mehr als 500 Jahren empfängt das Stadtpalais Gäste, für die Beliebtheit dürfte wohl auch die perfekte Lage mitten in Villach sorgen. 64 modern-puristisch sowie klassisch eingerichtete, mit historischen Details versehene Zimmer und Suiten bieten den idealen Rückzugsort. Für das leibliche Wohl sorgt das Restaurant Charles, wo morgens eine köstliche Etagere mit frisch zubereiteten Eiergerichten, Aufschnitt, Brot vom Stadtbäcker, Obst und Gemüse sowie Croissants wartet. Auch ideal für einzigartige Events mit bis zu 200 Gästen.

25hours Hotel
beim MuseumsQuartier

1070 Wien, Lerchenfelder Straße 1–3 • 01 521510
www.25hours-hotels.com/hotels/wien • wien@25hours-hotels.com

Kreativ und verspielt beschreibt das Design des 25hours Hotels in Wien wohl am besten. Direkt beim Museumsquartier im kreativen siebten Bezirk holt man sich die bunte Zirkuswelt in die eigenen vier Wände und begeistert mit individuell gestalteten Zimmern, die jeden zum Träumen bringen. Im Hotel findet man die weithin bekannte Bar „Dachboden", wo auch Locals gerne anstoßen. Dank der zentralen Lage ist man schnell bei den Sehenswürdigkeiten, während man gleichzeitig von unzähligen Restaurants und Shoppingmöglichkeiten umgeben ist. Das Hotel eignet sich auch ideal für Meetings und Workshops.

Artist Boutique Hotel

1080 Wien, Buchfeldgasse 8 • 01 31368
www.artist-hotel.at • info@artist-hotel.at

Hinter dem Wiener Rathaus taucht man im Artist Boutique Hotel in eine künstlerische Welt ein. Die 58 liebevoll gestalteten Zimmer trotzen vor Design und Ästhetik; Praktikabilität und Komfort kommen dabei auch nicht zu kurz. Hier urlaubt man umgeben von Persönlichkeiten mit Wien-Bezug, dabei inspirieren bereits im Eingangsbereich die Porträts von Christine Nöstlinger, Romy Schneider, Gustav Mahler, Falco sowie vielen weiteren. All diesen ist auch eines der Zimmer gewidmet. Kulinarisch verwöhnt man morgens bis abends in der Artist Bar. Im näheren Umkreis finden den Kulturreisende zahlreiche Museen.

Beethoven

1060 Wien, Papagenogasse 6 • 01 58744820
www.hotelbeethoven.at • info@hotelbeethoven.at

Was macht Wien anders? Das wird im Hotel Beethoven nahe des Karlsplatzes über sechs Etagen gezeigt. Hier wird stockweise die Geschichte der Umgebung und ihrer Historie anhand von prägenden Persönlichkeiten erzählt. So sind die 47 gemütlichen Zimmer den Wiener Kaffeehausliteraten, der Secession, Beethoven sowie Personen und Prägendes ihrer Zeit, dem Theater an der Wien, der Liebe und Lust in Wien sowie den starken Frauen des Fin de Siecle gewidmet. Der Concierge-Service kümmert sich auf Wunsch um ein individuelles kulturelles oder kulinarisches Rahmenprogramm. Ideal für Kulturreisende.

Boutiquehotel Stadthalle

1150 Wien, Hackengasse 20 • 01 9824272
www.hotelstadthalle.at • office@hotelstadthalle.at

Im Boutiquehotel Stadthalle in Wien vereint man charmanten Stil und Nachhaltigkeit – besonders auffällig: die begrünte Fassade. Mit einer Null-Energie-Bilanz setzt es Maßstäbe im nachhaltigen Tourismus. Dabei freuen sich die Gäste über liebevoll gestaltete Zimmer, die individuell eingerichtet höchsten Komfort bieten. Morgens genießt man ein reichhaltiges Frühstücksbuffet mit regionalen und biologischen Produkten inklusive veganen Optionen sowie Honig von den eigenen Bienen, gerne auch im idyllischen Innenhofgarten. Bestens angebunden steht einer bequemen Erkundung der Innenstadt nichts im Weg.

Daniel Wien

♟ Hotel des Jahres 2013

1030 Wien, Landstraßer Gürtel 5 • 01 901310
www.hoteldaniel.com • hellovienna@hoteldaniel.com

Während das markante Segelboot vom Künstler Erwin Wurm auf dem Dach des Hotels Daniel viel Aufmerksamkeit auf sich zieht, lohnt sich ebenfalls ein Blick ins Hotel. Im Herzen Wiens bietet es 116 modern-unkonventionelle Zimmer für weltoffene Seelen. Ein Zimmer der anderen Art ist der Trailer im Garten. Apropos Garten: Hier wird Nachhaltigkeit großgeschrieben, natürlich wird also „Urban Gardening" betrieben. Über den Nektar der Blüten freuen sich die eigenen Bienen, die auf dem Dach leben. All die daraus entstehenden Köstlichkeiten begeistern die Gäste schließlich am unwiderstehlichen Frühstücksbuffet.

Die Josefine

1060 Wien, Esterházygasse 33 • 01 58870
www.hoteljosefine.at • bonjour@hoteljosefine.at

Einst waren Künstler, Schauspieler und Poeten zu Gast bei
Josephine de Bourblanc, der Namensgeberin des Hotels Die
Josefine, und füllten das Wiener Gründerzeithaus mit Kunst
und Geschichten. Heute besinnt man sich auf diese aufre-
gende Zeit und vereint in den 49 Zimmern die traditionelle
Architektur des Hauses mit modernem Komfort, schmückt
es im Art-déco-Stil und mit surrealistischer Kunst und bietet
höchsten Komfort mit hochwertigen Betten und kuscheligen
Decken – eine Unterkunft ganz nach Gatsbys Geschmack.
Ein besonderes Highlight für Musikfans ist die Phonothek
mit über 3.000 Schallplatten.

DO & CO Hotel Vienna

1010 Wien, Stephansplatz 12 • 01 24188
www.docohotel.com • hotel@doco.com

Wer nach Wien reist, findet wohl kaum ein Hotel, das zentraler liegt als das DO & CO Hotel Vienna. Direkt gegenüber
vom Stephansdom bietet es eine exklusive Unterkunft im
Herzen der Wiener Innenstadt. Die 43 luxuriösen Zimmer
und Suiten sind mit hochwertigen Materialien ausgestattet.
Für ein besonders exklusives Urlaubserlebnis nächtigt man
in der De-luxe-Suite mit Whirlpool oder der Dome-Suite mit
Terrasse über dem Stephansplatz. Kulinarisch begeistern
das DO & CO Restaurant mit Geschmäckern aus aller Welt
und Wiener Küche sowie das ONYX Restaurant mit feinster
asiatischer Küche.

Grand Ferdinand

1010 Wien, Schubertring 10–12 • 01 91880
www.grandferdinand.com • welcome@grandferdinand.com

Im Grand Ferdinand findet jeder seinen idealen Platz – sei es im Schlafsaal in Orient-Express-Optik, in sorgsam komponierten, komfortablen Zimmern oder in der opulenten Grand Suite. Gäste genießen morgens ein umfangreiches Frühstücksbuffet. Den restlichen Tag laden die drei hoteleigenen Lokale ein: „Limón" über den Dächern Wiens mit mediterranem Flair, „Meissl & Schadn" mit klassisch österreichischer Küche sowie „Gulasch & Söhne" mit Speisen für den kleinen Hunger. Neben der grandiosen Lage an der Ringstraße überzeugen auch der Rooftop-Pool sowie die grüne Oase im Innenhof.

grätzlhotel Meidlinger Markt

1120 Wien, Reschgasse 4 • 01 2083904
www.graetzlhotel.at • hello@urbanauts.at

Im bunten 12. Wiener Bezirk findet man das unkonventionelle grätzl hotel Meidlinger Markt, das sich bestens als Ausgangspunkt für einen Besuch des Schlosses Schönbrunns oder des Stadtzentrums eignet. Direkt am Meidlinger Markt gelegen, ist man mitten im Geschehen. Abseits der Norm wurden hier leer stehende Geschäftslokale zu Hotelzimmer verändert. Hier sitzt man manchmal wortwörtlich im Schaufenster, doch ein blickdichter Vorhang sorgt für Privatsphäre. Gewählt wird aus drei Kategorien, darunter auch eine Gartensuite mit privatem Grünbereich. Eingecheckt wird mittels digitalem Schlüsselcode.

greet Wien City Nord

1210 Wien, Brünner Straße 67 a • 01 6031640
all.accor.com • HB8I6@accor.com

Das greet Wien City Nord bietet eine moderne und umweltfreundliche Unterkunft im Norden der Stadt. Circa eine halbe Stunde vom Stadtzentrum und eine Stunde vom Flughafen entfernt, genießt man hier eine günstige Unterkunft in ruhiger Lage. Das Hotel hat sich der Nachhaltigkeit verschrieben, so werden beispielsweise Akzente mit Secondhand-Möbeln gesetzt. Morgen stärkt man sich am reichhaltigen Frühstücksbuffet, tagsüber lädt ein Bistro zum Verweilen ein. Mitternachtssnacks holt man sich vom 24/7 geöffneten Minimarkt des Hotels. Natursuchende Gäste erfreuen sich am nahen Stadtwanderweg.

Hilton Vienna Park

1030 Wien, Am Stadtpark 1 • 01 717000
www.hiltonhotels.de/oesterreich/hilton-vienna-park • info.viennapark@hilton.com

Beste Bedingungen für einen perfekten Aufenthalt in Wien bietet das Hilton Vienna Park. Direkt vor der Tür lädt der Stadtpark zu entspannten Spaziergängen oder morgendlichen Läufen ein. Die meisten Sehenswürdigkeiten sind fußläufig erreichbar, mit der idealen öffentlichen Anbindung erreicht man weiter entfernte Ziele. Ein Concierge steht für etwaige Anfragen gerne zur Verfügung. Im Restaurant LENZ genießt man zeitgemäße Küche, die Executive Lounge begeistert mit vom Jugendstil und Wiener Secession inspiriertem Interior und in der Selleny's Bar lässt man den Tag mit köstlichen Cocktails ausklingen.

Hotel am Brillantengrund

1070 Wien, Bandgasse 4 • 01 5233662
www.brillantengrund.com • hotel@brillantengrund.com

Mitten im siebten Bezirk in Wien findet man das gut ange-bundene Hotel am Brillantengrund, ein kleines familiä-res Hotel mit Charme. Jedes der 34 Zimmer ist individuell gestaltet und verzückt mit Designelementen aus den 50er-bis 70er-Jahren, die für eine einladende Atmosphäre sorgen. Morgens genießt man das köstliche À-la-carte-Frühstück. Im Restaurant Brilli begibt man sich mit der philippinischen Küche auf kulinarische Weltreise – immer hausgemacht und aus frischen Zutaten. Obwohl man am liebsten den palmen-gesäumten Innenhof gar nicht verlassen würde, lohnt sich die Erkundung des Grätzls.

Hotel am Konzerthaus

1030 Wien, Am Heumarkt 35–37 • 01 71616-0
all.accor.com • h1276@accor.com

In zentraler Lage in Wien gelegen, umgeben von den wich-tigsten Kunst- und Musikhäusern der Stadt, unweit des Schwarzenbergplatzes und des Schlosses Belvedere, begeistert das Hotel am Konzerthaus. Nicht nur der Name, sondern auch das Interior ist von der Kunststätte inspiriert. Die geräumigen Zimmer sind elegant-modern eingerichtet und bieten höchsten Komfort. Morgens stärkt man sich am Frühstücksbuffet. Abends lohnt sich ein Besuch im Gour-metrestaurant Apron, das im Hotel befindet. Seminargäste erfreuen sich an den fünf modern ausgestatteten Seminar-räumen mit Platz für bis zu 76 Personen.

Kaiserin Elisabeth

1010 Wien, Weihburggasse 3 • 01 515260
www.kaiserinelisabeth.at • info@kaiserinelisabeth.at

Im Herzen der Stadt, nur wenige Schritte vom Stephansdom entfernt, findet man das charmante Hotel Kaiserin Elisabeth. Hier erlebt man das historische Wien hautnah. Die
eleganten Zimmer sind im traditionellen Wiener Stil eingerichtet, für Alleinreisende stehen auch Einzelzimmer zur
Verfügung. Morgens bietet das Hotel ein reichhaltiges Frühstücksbuffet, dabei sollte man sich den Kaiserschmarren
keinesfalls entgehen lassen. Am Nachmittag erfreuen sich
die Gäste in der Lobby an Kaffee und Kuchen. Durch die zentrale Lage erreicht man die wichtigsten Sehenswürdigkeiten
der Stadt bequem zu Fuß.

Kärntnerhof

1010 Wien, Grashofgasse 4 • 01 5121923
www.karntnerhof.com • info@karntnerhof.com

Das Hotel Kärntnerhof in Wien ist bestens gelegen, um die innere Stadt zu erkunden. Der Stephansdom ist in nur zwei Minuten zu Fuß erreichbar. Zu weiter entfernten Zielen gelangt man bequem mit der U-Bahn und Straßenbahn, die direkt um die Ecke halten. 41 Zimmer und drei Suiten sorgen für eine angenehme Atmosphäre und erholsame Nächte.
Das denkmalgeschützte Gebäude aus dem 19. Jahrhundert begeistert mit Wiener Jugendstil, kombiniert mit englischen Tapeten, italienischen Stoffen und ausgewählter Kunst, sowie einer Dachterrasse mit Aussicht. Morgens weckt ein reichhaltiges Frühstücksbuffet.

Le Méridien Wien

1010 Wien, Robert-Stolz-Platz 1 • 01 588900
www.lemeridienvienna.com • info@lemeridien.com

Das Le Méridien Wien bietet eine luxuriöse Unterkunft direkt an der berühmten Ringstraße. Die modernen Zimmer und Suiten sind stilvoll eingerichtet, bieten höchsten Komfort und laden zum Verweilen ein. Beim Frühstück liegt die Wahl zwischen à la carte und Buffet. Das im Hotel befindliche Fitnesscenter mit Indoorpool steht den Gästen kostenlos zur Verfügung. Kunstinteressierte, Geschäfts- sowie Städtereisende erfreuen sich an der zentralen Lage umgeben von Sehenswürdigkeiten, Theatern und Museen. Abgerundet wird das Hotelangebot von einem 24-Stunden-Concierge sowie einer Hotelbibliothek.

Lindner Hotel Wien Am Belvedere

1030 Wien, Rennweg 12 • 01 794770
lindnerhotels.com • info@lindnerhotels.com

Das Lindner Hotel Wien Am Belvedere reizt mit der grandiosen Lage inmitten der Stadt neben dem Schloss Belvedere. Die 219 Zimmer und Suiten sind elegant eingerichtet und glänzen mit Wiener Flair. Im hauseigenen Restaurant „Heuriger am Belvedere" werden traditionelle österreichische Spezialitäten serviert. Kaffee, Kuchen, Drinks und Snacks gibt es in der Bar Canaletto. Der Schlosspark lädt zu einem Spaziergang ein und eignet sich auch wunderbar zum Laufen. Ideal als Ausgangspunkt für einen erholsamen, kulturell bereichernden Aufenthalt sowie als komfortable Bleibe für Businessreisende.

Magdas Hotel

1030 Wien, Ungargasse 38 • 01 7200288
www.magdas-hotel.at • info@magdas-hotel.at

Das magdas Hotel in Wien ist ein einzigartiges Sozialprojekt, das von Menschen mit Fluchterfahrung und Einheimischen gemeinsam betrieben wird. Besonders ist nicht nur das Konzept des Social-Business-Hotels, sondern auch die 85 Zimmer im Upcycling-Design, wodurch keines dem anderen gleicht. Gaumenfreuden erleben die Gäste in magdas Lokal, das besonderen Wert auf Regionalität, Saisonalität sowie Bio und Fairtrade legt. Beim Frühstück freut man sich auf ein vielfältiges Angebot, wovon rund 40 Prozent der angebotenen Speisen vegan sind. Entspannt wird im schönen Garten. Zwei Seminarräume für je 60 Personen bieten Raum für Events.

Max Brown 7th District

♛ Hotel des Jahres 2021

1070 Wien, Schottenfeldgasse 74 • 01 3761070
www.maxbrownhotels.com • reservations.7d@maxbrownhotels.com

Im jungen, pulsierenden und kreativen Herzen Wiens – dem siebten Bezirk – fühlen sich Kunst- und Kulturbegeisterte besonders wohl. Die ideale Unterkunft bietet das Max Brown 7th District, wo man mitten im Geschehen ist und nur wenige Gehminuten zur Innenstadt hat. Die Zimmer reichen von „Tiny" bis „Extra Large", sind individuell gestaltet, begeistern mit der Liebe zum Detail und Highlights wie ausgewählten Sammler- und Designstücken, Plattenspieler und Retro-Vibes. Neben dem herrlichen Frühstücksbuffet begeistern auch die praktischen Ateliers für Meetings, Events und private Filmvorführungen.

pentahotel Wien

1050 Wien, Margaretenstraße 92 • 01 54686100
www.pentahotels.com • info.vienna@pentahotels.com

Gleich um die Ecke des historischen Stadtzentrums von Wien findet man das pentahotel. Modern und der Traum jedes Introvertierten ist der flexible Check-in per Hotel-App. Wer sich hingegen einen kommunikativen Empfang wünscht, meldet sich bei der Bar. Sich selbst als lebhaftes Nachbarschaftshotel bezeichnend, ist dieses Attribut gleich beim Betreten des Hotels spürbar. Die Pentalounge ist wohnlich und eignet sich wunderbar, um entspannt abzuhängen, ein Buch zu lesen, neue Menschen kennenzulernen oder an der Bar einen Drink zu genießen. In den großzügigen Zimmern kann man sich für ruhige Momente zurückziehen.

Ruby Lissi
Hotel & Bar

1010 Wien, Fleischmarkt 19/Laurenzerberg 2 • 01 20555180
www.ruby-hotels.com • lissi@ruby-hotels.com

Egal, ob längere Reise oder nur ein Kurzaufenthalt für eine Nacht, im Ruby Lissi verbringt man eine herrliche Zeit. Herzstück des Hotels ist die rund um die Uhr geöffnete Bar, wo morgens das köstliche Frühstück serviert wird, nachmittags italienische Snacks warten und abends mit erstklassigen Cocktails angestoßen wird. Außerdem finden dort regelmäßige Livemusik-Auftritte statt. Nach einem langen Tag in der Stadt – zwischen Schwedenplatz und Stephansdom gelegen, gibt es viel zu entdecken – kuschelt man sich in die extragroßen Betten ein und genießt eine ruhige Nacht dank Schallisolierung.

Schani

1100 Wien, Karl-Popper-Straße 22 • 01 9550715
www.schanihotels.com • reception@schanihotels.com

Im Hotel Schani Wien Hauptbahnhof ist man einen Schritt voraus und ermöglicht den Gästen durch smarte Technologien einen mobilen Check-in sowie einen mobilen Key fürs Zimmer. Die gemütlichen Zimmer begeistern mit extralangen Betten, XL-Regendusche und der Wahl zwischen Straßen- und Gartenblick. Im Maisonette-Zimmer finden sogar bis zu drei Personen Platz. Morgens lockt man die Gäste mit einem herrlichen Frühstücksbuffet aus dem Bett, bevor sie sich mit den kostenlosen E-Scootern auf Entdeckungsreise begeben: In die Innenstadt kommt man so in nur fünf Minuten. Entspannt wird im grünen Innenhof.

Schani Salon

1070 Wien, Mariahilfer Straße 58 • 01 5240970
www.schanihotels.com/hotels/hotel-schani-salon • reception-salon@schanihotels.com

Das topmoderne Hotel Schani Salon begeistert mit Smartphone-Check-in und der Atmosphäre des Jugendstils. Die insgesamt 24 Zimmer sind von der Wiener Art-Nouveau-Epoche und den großen Denkern und Künstlern der damaligen Zeit inspiriert. In Kontrast dazu finden Gäste in öffentlichen Bereichen des Hotels Kunstwerke aktueller, junger Künstlerinnen und Künstler. Beim köstlichen Frühstücksbuffet warten frische Produkte aus der Region. Mitten auf der pulsierenden Shoppingmeile Wiens gelegen, erreicht man die wichtigsten Sehenswürdigkeiten entspannt mit den öffentlichen Verkehrsmitteln.

Schreiners

Essen & Wohnen

1070 Wien, Westbahnstraße 42 • 0676 475 4060
www.schreiners.cc • wohnen@schreiners.cc

Inmitten des hippen siebten Wiener Gemeindebezirks findet man mit Schreiners Gastwirtschaft ein uriges Juwel, das zum Wohlfühlen einlädt. In den vier gemütlichen Zimmern erwartet einen eine minimalistische Gestaltung mit viel Holz – man hat alles, was man braucht! Und das Beste: Der Weg zum erstklassigen Beislerlebnis (beziehungsweise der Weg nach Hause) ist dann nicht weit: Ein Mahl in der heimeligen Gaststube ist ein Must-do. Man darf sich auf klassische österreichische Spezialitäten freuen, jedoch wird auch gern mit neuen Einflüssen überrascht.

SO/Vienna

1020 Wien, Praterstraße 1 • 01 906160
www.so-vienna.com • sovienna@so-hotels.com

Einen unvergleichlichen Blick über Wien genießen Gäste des SO/Vienna. Das luxuriös-moderne Haus im Herzen Wiens, direkt am Donaukanal, bietet über 18 Stockwerke nicht nur 182 minimalistisch gestaltete Zimmer und elegante Suiten mit Ausblick, sondern zudem eine Bar in der Lobby für eine Kaffeepause oder den Businesslunch sowie Das LOFT im 18. Stock, das Restaurant und die Bar für Genießer. Für Erholung sorgen der stilvolle Wellnessbereich und Fitnessraum. Mit einer Tagungsfläche von 1.073 m² – acht Tagungsräume plus Business-Lounge – eignet sich das Hotel ideal für private sowie Businessevents.

Spiess & Spiess

1030 Wien, Hainburger Straße 19 • 01 7148505
www.spiess-vienna.at • hotel@spiess-vienna.at

Mitten in Wien bietet das Hotel Spiess & Spiess eine elegante und ruhige Unterkunft in großartiger Lage. Die geräumigen Zimmer sind stilvoll-elegant eingerichtet, dabei finden Alleinreisende ebenso Platz wie Paare und Familien. Das Hotel verfügt über einen schönen begrünten Innenhof, in dem die Gäste entspannen können. Außerdem bietet es ein reichhaltiges Frühstücksbuffet mit regionalen Spezialitäten. Die zentrale Lage ermöglicht es, die wichtigsten Sehenswürdigkeiten bequem zu Fuß oder mit öffentlichen Verkehrsmitteln zu erreichen. Sauna- und Ruhebereich runden das Angebot ab.

Steigenberger Hotel Herrenhof

1010 Wien, Herrengasse 10 • 01 534040
www.steigenberger.com • reception@herrenhof-wien.steigenberger.at

Das Steigenberger Hotel Herrenhof in Wien bietet eine luxuriöse Unterkunft im Herzen der Stadt, nur wenige Gehminuten von der Hofburg und der Staatsoper entfernt. Die elegant eingerichteten Zimmer und komfortablen Suiten bieten höchsten Komfort und sind mit modernen Annehmlichkeiten ausgestattet. Im Restaurant Béla Béla werden Wohlfühlgerichte aus feinsten österreichischen Zutaten gezaubert, während nebenan, in Béla's Wohnzimmer & Bar, Signature Drinks, spannende Snacks und köstliche Desserts begeistern. Erholung vom Alltagstrubel bieten Fitness- und Wellnessbereich mit Sauna und Massageangebot.

Superbude Wien

1020 Wien, Perspektivstraße 8 • 01 9043439
www.superbude.com • prater@superbude.com

Beschreibt man die Superbude, kommt man nicht um das Wort unkonventionell herum. Normal ist hier – im besten Sinn – kaum etwas. Die Zimmer nennt man hier „Buden" und davon gibt es insgesamt 178 in 16 unterschiedlichen Kategorien – ideal für Einzelpersonen, Paare, Familien und Freundesgruppen. Hier begeistern Features wie ein analoges Aufnahmestudio, Spielekonsolen, Kinoleinwand und Plattenspieler. Kombiniert man Hostel-Vibes und heimeliges Gefühl, kann man sich ungefähr vorstellen, wie es in der Superbude ist. Direkt am Wiener Prater im zweiten. Bezirk gelegen, gibt es viel Interessantes zu erkunden.

The Guesthouse Vienna

1010 Wien, Führichgasse 10 • 01 5121320
www.theguesthouse.at • office@theguesthouse.at

The Guesthouse Vienna bietet eine stilvolle Unterkunft in zentraler Lage direkt hinter der Wiener Staatsoper sowie der Albertina und damit mitten im kulturellen Herzen der Stadt. In den Zimmern und Suiten werden Gemütlichkeit und Eleganz vereint, zu bestaunen sind zudem spannende Fotografien vom Fotografen Wolfgang Zac. In der Brasserie & Bakery genießen Hotel- sowie externe Gäste von morgens bis abends köstliche Gerichte in gemütlich-stilvoller Atmosphäre, inklusive hausgemachtem Gebäck. Hunde sind im Hotel herzlich willkommen und nächtigen kostenlos im eigenen Hundebett in den Zimmern.

The Hoxton Vienna Ⓝ

Ⓡ Neueröffnung des Jahres 2025

1030 Wien, Rudolf-Sallinger-Platz 1 • 01 3800955
thehoxton.com/de/vienna • hello.vienna@thehox.com

Mit dem The Hoxton Vienna hat sich ein neues Hotel in Wiens Innenstadt aufgetan. Neben dem Stadtpark – und somit bestens angebunden – begrüßt das ehemalige Gewerbehaus seine Gäste mit 50er-Jahre-Charme und ganz viel Design. Die 196 Zimmer sind mit Vintage-Möbeln und Stoffen der Wiener Werkstätte ausgestattet und setzen auf eine schlichte, einladende Ästhetik. Ein Schwerpunkt des Hotels ist die Gastronomie: Neben dem „Bistro Bouvier" gibt es die „Caya Coco Bar", eine Dachterrasse mit Barbecue- und Cocktailangebot sowie einen phänomenalen Blick über die Stadt. Auch ein Pool ist auf dieser Etage zu finden.

Zeitgeist Vienna

1100 Wien, Sonnwendgasse 15 • 01 90265
www.zeitgeist-vienna.com • welcome@zeitgeist-vienna.com

Nur 300 Meter vom Wiener Hauptbahnhof entfernt, begeistert das Hotel Zeitgeist Vienna. Gemütlich und am Puls der Zeit überzeugt hier nicht nur die zentrale Lage, sondern auch die großzügigen Zimmer mit durchdachter Ausstattung, der Smart-Check-in sowie die Liebe zum Detail im ganzen Haus. Ob Working-Space mit internationalen Steckdosen, Outdoor-Chill- & Work-out-Area sowie Fitnessraum für das Konditions- und Krafttraining, gratis Fahrradverleih oder Sauna und Infrarotkabine zur Entspannung - hier wurde an alles gedacht. Abgerundet wird das Angebot durch das umfangreiche Frühstücksbuffet.

Zoku Vienna

1020 Wien, Perspektivstraße 6 • 0720 987101
www.livezoku.com • hellovienna@livezoku.com

Wohnen auf Zeit ist im Zoku Vienna möglich. Das Hotel hat
es sich zum Ziel gemacht, Geschäftsreisenden ein Zuhause
für wenige Tage bis einige Monate zu bieten, wo Wohnen,
Arbeiten und Kontakteknüpfen verbunden werden. Die Lofts
bestehen dank der intelligenten Raumnutzung aus einem
bequemen Bett, einem offenen Wohnbereich sowie einer
voll ausgestatteten Küche. Außerdem gibt es große Veranstaltungsflächen und einige Besprechungsräume im Haus
sowie einen Co-Working-Space im Dachgeschoss. Köstliches Essen und neue Kontakte findet man im Rooftop-Res-
taurant und in der Rooftop-Bar mit Dachterrasse.

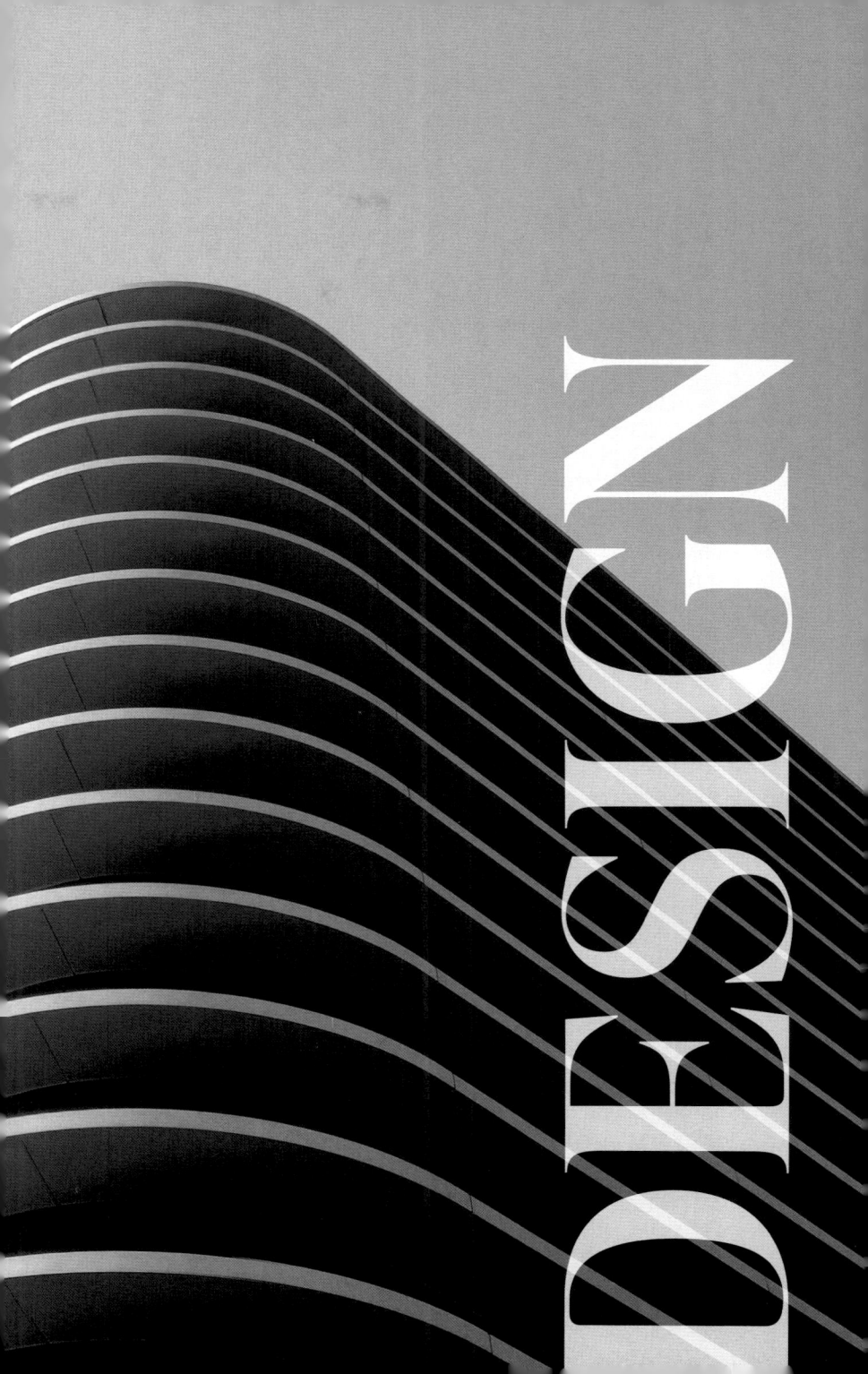

Die Alpbacherin

6236 Alpbach, Alpbach 405 • 05336 50303
www.die-alpbacherin.com • info@die-alpbacherin.com

Gestatten, die Alpbacherin lädt Gäste in ihre Heimat auf Zeit ein! Die feine Handschrift zieht sich von der eleganten Zimmereinrichtung – stilvolle Entspannung dank Boxspring-betten und edler Eichenböden – bis in den luxuriösen Well-nessbereich. Gemäß dem Leitspruch „Tue mehr von dem, was dich glücklich macht", findet man hier einen Infinity-pool, einen Ruheraum mit Blick aufs Gebirge und wohltu-ende Massagen. Die Küche zaubert Gerichte im Einklang mit der Natur (Fleisch, Eier, Nudeln, Milch, Joghurt, Butter aus eigener Herstellung) – vom Frühstück über die traditionelle Marend bis zum Sechs-Gänge-Abendmenü.

Haus Hirt

Hotel & Spa
♕ Hotel des Jahres 2019

5640 Bad Gastein, Kaiserhofstraße 14 • 06434 27970
www.haus-hirt.com • info@haus-hirt.com

Paart man Architektur und Hotelfach, zeigt sich das Ergeb-nis im Haus Hirt Hotel & Spa. Das einstige Landhaus aus den 1920er-Jahren entwickelte sich zu einem urbanen Hideaway in alpiner Umgebung. Hier begeistert nicht nur die grandiose Lage in Bad Gastein, sondern vor allem die 33 gemütlichen Zimmer, Studios und Suiten mit atembe-raubendem Ausblick. Kulinarisch freuen sich Gäste auf ein köstliches Frühstück, Snack oder Wanderjause und ein Gourmet-Abendmenü - gerne auch vegan. Zur Entspannung begibt man sich in den feinen Aveda Spa. Natur pur sowie Kultur erhält man direkt vor der Haustür.

Miramonte

5640 Bad Gastein, Reitlpromenade 3 • 06434 25770
www.hotelmiramonte.com • info@hotelmiramonte.com

Eines ist das Hotel Miramonte in Bad Gastein auf keinen
Fall: langweilig. Klarheit in der Architektur, stilvoll einge-
setzte Kunst und modern-rustikales Ambiente sorgen bei
Designfans für Begeisterung. Die 36 individuell gestalteten
Zimmer zeichnen sich durch alten Holzboden, 50er-Jahre-
Interior, Vintage-Bäder und Kuhfell aus. In der Küche wird
kreativ aufgetischt: von traditionell nach alten Rezepten bis
hin zu experimentierfreudigen Neukompositionen – egal,
ob vegan, vegetarisch oder regulär. Abends wird in der film-
reifen Miramonte Bar abgehangen. Spa und Yoga gibt es
natürlich auch.

the cōmodo

5640 Bad Gastein, Kaiserhofstraße 18 • 06434 30432
www.thecomodo.com • info@thecomodo.com

Seit 2023 bietet das the cōmodo einen stilvollen Rückzugsort, der den Charme der 1960er- und 1970er-Jahre einfängt.
Die 70 im Mid-Century-Design gestalteten Zimmer bieten
nicht nur eine warme, einladende Atmosphäre, sondern
zudem komfortable Betten, Badezimmer mit Regenduschen,
Eichenparkett, Vintage-Möbel sowie herrliche Ausblicke auf
den umliegenden Kiefernwald und das Tal. Im Spa werden
die heilenden Eigenschaften des Gasteiner Thermalwassers
genutzt und maßgeschneiderte Behandlungen geboten.
Kulinarisch wird auf eine nachhaltige „From farm to Table"-
Philosophie mit Zutaten aus der Region gesetzt.

Villa Rosa

Geschwister Rauch

8343 Bad Gleichenberg, Trautmannsdorf 6 • 03159 4106
www.geschwister-rauch.at • office@geschwister-rauch.at

Willkommen in der Villa Rosa, einem echten Genießerhotel, das historisches Flair mit moderner Lässigkeit verbindet. Im 1913 erbauten Herrenhaus findet sich die perfekte Unterkunft für Kulinarikliebhaber: Bei den Geschwistern Rauch beginnt das Verwöhnprogramm schon beim Frühstück, welches man entweder im Garten oder im hübschen Frühstückszimmer einnimmt. Abends erwarten einen kulinarische Hochgenüsse im Gourmetrestaurant. Man taucht ein in eine außergewöhnliche Küche und kann auch Insidertipps während eines Kochkurses erhalten.

Langwies

Genussherberge

5424 Bad Vigaun, Langwies 22 • 06245 8956
www.langwies.at • hotel@langwies.at

Die hübsche Genussherberge Langwies liegt nur 25 Minuten von der Stadt Salzburg entfernt und bietet Ruhe, Natur und jeglichen Komfort. Ob im traditionellen Stil oder im modernen Ambiente, die Zimmer sind wahre Wohlfühlorte – auch für Langzeitaufenthalte gibt es Angebote. Das Naturfrühstück verwöhnt mit regionalen Spezialitäten, im Wirtshaus treffen lokale Klassiker auf internationale Einflüsse. Der kleine Wellnessbereich und der Naturschwimmteich laden zum Entspannen ein, außerdem gibt es Annehmlichkeiten wie die Bike-Garage und E-Ladestationen.

BAR1oZIMMER

6850 Dornbirn, Marktstraße 73 • 05572 890999
www.bar1ozimmer.at • welcome@bar1ozimmer.at

Im Zentrum von Dornbirn erwarten die Gäste im BAR1oZIM-
MER – wie der Name bereits verspricht – eine Bar und zehn
Zimmer. In einem historischen Haus beherbergt, setzt man
hier auf Minimalismus. Die Zimmer sind in Weiß gehalten,
dabei ziehen einzelne bunte oder antike Möbel den Blick
auf sich. Modernes Design und urbanes Flair gehen Hand
in Hand, das zeigt sich auch in der Bar, die Begegnungsort
für Frühstück, Mittagessen, Aperitif und ein gutes Glas Wein
ist. Unweit der Bergwelt steht dem nächsten Outdooraben-
teuer nichts im Weg; wer Kultur vorzieht, ist im Vierländer-
eck gut aufgehoben.

Vaya Fieberbrunn
fine living resort

6391 Fieberbrunn, Brunnau 30 • 05354 20802
www.vaya-fieberbrunn.at • info@vaya-fieberbrunn.at

Zur Ruhe kommen und einen unvergesslichen Urlaub in den
Kitzbüheler Alpen verbringen, das fällt im Vaya Fieberbrunn
fine living resort besonders einfach. Egal, ob Familienurlaub, romantische Auszeit zu zweit oder Singleaufenthalt
– bei der breiten Auswahl an Zimmern, Suiten, Penthouses,
Apartments und Chalets findet jeder den passenden Wohlfühlort. Das modern-rustikale Design mit hohem Holzan-
teil zieht sich durchs Haus, dabei erinnert das Hotel an ein
Tiroler Dorf. Auch der Wellnessbereich besticht durch stim-
miges Design und begeistert die Gäste mit Indoor- und Outdoorpool, Sauna, Dampfbad und Massagen.

Alpenhof

5542 Flachau, Flachauer Straße 98 • 06457 2205
https://www.alpenhof.info/ • hotel@alpenhof.info

Tradition und Innovation bestens kombiniert, so schafft das Hotel Alpenhof in Flachau eine wunderbare Basis für besondere Urlaubserlebnisse. Design und Ästhetik spielen bereits im Wellnessbereich eine tragende Rolle, wo der Genuss mit allen Sinnen erfahrbar gemacht wird und erholsame Stunden vorprogrammiert sind. Genuss erwartet die Gäste auch im Restaurant, wo im Rahmen der Verwöhnpension keine Wünsche unerfüllt bleiben. Lange Tage in der Flachauer Natur lässt man auf der Hotelterrasse ausklingen, bevor man sich in die Ruhe der traditionellen und modernen Zimmer und Suiten zurückzieht.

Augarten Art Hotel

8010 Graz, Schönaugasse 53 • 0316 20800
www.augartenhotel.at • office@augartenhotel.at

Das Augarten Art Hotel in Graz ist ein Treffpunkt für Kunstliebhaber und designaffine Gäste. Ob großzügige Suiten mit Schlossberg-Blick, gemütliche Doppelzimmer mit Balkon, Businesszimmer für Geschäftsreisende oder Apartments für Familien, überall begeistert minimalistischer Stil gespickt mit zeitgenössischer Kunst. Klares Design und inspirierende Kunst sind im ganzen Haus finden – morgens beim reichhaltigen Frühstücksbuffet, beim Abtauchen im Pool, beim Entspannen in der Sauna oder beim Auspowern im Gym. Darüber hinaus bietet Graz die ideale Umgebung für ein Extra an Kunst.

Turmhof

2352 Gumpoldskirchen, Josef-Schöffel-Straße 9 • 02252 607333
www.hotel-turmhof.at • office@hotel-turmhof.at

Nur 20 Minuten von Wien entfernt, begrüßt das Hotel Turmhof in Gumpoldskirchen seine Gäste inmitten der malerischen Weinberge der Thermenregion. Die großzügigen Zimmer und Suiten sind mit Liebe zum Detail gestaltet, dabei
bestechen insbesondere das stilvolle Design sowie die
modernen Annehmlichkeiten. Die Gäste bedienen sich morgens am reichhaltigen Frühstücksbuffet, für weitere kulinarische Highlights sorgen die umliegenden Heurigen. Durch
die hervorragende Lage im Weinbaugebiet und in Wiener-
wald-Nähe steht aktiven Stunden in der Natur nichts im
Weg. Auch für Seminare und Hochzeiten geeignet.

Wiesergut

5754 Hinterglemm, Wiesern 48 • 06541 6308
www.wiesergut.com • info@wiesergut.com

Zeitlos puristisches Design, kombiniert mit Naturverbundenheit, ergibt im Wiesergut ein zweites Zuhause mit Wohlfühlatmosphäre inmitten der Ferienregion Saalbach-Hinterglemm. 17 gemütliche GutshofSuiten, vier GartenSuiten
sowie drei HideawaySuiten mit Hot-pot begeistern mit läs-
sigem Luxus, geprägt von sanften Erdtönen, natürlichen
Materialien und großformatigen Fenstern mit Bergblick. Neu
sind das Bergloft sowie die Bergsuite für noch mehr Privatsphäre. Weiters erfreuen sich Gäste an den kulinarischen
Highlights mit Produkten aus der eigenen Landwirtschaft
sowie am Badehaus und am neuen Gym.

Krone
Hotel Gasthof

6952 Hittisau, Am Platz 185 • 05513 6201
www.krone-hittisau.at • gasthof@krone-hittisau.at

Das Hotel Krone in Hittisau existiert bereits seit 1838 und bietet eine harmonische Kombination aus Tradition und Moderne. Die 27 Zimmer bestechen durch die schönen Holzmöbel, hergestellt von ausgewählten Handwerkern aus dem Bregenzerwald. In vielen Zimmern wird bewusst auf einen Fernseher verzichtet, dafür stehen Musikanlage, CDs und eine Auswahl an Büchern für einen erholsamen Urlaub zur Verfügung. Erholung pur ist außerdem in der Sauna im Krone-Garten, beim Verweilen im Kaminzimmer sowie beim Pingpong-Spielen garantiert. Abends lässt man sich im ausgezeichneten Restaurant verwöhnen.

aDLERS Innsbruck
Lifestyle-Hotel

6020 Innsbruck, Brunecker Straße 1 • 0512 563100
www.adlers-innsbruck.com • adlers@adlers.at

Inmitten von Innsbruck, direkt neben dem Hauptbahnhof, ragt das aDLERS Lifestyle-Hotel über die Dächer der Alpinstadt. Atemberaubender Ausblick auf die umliegende Bergwelt ist hier garantiert, sei es in den 75 gemütlichen Zimmern mit Panoramafenstern, beim abwechslungsreichen Frühstück oder beim Dinner im Restaurant „weitsicht" oder bei einem Drink auf der Rooftop-Terrasse oder in der darunterliegenden Bar. Mit der historischen Altstadt sowie der Bergwelt direkt zu Füßen, lassen sich Sightseeing, Shopping und Sporteln perfekt kombinieren. Entspannen lässt sich anschließend im feinen Spa-Bereich.

Nala individuellhotel

6020 Innsbruck, Müllerstraße 15 • 0512 584444
www.nala-hotel.at • info@nala-hotel.at

Das Nala individuellhotel ist ein Hotel voller Gegensätze – mitten in der Stadt und doch im Grünen, von außen ganz unscheinbar, von innen dafür umso bunter und einzigartiger. Mit viel Liebe zum Detail und gut durchdacht wurde aus einem alten Hotel aus den 50ern und 70ern ein völlig neues Haus. Hier ist alles individuell, anders und kreativ. Das zeigt sich bei den 57 liebevoll gestalteten Zimmern sowie in den zahlreichen Details im gesamten Haus, die es zu entdecken gilt. Unweit Innsbrucks Einkaufsstraße und nur wenige Minuten von der Altstadt entfernt, gibt es viel zu erleben.

Franz Ferdinand
Mountain Resort Nassfeld

9631 Jenig, Tröpolach 152A • 04285 71335
www.franz-ferdinand.at • reservation@franz-ferdinand.at

Direkt bei der Talstation der Ski- und Bergregion Nassfeld kommt im Hotel Franz Ferdinand jeder Aktivurlauber auf seine Kosten: 16-Meter-Kletterwand, Vier-Meter-Boulder-Wand, große Poollandschaft, Fitnessraum mit Ausblick und unbegrenzte Möglichkeiten in der freien Natur – von Klettersteigen für jedes Niveau über Wandern und Flying Fox bis hin zu Wintersport jeglicher Art. Zur Ruhe kommt man hier am besten in den zwei Saunawelten „Winter Wonderland" und „Discosauna". Auch Familien fühlen sich hier wohl, dafür sorgen großzügige Familienzimmer und ein Kids & Teens Club mit täglichem Programm.

Gradonna Mountain Resort

9981 Kals am Großglockner, Gradonna 1 • 04876 82000
www.gradonna.at • info@gradonna.at

Im Vier-Sterne-Superior-Hotel Gradonna Mountain Resort in Kals in Osttirol findet man auf 1.350 Meter ein wahres Paradies: Gekocht wird auf Haubenniveau, die Bauweise ist der Landschaft angepasst. Hier erwarten einen stilvolle Zimmer und Suiten, in denen Holz den Ton angibt. Den Panoramablick genießt man hier von der Relaxzone aus. Oder man entscheidet sich für eines der 36 Chalets (mit Private Spa). Das Gradonna bietet das Beste für jeden Reisetyp, ob Wellness und Spa, Tagung und Incentives oder Sport. Der Nationalpark Hohe Tauern lädt im Winter zum Skifahren, im Sommer zum Mountainbiken ein.

Zhero Hotel

6555 Kappl, Wiese 687 • 05445 61200
www.zherohotelischgl.com • info@zherohotelgroup.com

Das Zhero Hotel beeindruckt mit einer Kombination aus modernem Design und alpiner Eleganz. Die luxuriösen Zimmer und Suiten sind geschmackvoll eingerichtet und entzücken mit ausgewählten Kunstwerken. In der Minotti-Lounge lässt man den Tag mit einem köstlichen Drink in der Hand an der offenen Feuerstelle und mit den Klängen der Livemusik ausklingen. Der Spa-Bereich lockt mit einem langen Indoorpool, Massagen und diversen Saunen. Nur neun Kilometer von Ischgl entfernt, im Skigebiet Kappl gelegen, ist das Hotel prädestiniert für einen Winterurlaub, doch auch im Sommer lohnt sich ein Aufenthalt.

Kitzhof

Mountain Design Resort

6370 Kitzbühel, Schwarzseestraße 8–10 • 05356 632110
www.hotel-kitzhof.com • info@hotel-kitzhof.com

Wer die traumhafte Aussicht auf die Kitzbüheler Bergwelt in modern-rustikalem Ambiente erleben möchte, ist im Kitzhof Mountain Design Resort genau richtig. Die Zimmer und Suiten – etliche frisch renoviert – begeistern mit alpinem Charme und atemberaubendem Panorama. Kulinarisch ist man vom reichhaltigen Frühstücksbuffet bis hin zum Gourmetmenü am Abend bestens versorgt. Kitzbühel bietet den Gästen Aktivitäten en masse – Radfahren, Wandern, Golfen und mehr. Entspannt wird danach im Wellnessbereich mit Indoorpool, Saunen und Fitnessraum. Außerdem: ideal für Tagungen mit bis zu 250 Personen.

Boutique Hotel im Auracher Löchl

6330 Kufstein, Römerhofgasse 4 • 05372 62138
www.auracher-loechl.at • hallo@auracher-loechl.at

Das Boutique Hotel im Auracher Löchl in Kufstein bietet eine einzigartige Mischung aus Tradition und Moderne. Die 44 stilvollen Zimmer entführen auf eine Weltreise: von Kuba über New York, Hawaii, China bis nach Zell am See, hier findet jeder einen thematisch liebevoll gestalteten Rückzugsort. Das Hotel beherbergt neben Gaststuben mit Tiroler und Wiener Küche, einem Steakhouse und einem romantischen Brückenrestaurant auch die Gin-Bar Stollen 1930, ein wahres Paradies für Gin-Liebhaber. Die Sehenswürdigkeiten der Stadt wie die Festung Kufstein und der Inn sind bequem zu Fuß zu erkunden.

Loisium Langenlois

3550 Langenlois, Loisium-Allee 2 • 02734 77100
www.loisium.com • hotel.langenlois@loisium.com

Inmitten der Weingartenterrassen fließt im Loisium Langenlois die lange Weintradition in die Architektur und das Innendesign des Hotels ein und begeistert mit Liebe zum Detail. Die
Zimmer und Suiten im Pinot Haus oder im Veltliner Haus sind
farblich passend in Erdtönen und roten oder gelben Akzenten gestaltet. Wer genau schaut, erkennt in den Lampen
die Korkenstruktur, in den einzigartigen Tapezierungen die
Gänge des Weinkellers. Erholsame Stunden sind im großzügigen Spa-Bereich, bei einem Glas Wein, einem köstlichen
Essen oder bei entspannten Spaziergängen und Radtouren
garantiert.

Spinnerei

4030 Linz an der Donau, Wiener Straße 485 • 0732 304000
www.bestwestern.at • info@hotel-spinnerei.bestwestern.at

In der ehemaligen Textilspinnerei im Süden von Linz findet
man heute das Hotel Spinnerei – ein innovatives Zuhause
auf Zeit mit 125 minimalistischen Zimmern und Apartments.
Durch die Stadtrandlage genießen die Gäste die Nähe zum
grünen Umland und zur Traun. Passend zum Namen ziehen sich kunstvolle Fäden durch den Innenhof des Hotels,
ebenso kunstvoll gestaltet sich der Meetingraum mit direktem Innenhofzugang für bis zu 20 Personen. Für das leibliche Wohl sorgt das im Hotel befindliche Restaurant DA
GIULIO, das neben coolem Design auch italienische Köstlichkeiten und ein üppiges Frühstück bietet.

Refugium Lunz

♔ Ambiente Award 2025

3293 Lunz am See, Kirchenplatz 3 • 07486 21100
refugium-lunz.at • info@refugium-lunz.at

Das Hotel Refugium Lunz bietet eine besondere Atmosphäre, in der man den Alltag hinter sich lassen kann. Das Boutique-hotel besticht durch seine historischen Gewölbe, eine einladende Salonküche, die rund um die Uhr geöffnet ist und wo selbst gekocht werden kann, sowie ein Restaurant, wo man sich auf das Wesentliche besinnt. Die 23 individuell gestalteten Zimmer bieten Komfort und Ruhe in stilvoll-modernem Ambiente. Der Außenbereich lockt mit einem ganzjährig beheizten Pool und einem charmanten Garten mit Gartenhaus-Sauna. Nur wenige Minuten entfernt genießt man die Natur am Lunzer See.

Boutique Hotel Wachtelhof

♔ Hotel des Jahres 2016

5761 Maria Alm, Urslaustraße 7 • 06584 23888, 0676 635 2286
www.hotelwachtelhof.at • hotel@wachtelhof.net

Fernab der großen Touristenströme erwartet Gäste im Hotel Wachtelhof in Maria Alm eine luxuriöse Auszeit mit dem richtigen Maß an Sport, Kultur und Entspannung. Die 29 Zimmer und Suiten – traditionell-rustikal oder modern-alpin – bieten für jeden Geschmack das Richtige. Frische Bergluft schnappt man bei aktiven Runden in der Natur oder beim Entspannen im Jacuzzi neben dem Wildbach. Außerdem erwartet die Gäste im Heurigen-Spa eine Kräutersauna, eine Infrarotkabine und ein Swim-Spa mit Gegenstromanlage. Diniert wird im Wohlfühlambiente der Zirbenstube aus dem 17. Jahrhundert oder vor dem Kamin.

Jufenalm

5761 Maria Alm, Jufen 10 • 06584 7152
www.jufenalm.at • office@jufenalm.at

Im Hotel Jufenalm treffen alpiner Charme und Boho-Stil aufeinander und sorgen damit für einen unvergesslichen Aufenthalt. Auf 1.150 Metern Höhe in Maria Alm genießen Gäste einen atemberaubenden Blick auf die umliegende Bergwelt und träumen in den gemütlichen „Originals"- und außergewöhnlichen „Bohemians"-Zimmern und -Suiten. Wer sich den Sternen besonders nah fühlen möchte, nächtigt in den traumhaften Sky-Suiten mit Dachfenster. Neben kulinarischen Highlights im Restaurant erwartet die Gäste ein vielfältiges Freizeitangebot: Bogenschießen, Wandern, Wintersport und Wellness im hauseigenen Spa.

Sepp

5761 Maria Alm, Urchen 8 • 06584 7738
www.edersepp.com • info@edersepp.com

Außergewöhnlich und einzigartig beschreibt das Hotel Sepp wohl am besten. Das Adults-only-Boutiquehotel in Maria Alm inmitten des schönen Salzburger Lands erfreut Gäste ab 21 Jahren auf abgedrehte und unkonventionelle Art. Unter dem Motto „gemeinsam mittendrin" finden regelmäßig Mini-Happenings statt, gleichzeitig werden reichlich Rückzugsorte geboten. Ein Highlight ist die Rooftop-Oase mit legendärer Airstream-Sauna und 12-Meter-Infinitypool. Neue Freunde, Entspannung und Lebensfreude findet man von früh bis spät im Dachboden, wo Kulinarik und Drinks auf Spiel- und Chill-Area treffen.

Zillertalerhof

Alpine Hideaway

♕ Hoteliers des Jahres 2021

6290 Mayrhofen, Am Marienbrunnen 341 • 05285 62265
www.zillertalerhof.at • welcome@zillertalerhof.at

Nach dem Motto „Art meets hospitality" sorgt das Hotel Zillertalerhof in Mayrhofen für einem Wohlfühlurlaub mit einem Tupfer Kunst. Die Zimmer begeistern in stylish-urbanem oder lässig-alpinem Design, sind hochwertig ausgestattet und bieten liebevolle Details. Aktiv in den Zillertaler Alpen unterwegs sein, die Kunst im Hotel genießen, im neuen Poolbereich im Boho-Style sowie auf der Sonnenterrasse mit Chill-Lounge entspannen oder im HOF SPA verwöhnen lassen, die Möglichkeiten scheinen schier unbegrenzt. Abgerundet wird das Angebot durch das herrliche Frühstück und die ausgezeichnete Küche.

Knappenhof

2651 Reichenau an der Rax, Kleinau 34 • 02666 53633
www.knappenhof.at • reception@knappenhof.at

Außenansicht und Innendesign können kaum gegensätzlicher sein als im Knappenhof. Direkt am Fuße der Rax in Reichenau passt die traditionelle Fassade perfekt in das ortstypische Landschaftsbild, während im Inneren des traditionsreichen Hotels buntes Fin-de-Siècle-Design für ein prächtiges Farbenspiel sorgt. In den 28 teils extravaganten, teils traditionellen Zimmern und Suiten fühlt man sich sofort zu Hause. Kulinarisch überzeugt die Küche mit kreativ interpretierten Klassikern. Das Raxgebiet besticht mit einer malerischen Naturwelt und lädt zu zahlreichen Outdoor-aktivitäten ein.

Mari Pop

♀ Entdeckung des Jahres 2021

6273 Ried im Zillertal, Großriedstraße 16 • 05283 2250
www.maripop.at • hotel@maripop.at

Gäste aller Generationen genießen im Hotel Mari Pop in Ried, mitten im Zillertal, eine einzigartige Mischung aus modernem Design, Kunst und traditionellem Flair – immer mit Blick auf Nachhaltigkeit. Die individuell gestalteten Zimmer und Suiten sind mit hochwertigen Materialien ausgestattet und sorgen für Wohlfühlmomente mit Bergblick. Im exzellenten Restaurant erfreut man sich an einem köstlichen Frühstück und an genussvollen Abendmenüs – besonderes Highlight: die vegane Küche. Abgerundet wird das Angebot durch eine Bar und einen großzügigen Wellnessbereich mit In- und Outdoorpool sowie Sauna.

Bürgerhaus

Art Boutique Hotel

7071 Rust, Hauptstraße 1 • 02685 6162
www.timimoo.at • office@timimoo.at

Kreativität und Lebensfreude: Im Boutiquehotel Bürgerhaus in Rust erlebt man eine ganz besondere Atmosphäre. Bei der bunten und liebevollen Gestaltung des Hauses kann man gar nicht anders, als gute Laune zu haben! Für die Herzlichkeit sorgt Gastgeberin Tina Mooslechner, bei der man auch spannende Kreativworkshops buchen kann. Die hausgemachten Mehlspeisen und das Vintage Breakfast im Art Café Très Chic sind ein purer Genuss – besonders das kunstvoll gestaltete Interieur und im Sommer der süße Schanigarten sorgen dafür, dass man eigentlich gar nicht mehr gehen möchte.

Arthotel Blaue Gans

5020 Salzburg, Getreidegasse 41-43 • 0662 8424910
www.blauegans.at • office@blauegans.at

Das Arthotel Blaue Gans in Salzburg verbindet historisches Ambiente mit modernem Kunstverständnis. In einem Gebäude aus dem 14. Jahrhundert beherbergt, bietet es 34 stilvoll eingerichtete Zimmer und Suiten, jedes ganz individuell, wie der historische Rahmen erlaubt. Im Kontrast zu den historischen Details finden sich im Hotel über 120 zeitgenössische Kunstwerke. Die zentrale Lage in der Getreidegasse ermöglicht es, die Altstadt und die wichtigsten Sehenswürdigkeiten wie die Festung Hohensalzburg bequem zu Fuß zu erkunden. Ein perfekter Ort für Kunstliebhaber und Kulturinteressierte.

Goldgasse

5020 Salzburg, Goldgasse 10 • 0662 845622
www.hotelgoldgasse.at • info@hotelgoldgasse.at

Das Hotel Goldgasse inmitten der Salzburger Altstadt bietet eine einzigartige Mischung aus historischem Charme und modernem Komfort. Im rund 700 Jahre alten Haus verbindet das Boutiquehotel traditionelle Architektur mit stilvollem Design. Die 16 individuell eingerichteten Zimmer sind kunstvoll gestaltet, dabei begeistern Details wie der erhaltene Stuck, die italienische Glaskunst sowie die Kunstdrucke von Festspielszenen – jedes Zimmer ist einer anderen Aufführung gewidmet. Der Tag beginnt mit einer köstlichen Frühstücketagere, tagsüber lohnt sich ein Besuch des hauseigenen Restaurants.

The Mozart Hotel

5020 Salzburg, Franz-Josef-Straße 27 • 0662 872274
www.themozarthotel.com • stay@themozarthotel.com

Mitten in Salzburg, nur wenige Minuten vom nächsten Berg
entfernt, ist das kulturelle und aktive Programm in Salzburg
kaum zu übertreffen. Für beste Erholung nach einem langen
Tag sorgt das The Mozart Hotel, ein charmantes Boutiquehotel im Stadtzentrum. Die geschmackvoll eingerichteten
Zimmer sind mit modernen Annehmlichkeiten und Liebe
zum Detail ausgestattet. Hier fühlt man sich in angenehmen
Grüntönen, zwischen liebevollen Dekorationen und mit viel
Raum besonders wohl. Morgens startet man den Tag mit
einem ausgiebigen Frühstück, abends lohnt sich ein Besuch
im Restaurant Mühlbacher im Hotel.

Ullrhaus

6580 St. Anton am Arlberg, Alte Arlbergstraße 2 • 05446 35200
www.ullrhaus.at • info@ullrhaus.at

Egal, ob Sommer oder Winter, der Arlberg zieht Gäste magisch an. Ein einzigartiges Refugium findet man in St. Anton – das Designhotel Ullrhaus. Inspiriert vom Draußensein und der Natur ist es, ein Haus, wo sich der nordische Gott des Winters und Skifahrens Ullr zu Hause fühlen würde. Eingebettet zwischen den großen Gipfeln und grandiosen Abfahrten, fühlt man sich in den 40 Einheiten besonders wohl, dafür sorgen klare Linien und natürliche Texturen von Stein und Holz. Kulinarische Hochflüge erlebt man im ULLRS WINE&DINE. Nicht verpassen sollte man außerdem das wohltuende Ullr-Wellnessangebot.

© Andre Schönherr

Post

Hotel & Wirtshaus

6380 St. Johann in Tirol, Speckbacherstraße 1 • 05352 636430
www.dashotelpost.at • office@dashotelpost.at

Das Hotel Post in St. Johann ist ein wahres Traditionshaus mit Wurzeln, die bis ins 13. Jahrhundert zurückreichen. Im Herzen der Kitzbüheler Alpen nächtigt man in modern gestalteten Zimmern mit komfortablen Möbeln und reizendem Altbaucharme. Im hauseigenen Restaurant werden Tiroler Spezialitäten serviert, die mit viel Liebe und regionalen Produkten zubereitet werden. Im Wellnessbereich laden Sauna, Dampfbad, Ruhe- und Fitnessraum zum Verweilen ein. Die Umgebung bietet zahlreiche Outdooraktivitäten im Sommer und Winter – gerne auch mit Hund, der im Hotel herzlich willkommen ist.

ARX Guesthouse

8971 Schladming-Rohrmoos, Rohrmoosstraße 91 • 03687 61493
www.das-arx.at • office@das-arx.at

Das ARX Boutiquehotel der Familie Veith begeistert sowohl Sportbegeisterte als auch Natur- und Designliebhaber. In den Zimmern, die minimalistisch, aber mit einzelnen Eyecatchern stilvoll eingerichtet sind, fühlt man sich direkt wohl. Beim Frühstücksbuffet bleiben keine Wünsche offen, dabei begeistert die Auswahl an regionalen Produkten. An sportlichen In- und Outdooraktivitäten mangelt es in Rohrmoos nie: Wandern, Radfahren oder Skifahren in der Natur sowie Krafttraining und Yoga im Haus. Bestens ausstatten lässt man sich im hauseigenen Skiverleih und Concept Store von Anna und Manuel Veith.

Moserhof

9871 Seeboden, Hauptstraße 48 • 04762 81400, 0676 942 1014
www.moserhof.com • hotel@moserhof.com

Erholsame Tage erlebt man im Moserhof in Seeboden am Millstätter See. Die 50 stilvoll eingerichteten Zimmer und Suiten bieten einen wunderbaren Ausblick auf die malerische Landschaft und den See. Der Wellnessbereich deckt im SichtSpa mit vier Saunen, Relaxoase, Hallenbad und Naturbadeteich alle Bedürfnisse von erholungsuchenden Gästen ab. Kulinarisch werden Gäste besonders im À-la-carte-Restaurant mo.wi bestens versorgt. Der nahegelegene Millstätter See lädt zum Schwimmen und Bootfahren ein, während die umliegende Berglandschaft ideale Bedingungen für Wanderungen, Golf und Radtouren bietet.

dasMAX

Lifestylehotel

6100 Seefeld, Bahnhofplatz 613 • 05212 2383
www.dasmax.at • info@dasmax.at

Ganz nach dem Motto „kann vieles und muss gar nichts" wird den Gästen des Hotels dasMAX eine Vielfalt an Möglichkeiten geboten. Inmitten der Tiroler Bergwelt, in Seefeld gelegen, bietet es modernen Komfort in einer stilvollen Umgebung. Die Zimmer begeistern mit schlicht-elegantem Interior in beruhigenden Farbtönen. Geschlemmt wird im hauseigenen Bistro - beim Frühstück am Buffet oder á la carte sowie bei köstlichen Snacks und Kaffee zwischendurch. An der Honesty Bar im Hotel kann man sich 24/7 an Getränken und Knabbereien bedienen. Entspannung mit Panoramablick gibt es im Sauna- und Relax-Bereich.

Bergland

Design- und Wellnesshotel Sölden

6450 Sölden, Dorfstraße 114 • 05254 22400

www.bergland-soelden.at • info@bergland-soelden.at

Nomen est omen: Das Hotel Bergland verspricht eine Auszeit inmitten einer beeindruckenden Alpenlandschaft. Im Frühling geht es zum Gletscherskifahren, im Sommer zum Wandern und im Winter – wie in Sölden üblich – zum Après-Ski. Das Hotel bietet dann mit seinem Wellnessbereich die nötige Entspannung. Durch die naturnahe Innenausstattung aus Lärchenholz, Stein und Wolle wird eine einzigartige Atmosphäre geschaffen, die im ganzen Haus allgegenwärtig ist. Einen besonderen Genuss erleben die Gäste in den beiden Restaurants, wo mehrere Gänge mit regionalem Schwerpunkt serviert werden.

LifeSteil

Appartementresort

6441 Umhausen, Hintere Gasse 26 • 05255 20720, 0699 105 21820

www.lifesteil.at • info@lifesteil.at

„Schräge Vögel" finden im LifeSteil Appartementresort in Umhausen, Tirol, das perfekte Nest für ein einzigartiges Urlaubserlebnis. Die stylishen Apartments variieren in Größe und Luxus, bieten Platz für bis zu sechs Personen und sind teilweise mit privaten Hot Pots ausgestattet. Als wäre der Wellnessbereich mit Saunen, Dampfbad und Relaxbereichen nicht schon fein genug, begeistert der Infinitypool im Dachgeschoss mit Panorama, Entspannung und cooler Atmosphäre. Für Geselligkeit sorgt die trendige Botanik Bar, die Gästen unvergessliche Abende beschert und morgens köstliches Frühstück serviert.

Almmonte Suites

Präclarum Suites Design Hotel

5602 Wagrain, Widmoosweg 3 • 06413 7286, 0664 122 0503
www.almmonte.com • info@almmonte.com

Inmitten der faszinierenden Salzburger Bergwelt erleben Gäste im Almmonte Präclarum Suites Design Hotel Luxus auf hohem Niveau. Die 23 Suiten und Zimmer bieten die idealen Rückzugsorte – weiter Ausblick auf die Bergwelt, natürliche Atmosphäre, hochwertige Materialien und schlichte Eleganz mit einem rustikalen Touch. Unvergleichlich entspannen und Kraft tanken lässt sich über den Dächern Wagrains im Premium-Spa mit Infinity-Outdoorpool, Saunen, Panorama-Ruheraum, Chill-Area, Massagen und Beauty-Treatments. Im Almmonte 96 und in der stylishen Hotelbar werden regionaler Genuss großgeschrieben.

Almanac Palais Vienna

1010 Wien, Parkring 14–16 • 01 661131889
www.almanachotels.com/vienna • info.vienna@almanachotels.com

Die Symbiose aus zeitgenössischem Interior-Design und historischem Stadtpalais bietet Gästen im Almanac Palais Vienna eine luxuriöse Wohlfühlatmosphäre sondergleichen. In den großzügigen Suiten und Zimmern wacht man in historischem Ambiente auf, besonders bemerkenswert ist die hervorragende Kombination aus Braun- und Cremetönen zusammen mit goldenen Details und einzelnen, ausgewählten Farbtupfern. Ruhe abseits des städtischen Treibens genießt man im Spa- und Wellnessbereich inklusive Innenpool. Lokale und einzigartige Kunst begleitet die Gäste überall im Haus, auch beim Speisen, Tagen oder Feiern.

Altstadt Vienna

1070 Wien, Kirchengasse 41 • 01 5226666

www.altstadt.at • hotel@altstadt.at

Eine gelungene Symbiose aus Hotel und Kunstgalerie finden Gäste in einem altehrwürdigen Patrizierhaus am Spittelberg. Dort empfängt das Hotel Altstadt Vienna in künstlerischer Atmosphäre. Die 62 Zimmer und Suiten sind einzigartig eingerichtet und von renommierten Künstlern und Designern gestaltet. Morgens lockt ein reichhaltiges Frühstücksbuffet in den Roten Salon, wo auch den restlichen Tag geschlemmt werden kann. Im Sommer zieht es die Gäste auf die kunstvolle Rooftop-Terrasse. Tipp: Touren durch das Haus sowie zahlreiche Museen in Reichweite lassen kunstbegeisterte Herzen höherschlagen.

Andaz

Vienna am Belvedere

1100 Wien, Arsenalstraße 10 • 01 20577441234

www.hyatt.com/andaz/de-DE/vieaz-andaz-vienna-am-belvedere • vienna@andaz.com

Im Hotel Andaz Vienna am Belvedere wird modernes Design mit Wiener Charme und reichlich Kunst vereint. 303 luxuriös-stilvolle Zimmer, davon 44 Suiten, begeistern mit hohem Komfort und Liebe zum Detail. Während sich ein Besuch der Aurora Rooftop Bar mit spektakulärem Weitblick über Wien sowie ein Essen im ausgezeichneten Restaurant Eugen21 immer lohnt, lädt das Hotel mit seiner umfangreichen Kunstsammlung auch zu einer ausgiebigen Erkundungstour ein. Außerdem eignet sich das Hotel durch die großen Veranstaltungsflächen ideal für Konferenzen, Präsentationen und andere Events mitten in der Stadt.

Das Tyrol

1060 Wien, Mariahilfer Straße 15 • 01 5875415
www.das-tyrol.at • reception@das-tyrol.at

Unweit der Mariahilfer Straße und dem Museumsquartier trifft im Hotel Das Tyrol 1001 Nacht auf die Pariser Modewoche und Wiener Fi- de-Siècle-Charme – ideal für Kunst-, Kultur- und Shoppingbegeisterte. Die 30 individuell gestalteten Zimmer überzeugen mit komfortabler Ausstattung und stilvoller Einrichtung in Gold- und Rottönen. Die zahlreichen Kunstwerke, die das Hotel zieren, verleihen ihm Galerie-Charakter. Ein fabelhaftes À-la-carte Frühstück genießen die Gäste in der Lounge, wo den restlichen Tag Kaffee, Tee und Snacks und abends köstliche Cocktails serviert werden.

Hilton Vienna Plaza

1010 Wien, Schottenring 11 • 01 313900
www.hilton.de/wienplaza • info.viennaplaza@hilton.com

Direkt an der Wiener Ringstraße befindet sich das einzigartige Hilton Vienna Plaza. Das Hotel besticht durch Art-déco-Stil der 1920er-Jahre und versetzt die Gäste dabei zurück in das goldene Jahrzehnt. Die Zimmer überzeugen mit stilvoller Eleganz und Geräumigkeit. Morgens stärkt man sich am Frühstücksbuffet, bevor man sich raus in die hektische Stadt begibt, wo die meisten Sehenswürdigkeiten fußläufig erreichbar sind und die Straßenbahn direkt vor der Tür hält. Abends lässt man den Tag in der Bar Émile mit köstlichen Drinks, umgeben von Glanz und Glamour in Gatsby-Atmosphäre, ausklingen.

Jaz in the City Vienna

♘ Ambiente Award 2022

1060 Wien, Windmühlgasse 28 • 01 2530061-0
www.jaz-hotel.com/hotels/jaz-in-the-city-vienna • hi.vienna@jaz-hotel.com

Im Jaz in the City Vienna dreht sich alles um Musik – kombiniert mit Wiener Charme und Grätzl-Kultur ergibt sich daraus eine richtig coole Unterkunft für Design-, Kunst- und Kulinarikfans. Im hoteleigenen Lokal „Rhythmus" genießt man authentische österreichische Küche mit internationalem Touch sowie täglich wechselnde Veranstaltungen – von Tanz über Musik mit Livebands bis hin zu After-Work-Events und lokalen DJs. Modernes Design mit blauen Akzenten, Soundsystem und Yoga-Kit in den Zimmern und Suiten überzeugen ebenso wie das Gym. Das breite Kulturangebot Wiens wartet direkt vor der Haustür.

Mooons

1040 Wien, Wiedner Gürtel 16 • 01 96226
www.mooons.com • welcome@mooons.com

Blickt man auf die prägnante Fassade des Hotels Mooons, fragt man sich unweigerlich, was einen darin erwartet – nur gut, dass es innen genauso aufregend ist, wie es außen den Anschein macht. Die modern-eleganten Zimmer begeistern mit hochwertiger Einrichtung, smarten Ideen und herrlichem Ausblick aus den vollmondförmigen Fenstern, deren gepolsterte Fensterbänke auch zum Verweilen einladen. Während das vielfältige Kultur- und Erlebnisangebot Wiens direkt zu Füßen des Hotels liegt, lohnt sich ein Besuch der Rooftop-Bar, wo man entspannte Atmosphäre und köstliche Drinks mit Wien-Panorama genießt.

Motto

Boutique Hotel

1060 Wien, Mariahilfer Straße 71A, Eingang: Schadekgasse 20 • 01 5814500
www.hotelmotto.at • hello@hotelmotto.at

Wer romantisches Ambiente mit französischem Flair sucht, ist im Hotel Motto genau richtig. Auf der beliebtesten Shoppingstraße Wiens gelegen, fühlt man sich ins Paris des vorigen Jahrhunderts versetzt. Die Zimmer und Suiten begeistern mit liebevollen Details, komfortabler Einrichtung und ganz viel Flair. Im hauseigenen Restaurant Chez Bernard kommt man in den Genuss von Gaumenfreuden, in der Bar & Lounge begegnen sich Paris und Punk, auf der Dachterrasse sammelt man unvergessliche Momente. Der exklusive Eventbereich in der Belètage eignet sich sowohl für Meetings als auch Private Dinner.

Saint Shermin

Bed, Breakfast & Champagne

1040 Wien, Rilkeplatz 7 • 01 58661830
www.shermin.at • hotel@shermin.at

Im ersten Stock eines liebevoll renovierten Wiener Stilhauses aus dem Jahr 1893 entzückt das Hotel Saint Shermin mit 12 individuell eingerichteten Zimmern, jedes einer anderen wichtigen Epoche oder Person gewidmet. Unter dem Motto „Bed, Breakfast & Champagne" erwartet die Gäste ein unvergesslicher Aufenthalt inklusive köstlichem Frühstück und einer großen Auswahl an Champagner. Die Lage des Hotels ist perfekt für Städtereisende: in Reichweite der wichtigsten Sehenswürdigkeiten Wiens, gut an den öffentlichen Verkehr angebunden und umgeben von zahlreichen Bars, Restaurants und kleine Boutiquen.

Topazz Lamée

1010 Wien, Rotenturmstraße 15 • 01 5322240
www.hoteltopazzlamee.com • reception@hotellamee.com

Im Hotel Topazz Lamée sind zwei stilistisch sehr unterschiedliche Hotels vereint: das Topazz – atemberaubende Architektur, komfortable Möbel, minimalistische Farbgebung und dekorative Akzente – und das Lamée – von der Schönheit Hedy Lamarrs inspiriert und geformt, in Rosa- und Brauntönen getaucht, elegante Einrichtung und stimmige Blütenfußböden. Zudem bieten beide gegenüberliegenden Hälften einen herrlichen Blick auf die Wiener Innenstadt und den 200 Meter entfernten Stephansdom. Hier punktet nicht nur das Design, sondern auch die Kulinarik inklusive Rooftop-Bar sowie die grandiose Lage.

Hafnerhotel Ⓝ

3250 Wieselburg an der Erlauf, Zur Autobahn 9 • 07416 20580
www.hafnerhotel.at • office@hafnerhotel.at

Im Hafnerhotel zelebriert man Kachelöfen und ihre gesunde Wirkung und bietet damit ein wahres Kachelofen-Wohlfühlhotel. Hier werden nachhaltige und innovative Möglichkeiten präsentiert, mit Holz zu heizen, während man in herrlichem Ambiente übernachtet. Die 16 individuell gestalteten, gemütlich-modernen Zimmer sowie drei mit wärmendem Kachelofen ausgestatteten Suiten sind wahre Rückzugsorte, in denen man gerne verweilt. Über den Dächern von Wieselburg genießt man in der Hafnerbar neben dem Frühstück auch Drinks und köstliche Speisen. Außerdem gibt es einen Seminarbereich für maximal 100 Personen.

Haidvogel Mavida Zell am See

5700 Zell am See, Kirchenweg 11 • 06542 5410
www.mavida.at • info@mavida.at

See und Berglandschaft treffen im Hotel Haidvogl Mavida Zell am See aufeinander. Inmitten der Alpen und unweit vom Zeller See und dem Nationalpark Hohe Tauern ist die Lage ein besonderer Startpunkt für Spaziergänge und Wanderungen – ob sommers oder winters. Nach einem aktiven Tag in der Natur lädt das Mavida Spa schließlich zu entspannten Wellnessstunden ein. Darüber hinaus gibt es im hauseigenen Restaurant ein umfangreiches Frühstück sowie ein regionales Abendessen. Dass Regionalität besonders im Mittelpunkt steht, zeigt auch die eigene Honigproduktion.

Gault&Millau

Genussmesse, Weinfest und vieles mehr...

Alle Tickets zu unseren
kulinarischen Events auf
gaultmillau.at

FAMILIE

Galtenberg
Family & Wellness Resort

6236 Alpbach, Alpbach 40 • 05336 5610
www.galtenberg.at • info@galtenberg.com

Das Galtenberg Family & Wellness Resort ist ein Wohlfühlort für Familie und Paare. In den elegant-modernen Zimmern und Suiten genießt man vom großzügigen Balkon herrliches Bergpanorama. Während die umliegende Natur zahlreiche sportliche Aktivitäten ermöglicht, bietet das Hotel im über 2.500 m² großen Wellnessbereich alles für erholsame Stunden. Der 7Heaven ist Erwachsenen ab 16 Jahren vorbehalten, Spiel und Spaß für Kinder gibt es dafür in der Family-Therme mit Innen- und Außenpool, Wasserpark und 100 Meter langer Reifenrutsche. Highlight: Im Winter geht's direkt vom Hotel auf die Skipiste.

Reiters Finest Family

7431 Bad Tatzmannsdorf, Am Golfplatz 4 • 03353 8841
www.finestfamilyhotel.at • booking@reitershotels.at

Das Reiters Finest Family in Bad Tatzmannsdorf im malerischen Südburgenland ist speziell auf die Bedürfnisse von Familien ausgelegt. Mit der 4.400 m² großen Fun- und Wellnessoase bietet es Spaß und Erholung, die jeden glücklich macht – von Rutschen und Pools in Kasimirs Waterworld bis hin zu erholsamen Spa-Treatments. Außerdem erwarten Kinder die Indoor Fun Area mit Kino, Theater und Kasimirs Kidsworld sowie ein riesiger Spielplatz und ein Ponyhof im Freien. Das Hotel zeichnet sich durch ein umfangreiches Freizeitangebot, eine exzellente Küche sowie durch luxuriöse Suiten und Zimmer aus.

Habachklause

Familien Bauernhof Resort

5733 Bramberg am Wildkogel, Habach 17 • 06566 73900
www.habachklause.com • office@habachklause.com

Das Hotel Habachklause verspricht einen idyllischen Rückzugsort für Groß und Klein inmitten des Salzburger Lands. Im Familienhotel hat man sich auf Babys und Kleinkinder spezialisiert. Durch die kompetente Kinderbetreuung können Eltern sorglos entspannen, während die Kleinen spannende Aktivitäten erleben. Die 40 gemütlichen Zimmer bieten für jeden das richtige Plätzchen. Im Restaurant verwöhnen regionale Spezialitäten – zum Teil aus eigenen landwirtschaftlichen Erzeugnissen. Abgerundet wird das Angebot von einem familienfreundlichem Wellnessbereich, Ponyreiten sowie Bauernhof-Erlebnissen.

Übergossene Alm Resort

5652 Dienten, Sonnberg 23 • 06461 2300
www.uebergossenealm.at • urlaub@uebergossenealm.at

Das Übergossene Alm Resort in Dienten am Hochkönig bietet einen perfekten Familienurlaub inmitten der Alpen. Kinder kommen hier auf ihre Kosten: Mit einem 3.250 m² großen Spielbereich und einem Abenteuerspielplatz gibt es drinnen und draußen viel zu entdecken. Das Resort verfügt zudem über eine eigene Kinderbetreuung und ein abwechslungsreiches Aktivprogramm. So können Eltern im großzügigen Wellnessbereich entspannen, während die Kinder bestens betreut werden. Im Winter begeistern Ski-in/Ski-out-Möglichkeiten und eine Skischule für Kinder, im Sommer locken spannende Naturerlebnisse.

Zugspitz Resort

6632 Ehrwald, Obermoos 1A • 05673 2309
www.zugspitz-resort.at • welcome@zugspitz-resort.at

Das Zugspitz Resort in Tirol bietet Familienurlaub der Extraklasse. Der 10.000 m² große Garten mit Schwimmteich, Trampolin und Tretkart-Bahn sorgt bei Kindern ebenso für Begeisterung wie die über zwei Etage Indoor-Erlebniswelt mit Softplayanlage, Kartbahn, Boulderwand und mehr. Teenager chillen im Jugendraum mit Kicker, Billard und Videospielen. In DIDIs Kinderclub werden Kinder ab drei Jahren betreut, wo sie ein abwechslungsreiches Programm erwartet. Naturliebhaber und Familien schätzen besonders die perfekte Lage mit unzähligen Wanderwegen und Bikerouten sowie bewirtschafteten Almen in der Nähe.

Brennseehof
Familien-Sportresort

9544 Feld am See, Seestraße 19 • 04246 2495
www.brennseehof.com • hotel@brennseehof.com

Das Hotel Brennseehof in Feld am See, eingebettet in die malerische Kulisse Kärntens, ist ein perfekter Rückzugsort für Familien. Das Hotel bietet nicht nur einen eigenen Badestrand am Brennsee, sondern auch Wassersportaktivitäten wie Segeln und Surfen. Im Winter verwandelt sich der zugefrorene See in eine Eisfläche für Hockey und Eislaufen. Mit dem neuen Kleinkindpool herrschen ideale Bedingungen für die kleinen Gäste. Zudem sorgt eine umfassende Kinderbetreuung für unbeschwerte Urlaubstage. Mehrere Pools, ein großer Wellnessbereich sowie Tennisplätze und Fitnesskurse runden das Angebot ab.

Schlosshotel Fiss

6533 Fiss, Laurschweg 28 • 05476 6397
www.schlosshotel-fiss.com • info@schlosshotel-fiss.com

Das Schlosshotel Fiss in Tirol bietet ein einzigartiges Urlaubserlebnis in den Alpen. Ursprünglich ein Jagdschloss, ist es heute ein hervorragendes Wellness- und Familienhotel. Mit direktem Pistenzugang im Winter und nahen Wanderwegen im Sommer, bietet es Ski-in/Ski-out-Komfort und zahlreiche Outdoormöglichkeiten. Das Hotel zeichnet sich durch ein umfangreiches Angebot für Kinder aus, darunter betreute Aktivprogramme, Schwimmkurse und Abenteuerwochen. Kinder genießen eine ganztägige Betreuung im SHF Kids Club, während Eltern die Annehmlichkeiten des 5.000 m² großen Spa-Bereichs nutzen können.

Almhof

Family Resort & Spa

6281 Gerlos, Gmünd 45 • 05284 5323
www.familyresort.at • almhof@familyresort.at

Das Almhof Family Resort & Spa in Gerlos ist das ideale Urlaubsziel für Familien, die Komfort und Abenteuer suchen. Das Hotel bietet großzügige Zimmer und Suiten, die speziell auf die Bedürfnisse von Familien ausgerichtet sind. 2.500 m² Wasser- und Wellnessfläche umfassen die Water World mit Rutschen und Pools für die ganze Familie sowie den Wellnessturm nur für Erwachsene. Vielfältige Aktivitäten für Kinder und Jugendliche, darunter geführte Wanderungen und Schwimmkurse, sorgen für Abwechslung. Eltern können sich hier herrlich entspannen, während ihre Kinder liebevoll betreut werden.

Dachsteinkönig

Familux Resort

4824 Gosau, Am Hornspitz 1 • 06136 8888
www.dachsteinkoenig.at • info@dachsteinkoenig.at

Das Hotel Dachsteinkönig in Gosau überzeugt mit einem umfangreichen Angebot für Groß und Klein. Für Babys ab dem siebten Lebenstag bis hin zum 16-jährigen Teenie werden altersentsprechende Betreuung und Aktivitäten geboten. Im 2.000 Quadratmeter großen Indoorspielbereich bleiben mit Kino und Theater, Softplayanlage, Gokartbahn, Sporthalle und Virtual-Reality-Room keine Wünsche offen. Auch der vielfältige Outdoorbereich überzeugt Kinder jeder Altersgruppe. Erwachsene genießen hingegen eine entspannte Auszeit im Spa, in der Saunawelt oder im Outdoorpool mit Massagedüsen, Passage zum Indoorpool und Gosaukamm-Blick.

Moar Gut

Familien Natur Resort

5611 Großarl, Moargasse 22 • 06414 318
www.moargut.com • info@moargut.com

Inmitten der Salzburger Bergwelt erleben Familien im Hotel Moar Gut einen märchenhaften Urlaub, wenn Luxusauszeit mit Biobauernhof kombiniert wird. Der Fokus auf Natur und Nachhaltigkeit ist an jeder Ecke sicht- und spürbar. Hier ist für jedes Alter etwas dabei: Babywelt mit kunststofffreiem Spiel- und Schlafbereich inklusive Babybetreuung ab dem 30. Lebenstag, Kinderwelt mit natürlichen Materialien sowie altersgerechtes Aktivprogramm, Kino, Sporthalle und mehr für Teens. Neu seit Juni 2024: edle Natursuiten, Spa- und Wellnessbereich inklusive Baby-Spa sowie Indoor-Trampolinhalle und Exer-Gaming-Room.

G'Schlössl Murtal

8734 Großlobming, Murhof 1 • 03512 46904
www.gschloessl-murtal.at • willkommen@gschloessl-murtal.at

Aktives Wohlfühlen fällt im G'Schlössl Murtal besonders leicht. Hier bieten 23 stilvolle Zimmer und Suiten höchsten Komfort. Eine Extraportion Privatsphäre erwartet Gäste im Haus Hanstein direkt neben dem G'Schlössl. Morgens sorgt ein reichhaltiges Frühstücksbuffet für einen guten Start in den Tag, mittags und abends lockt das Restaurant mit regionalen Köstlichkeiten. Entspannt wird im 600 Quadratmeter großen Wellnessbereich mit Indoorpool mit Gegenstromanlage. Beim Spazieren durch den idyllischen Schlosspark, am malerischen Naturteich und an der Orangerie vorbei, lässt sich wunderbar zur Ruhe kommen.

Ellmauhof
Familienresort

5754 Hinterglemm, Ellmauweg 35 • 06541 64320
www.ellmauhof.at • info@ellmauhof.at

Ein Hotel für alle Generationen ist der Ellmauhof in Hinterglemm. Mit Alleinlage in den Pinzgauer Grasbergen überzeugt das Hotel mit einer großartigen Lage, wo nicht nur herrlich entspannt, sondern auch reichlich in der Natur erlebt werden kann. Im Ellmauhof versteht man es, jede Altersgruppe glücklich zu machen. Bauernhof-Erlebnisse, Reitunterricht, spannende Stunden in der 10.000 m² großen Kinderwelt, erholsame Momente in der Wasser- und Wärmewelt sowie die umliegende Bergwelt sprechen für sich. Für eine ruhige Elternauszeit steht außerdem eine Kinderbetreuung zur Verfügung.

Seetal

6272 Kaltenbach/Zillertal, Innere Embergstraße 6 • 05283 2713
www.seetal.at • hotelinfo@seetal.at

Inmitten des Zillertals lockt das Hotel Seetal mit besten Voraussetzungen für einen gelungenen Familienurlaub. Spiel und Spaß im 20.000 m² großen Garten- und Spieledorado inklusive acht Meter hohem Kletterturm sowie ein abwechslungsreiches Aktivprogramm lassen die Herzen höherschlagen. Eltern entspannen im Wellnessbereich mit Pool, Sauna und Massagen, während die Kinder in der Kinderbetreuung spannende Aktivitäten wie Ponyreiten, Rafting, Pizzabacken und vieles mehr erleben. Die großzügigen Zimmer bieten einen privaten Wohlfühlraum. Ein besonderes Highlight ist außerdem der Streichelzoo.

Landgut Furtherwirt

6382 Kirchdorf in Tirol, Innsbrucker Straße 62 • 05352 63150
www.furtherwirt.at • info@furtherwirt.at

Im Landgut Furtherwirt lässt sich der Familienurlaub ganz individuell gestalten – hier werden die Bedürfnisse von Singles mit Kind, Familien mit mehreren Kindern bis hin zu Mehrgenerationenfamilien erfüllt. Die gelungene Symbiose aus Biobauernhof und Hotel sorgt für unvergessliche Momente mit den Tieren. Ganz besonders freuen sich Kinder auf das vielfältige Actionprogramm. Der Spa-Bereich mit Saunalandschaft und Pool bietet Erholung für die ganze Familie. Für das leibliche Wohl sorgen ein umfangreiches Frühstücksbuffet, eine leichte Mittagsjause und ein Front-Cooking-Buffet am Abend.

Sonnenpark
Baby- & Kinderhotel

7361 Lutzmannsburg, Thermengelände 2 • 02615 87171
www.sonnenpark.at • info@sonnenpark.at

Familienurlaub mit dem jüngsten Nachwuchs wird im Hotel Sonnenpark zelebriert. Babysitting ab dem dritten Monat, eine eigene Baby- und Kindersauna, ein Badeangebot für jedes Alter sowie ein Babyspielzimmer sorgen für große erste Urlaubsmomente. Kleinkinder sowie Kinder erfreuen sich am spannenden Kinderprogramm inklusive SUNNY BUNNY CLUB, Outdoorspielepark, Bewegungsraum, Kindertheater und vielem mehr. Mit direktem Verbindungsgang zur Sonnentherme Lutzmannsburg und exklusiver hoteleigener Wasserwelt wird Badespaß für Groß und Klein geboten. Durch die Kinderbetreuung genießen Eltern auch ruhige Momente.

Tante Frida ⓝ

5761 Maria Alm, Hochkönigstraße 31 • 06584 7738
ederfrida.com • urlaub@ederfrida.com

Das Tante Frida ist eine „Hommage an alle kleinen und großen Kinder" – so beschreibt sich das Familienhotel in Maria Alm selbst. Hier werden Kinder gleichermaßen wie Erwachsene ernst genommen und es wird ein buntes Angebot geschnürt, das alle Altersklassen glücklich stimmt. Die Zimmer gibt es passend zur Größe der Familie in unterschiedlichen Kategorien: vom klassisch eingerichteten Doppelzimmer bis hin zum „Weltraum" mit Sternenhimmel. Ein besonderes Highlight ist neben der Kulinarik die Wasserwelt mit Erlebnisrutsche und die Gartenwelt mit Flying Fox, Baumhaus und Kartbahn.

Buchau
Kinderhotel

6212 Maurach am Achensee, Buchauer Straße 3 • 05243 5210
www.buchau.com • info@buchau.com

Das Hotel Buchau bietet Familien einen unvergesslichen Urlaub am malerischen Achensee. Mit erstklassigem All-inclusive-Service und großzügigen Zimmern sowie Suiten garantiert das Hotel Komfort. Kinder erwarten eine Topkinderbetreuung und zahlreiche Aktivitäten wie ein Abenteuerspielplatz, ein Kinderkino und eine Wasserwelt mit Rutsche. Die Wellness- und Spa-Bereiche inklusive des neuen Infinitypools sowie diverse Outdooraktivitäten wie Wandern, Skifahren und Wassersport bieten Eltern ebenfalls Abwechslung. Hier werden Luxus, Familienfreundlichkeit und Umweltbewusstsein gelebt.

Ikuna Naturresort

4723 Natternbach, Naturpfad 1 • 07278 20800
www.ikuna.at • info@ikuna.at

Ikuna steht für Inspiration, Kunst und Natur – und genau das wird im Naturresort in vollem Maße geboten. Eine über 200.000 m² große Erlebnisfläche und mehr als 90 Spielstationen bieten Spiel und Spaß für die ganze Familie. Während bei einigen Stationen Eltern und Großeltern mitmachen können, sind andere nur für Kinder. Die Verschnaufpause genießen Erwachsene auf den gemütlichen Liegen. Neues Highlight seit 2024: XXL-Hüpfburg für die ganze Familie. Genächtigt wird in den einzigartigen Tipi-Suiten aus Vollholz (inklusive Genuss-Halbpension) oder in den Sternenhimmelchalets, wo die Sterne zum Greifen nah sind.

Steiner

5562 Obertauern, Römerstraße 45 • 06456 7306
www.hotel-steiner.at • info@hotel-steiner.at

Das Hotel Steiner in Obertauern ist ein familiär geführtes Hotel direkt an der Piste. Das Hotel begeistert mit seiner De-luxe-Vollpension, die rund um die Uhr kulinarische Köstlichkeiten aus der Region bietet. Die Zimmer und Suiten sind zeitlos und vielfältig eingerichtet und begeistern mit Blick auf die Alpen. Für Entspannung sorgt das großzügige Berg-Spa mit speziellen Bereichen für Familien und ausschließlich Erwachsene. Die Kinder können sich in der Kinderwelt mit Indoorspielplatz austoben, Jugendliche chillen in der Activity Lounge mit Spielkonsolen, Kletterwand, Tischfußball und mehr.

Das Rieser

6213 Pertisau, Karwendelstraße 40 • 05243 5251
www.hotel-rieser.com • info@hotel-rieser.com

Wer luxuriösen Urlaub für die ganze Familie plant, ist im Hotel Das Rieser genau richtig. Unweit des Achensees lässt sich hier der Alltagsstress vergessen und wunderbar entspannen. Hier liegt qualitative Familienzeit im Fokus, dazu tragen gemeinsames Planschen im Aktiv- und Familienpool, Kuschelnischen und Textilsauna sowie zahlreiche familienfreundliche Aktivitäten in der umliegenden Natur bei. Auspowern lässt sich außerdem auf dem Fußballfeld und auf den Tennisplätzen. Im Adults-only-SeeSPA gibt es kinderfreie Erholung. Besonders exklusiv urlaubt man im SkyLoft mit privatem Panoramapool.

Gridlon

6574 Pettneu am Arlberg, Garnen 36 • 05448 8208
www.gridlon.com • hotel@gridlon.com

Im Hotel Gridlon in Pettneu am Arlberg lassen sich ein ruhiger Wellness- und ein sportlicher Aktivurlaub bestens miteinander kombinieren. Abseits vom Trubel gelegen, ist man mit dem Private Shuttle schnell auf der Skipiste. Umgeben von der Arlberger Bergwelt bietet die Natur 365 Tage im Jahr etwas zu erleben: Von Langlaufen und Rodeln über Wandern und Mountainbiken bis hin zu Fischen, Tennis und Golf sind die Möglichkeiten nahezu unbegrenzt. Egal, ob zu zweit oder mit der Familie, hier gibt es für jeden ein passendes Zimmer. Im Gridlon Spa findet man außerdem neben dem Hallenbad und der Sauna auch wohltuende Massagen.

Pichlmayrgut

8973 Pichl/Ennstal, Pichl 54 • 06454 7305
www.pichlmayrgut.at • info@pichlmayrgut.at

Nach 900 Jahren erinnert das Gut im Namen des Pichlmayrguts an die Ursprünge des Hotels und überzeugt mit epochenübergreifender Gestaltung. Über dem Ennstal thronend, bietet das Hotel eine Vielzahl an Annehmlichkeiten: 3.000 m² großes Alpen-Spa mit Hallenbad, Salzwasserpool, Saunen und Massagen, Sportcenter, Indoortennisplatz sowie Squash-Court und eine eigene Landwirtschaft mit tierischen Bewohnern, die bei Kindern für Begeisterung sorgen. Kulinarisch kommt man in den Genuss von selbst gemachter Marmelade am Frühstücksbuffet sowie einem sechs-Gänge-Menü mit regionalen Produkten am Abend.

Die Seitenalm

Familienhotel

5550 Radstadt, Forstauer Straße 17 • 06452 67890
www.seitenalm.at • info@seitenalm.at

Das Hotel Die Seitenalm in Radstadt bietet Familien eine
ideale Urlaubsoase. Eingebettet in die idyllische Landschaft
des Salzburger Lands, wartet das Kinderhotel mit einem
vielfältigen Freizeitangebot auf. Für die kleinen Gäste gibt
es einen 40.000 m² Outdoorspaß inklusive eines eigenen
Pony-Reitparadieses und Streicheltieren sowie ein Indoor-
pieleparadies mit 28 Stationen. Die Erwachsenen können
im Wellnessbereich mit Panoramasauna und Pool entspannen. Im Sommer laden zahlreiche Outdooraktivitäten wie
Wandern und Mountainbiken ein. Im Winter bietet das hauseigene Skiland Skikurse für Kinder.

Lisi Family Hotel

6370 Reith bei Kitzbühel, Cordial-Platz 1 • 05356 66477
www.lisihotel.com • welcome@lisihotel.com

Im Lisi Family Hotel lassen sich inmitten der Kitzbüheler
Bergwelt Sport, Action, Wellness, Kulinarik und Quality
Time miteinander kombinieren – raus kommt ein unvergesslicher Familienurlaub. Die Lisi World – ein 500 Quadratmeter großer Indoorspielplatz – sorgt für Spiel und Spaß bei
jedem Wetter. Mutige Sportsgeister können den Outdoor-
Kletterturm erklimmen, Tierfreunde zieht es zum Hasen-
gehege. Ein Aktivitätenprogramm bietet Abwechslung für
jedes Alter; die Kinderbetreuung ab drei Jahren ermöglicht
Eltern außerdem ruhige Momente. Balkon oder Terrasse
sowie Blick auf den Wilden Kaiser sind bei den 79 Zimmern
inklusive.

Falkensteiner Hotel Cristallo

9863 Rennweg, Katschberghöhe 6 • 04734 319813
www.falkensteiner.com/hotel-cristallo • reservations.cristallo@falkensteiner.com

Das Hotel Cristallo am Katschberg bietet Gästen in 135 Zimmern und Suiten komfortable Wohlfühlräume sowie zahlreiche Aktivitäten für Groß und Klein. In der Katschberg-Region laden weitläufige Wanderwege sowie präparierte Skipisten zu einem aktiven Familienurlaub ein. Entspannung pur heißt es im 2.000 m² großen Acquapura SPA inklusive Falky SPA, das Kindern erste Wellnessmomente beschert. Im Falky Land erfreuen sich Kinder an Spiel- und Bastelbereichen und Indoor-Softplay-Anlage. Spannende Kids-Abendprogramme wie Disco, Zaubershow und Cocktailabend sorgen für unvergessliche Momente.

Unterschwarzachhof

5754 Saalbach/Hinterglemm, Schwarzacherweg 40 • 06541 6633
www.unterschwarzach.at • hotel@unterschwarzach.at

Der Unterschwarzachhof in Saalbach-Hinterglemm beeindruckt mit seiner idyllischen Lage am Fuß der Skipisten und seinem Wellnessangebot. Das Hotel bietet 37 luxuriöse Zimmer und Suiten, die mit ausgewählten Möbeln, alpinem Charme und Liebe zum Detail ausgestattet sind. Der großzügige Wellnessbereich lädt mit Saunen, Außen- und Innenpool sowie dem exklusiven Alpen-Spa zum Entspannen ein. Die direkte Lage an der Piste ermöglicht spontane Schwünge im Schnee. Im Sommer bietet die Umgebung ideale Bedingungen für Wanderungen und Radtouren. Reitstall und Kinderbauernhof runden das Angebot ab.

Oberforsthof

5600 St. Johann im Pongau, Alpendorf 11 • 06412 6171
www.oberforsthof.at • hotel@oberforsthof.at

Das Hotel Oberforsthof in St. Johann im Pongau ist perfekt für Familien und Naturliebhaber. Es bietet gemütliche Zimmer und geräumige Familiensuiten, einen weitläufigen Garten mit Naturbadeteich und Spielplatz sowie einen umfangreichen Wellnessbereich mit Hallenbad und Adults-only-Saunabereich. Ein altersgerechtes Programm für Kinder und Teens bietet spannende Abwechslung. Auch der oberHof mit Alpaka und Co begeistert. Im Sommer genießen Familien geführte Wanderungen, Radtouren und Action bei Canyoning und Rafting. Im Winter lockt hingegen die Skipiste, die nur wenige Schritte entfernt ist.

Tannenhof
Alpines Lifestyle Hotel

5600 St. Johann im Pongau, Alpendorf 3 • 06412 52310
www.tannenhof-alpendorf.com • info@tannenhof-alpendorf.com

Im Hotel Tannenhof in St. Johann im Pongau wird Gästen ein idyllisches Urlaubserlebnis mitten in der malerischen Pongauer Bergwelt geboten. Das familiengeführte Hotel bietet sowohl im Sommer als auch im Winter zahlreiche Freizeitmöglichkeiten. Ob Wandern, Skifahren oder Entspannen im hauseigenen Wellnessbereich – hier kommen alle auf ihre Kosten. Kinderbetreuung an fünf Tagen die Woche sorgt für lustige Stunden voll Bastelspaß und Spielaction bei Kindern und für eine erholsame Auszeit der Eltern. In den liebevoll gestalteten Zimmern fühlen sich neben Familien auch Singles und Paare wohl.

Löwe & Bär

6534 Serfaus, Herrenanger 9 • 05476 6228
www.loewebaer.com • info@loewebaer.com

Das Hotel Löwe & Hotel Bär in Serfaus besteht aus zwei Familienhotels, die sich durch ihre luxuriöse Ausstattung und ihren erstklassigen Service auszeichnen. Im Hotel Löwe erfreuen sich Kinder am Kindertheater, der Piratenwelt mit Rutsche und Kinderbetreuung bis 12 Jahren, im Hotel Bär begeistern die fünfstöckige Softplay-Anlage sowie die Rundum-Betreuung bis 17 Jahre. Eltern verbringen erholsame Stunden in den großzügigen Wellnessbereichen. Mit ihrer einzigartigen Lage und dem unvergleichlichen Komfort sind die Hotels außerdem eine ideale Wahl für einen aktiven Urlaub in den Tiroler Alpen.

Dolomiten Residenz Sporthotel Sillian

9920 Sillian, Nr. 49 d • 04842 60110
www.sporthotel-sillian.at • info@sporthotel-sillian.at

Aktivurlaub für die ganze Familie mit einem Plus an Wellness gibt es im Dolomiten Residenz Sporthotel Sillian. Nur 170 Meter von der Talstation entfernt, ist man im Winter in Kürze auf der Skipiste. Durch die wunderbare Lage im Hochpustertal mit Blick auf die Dolomiten sind die sportlichen Möglichkeiten nahezu unbegrenzt - von Golf und Tennis – über Trailrunning und Biken bis hin zu Langlaufen und Skifahren. Der Wellnessbereich sorgt für Entspannung nach einem langen Tag. Kinder freuen sich auf ein Kinderhallenbad mit Riesenrutsche, Jugendliche begeistert das spannende Aktivprogramm.

Falkensteiner Hotel Montafon

6774 Tschagguns, Latschaustraße 45 • 05556 20888
www.falkensteiner.com/hotel-montafon • montafon@reservations.falkensteiner.com

Das Falkensteiner Hotel Montafon besticht mit spannender Architektur vor wunderschöner Naturkulisse. Direkt vor dem Erlebnisberg Golm kommen Familien hier in den Genuss eines vielfältigen Angebots. Die 1.400 m² große Spa- und Wasserwelt bietet mit einem Adults-only-Spa einen Ort nur für Erwachsene, während die Wasserwelt mit Rutschen bei Kindern für große Augen sorgt. Für Unterhaltung jedes Alters sorgt ein abwechslungsreiches Aktivprogramm. Mit Natur- und Umweltfokus werden Kinderworkshops angeboten, bei denen Kinder und Teens spielerisch lernen und gleichzeitig spannende Abenteuer erleben.

Hintertuxerhof

6293 Tux, Hintertux 780 • 05287 8530
www.hintertuxerhof.at • info@hintertuxerhof.at

Der Hintertuxerhof am Fuße des Hintertuxer Gletschers sorgt für ein unvergessliches Urlaubserlebnis mit Kindern. Das Hotel bietet eine Vielzahl von Aktivitäten und Annehmlichkeiten wie beispielsweise Baby- und Kinderbetreuung ab sechs Monaten, geräumige Familienzimmer und ein großzügiger Spielplatz. Das Restaurant verwöhnt Gäste mit regionaler Küche und speziellen Kinderbuffets. Die Lage ermöglicht das ganze Jahr eine Vielzahl an Outdooraktivitäten. Ein Aufenthalt hier verspricht Erholung und Abenteuer für die ganze Familie – auch für entspannte Großeltern-Enkel-Urlaube geeignet.

Post Family Resort

5091 Unken, Niederland 28 • 06589 4226, 0664 889 26643
www.post-familyresort.com • info@post-familyresort.com

Das Hotel Post Family Resort in Unken bietet eine Auszeit für Klein und Groß im idyllischen Salzburger Land. Es bietet ein sechs Hektar großes Erlebnisland mit einem Naturbadesee, einem Thermalwasser-Außenpool und einem vielfältigen Freizeitangebot wie Minigolf, Tennis, Streichelzoo und Reiterhof. Die großzügigen Familiensuiten sind kindgerecht und mit natürlichen Materialien ausgestattet. Tägliche Kinderbetreuung bis 15 Jahre und ein umfangreicher Spa-Bereich sorgen für Erholung. Das Resort vereint Natur, Abenteuer und Erholung und schafft unvergessliche Urlaubserlebnisse für die ganze Familie.

Seehotel Engstler

9220 Velden am Wörthersee, Am Corso 21 • 04274 26440
www.engstler.com • info@engstler.com

See und gesehen werden! Mitten in Velden, direkt an der Uferseepromenade neben dem Spielcasino, liegt das First-Class-Seehotel Engstler. Die einen suchen Ruhe, die anderen das Highlife von Velden. Der familiäre Charme dieses Hauses macht jeden Urlaub zur schönsten Zeit des Jahres – mit oder ohne Golfschläger –, wobei das kostenlose Golftraining mit dem Pro Michael, die Schwunganalyse und die moderne Indoor-Golfanlage jeden dazu animieren, sein Spiel zu verbessern. Und falls nicht, dann lockt immer noch der traumhafte Wörthersee – eine Umarmung für die Seele!

Hilton Vienna Danube Waterfront

1020 Wien, Handelskai 269 • 01 72777, 0664 857 2248
www.hiltonhotels.de/oesterreich/hilton-vienna-danube-waterfront/ • info.
viennadanube@hilton.com

In einem historischen Gebäude direkt an der Donau wartet das Hotel Hilton Vienna Danube Waterfront mit großartigem Ausblick auf die Donau sowie Außenpool auf. Flughafen und Stadtzentrum erreicht man in circa 20 Minuten, weshalb es sich für Privat- und Geschäftsreisende gleichermaßen eignet. Die stilvollen Zimmer und Suiten bieten höchsten Komfort. Mit den Familienzimmern und -suiten fühlen sich hier auch Familien besonders wohl. Im Restaurant OXBO Dining werden „From farm to Fork"-Menüs aufgetischt, im Sommer auch gerne auf der Terrasse. Abends lässt sich der Tag entspannt in der OXBO Bar ausklingen.

amiamo

5700 Zell am See, Bundesstraße 20 • 06542 55355
www.amiamo.at • hotel@amiamo.at

Das Hotel amiamo in Zell am See ist ein familienfreundliches Paradies, das besonders durch seine Lage und das umfassende Angebot überzeugt. Für Familien bietet das amiamo eine breite Palette an Aktivitäten: von liebevoller Kinderbetreuung und speziellen Programmen für verschiedene Altersgruppen über eine Teens-Lounge für Jugendliche bis hin zu einem umfangreichen Wellnessbereich mit Innen- und Außenpool, Saunen und einem privaten Seestrand. Zudem wartet das Skivergnügen direkt vor der Tür. Die geräumigen Zimmer sind komfortabel und die All-inclusive-Verpflegung lässt keine Wünsche offen.

GREEN TIPS

Waldhaus Rudolfshöhe

5640 Bad Gastein, Hardtweg 1 • 06434 20446
www.rudolfshoehe.at • mail@rudolfshoehe.at

Die Rudolfshöhe ist ein Ort der Geschichte und des Wandels in den majestätischen Gasteiner Bergen. Hier ist man zu Gast bei den Berlinern Jan und Stefan, bei denen man sich augenblicklich wie daheim fühlt. Vier geräumige Zimmer bieten atemberaubende Ausblicke und eine einzigartige Atmosphäre, geprägt von persönlichem Stil. Im Restaurant werden mit Leidenschaft Drei-Gänge-Menüs für Hausgäste serviert. Auf 1.200 Metern Höhe erhebt sich das Waldhaus, ein zeitloses Juwel, seit 1375 verborgen im grünen Herzen der Alpen. Willkommen in einer Welt voller Geschichte und Gastfreundschaft!

Blü

♔ Entdeckung des Jahres 2022

5630 Bad Hofgastein, Kaiser-Franz-Platz 1 • 06432 6230
www.hotelblue.at • info@hotelblue.at

Das stylishe Hotel Blü in Bad Hofgastein ist zugleich ein Ort der Ruhe und des Abenteuers. Im HimmelBLÜ Spa erwarten einen Erlebnisse der Entspannung für alle Sinne, zum Beispiel beim Yoga im Dachgarten oder in der Sauna. Man findet zudem den perfekten Ausgangspunkt für aktive Erkundungen und kulturelle Entdeckungen, so werden auch direkt im Haus regelmäßig inspirierende Events veranstaltet. Nach dem Motto „Kulinarik für Kosmopoliten" gibt es im hübschen Restaurant allerlei Köstlichkeiten zu probieren – gerne auch im Sharing-Style serviert. So kommt man in den Genuss der Vielfalt!

© Blü

Sportalm

9546 Bad Kleinkirchheim, Enzianstraße 13 • 0676 637 2032
www.hotelsportalm.com • servus@hotelsportalm.com

Willkommen im Hotel Sportalm, einem Rückzugsort mitten in den Kärntner Nockbergen! Hier werden Gastfreundschaft, Abenteuer und Entspannung zu einem unvergesslichen Erlebnis vereint. Die drei Zimmerkategorien überzeugen alle mit alpinem Charme und skandinavischer Coolness. Auch im Restaurant Fuxbau trifft Alpines auf skandinavische Einflüsse. Die Umgebung verspricht wunderbare aktive Erlebnisse in der Natur wie Wandern oder Mountainbiken – nach einem ereignisreichen Tag lädt der Almwellness-Bereich mit Sauna, Dampfbad und traumhafter Sonnenterrasse zum Entspannen ein.

© Hotel Sportalm / Manuel Wadaini

Weyerhof

5733 Bramberg am Wildkogel, Weyer 9 • 06566 7238
www.weyerhof.at • info@weyerhof.at

Ein einzigartiges Ambiente erwartet einen im Boutiquehotel Weyerhof: Das familiengeführte Haus ist ein Schatz mit fast 900 Jahren Geschichte und verbindet historischen Charme mit modernem Komfort in 14 individuell gestalteten Zimmern. Die Kombination aus Tradition und Neuem zeichnet sich auch in der Küchenlinie ab: Klassische Wirtshausküche auf hohem Niveau trifft auf kreative alpine Naturküche. Im Hotel findet garantiert jeder seinen Lieblingsplatz, ob im Kaminzimmer, auf den hübschen Terrassen oder im traumhaften Naturschwimmteich, von dem aus man fantastische Blicke auf den Habach-Gletscher genießt.

Kleines Hotel Kärnten

9580 Egg/Faaker See, Egger Seepromenade 8 • 04254 2375, 0664 519 4608
www.kleineshotel.at • genuss@kleineshotel.at

Am Ufer des Faaker Sees lädt das Kleine Hotel Kärnten zum Träumen ein. Hier findet man Ruhe inmitten einer liebevoll gestalteten Gartenidylle. Die 32 Zimmer, jedes einzigartig, bieten einen atemberaubenden Blick auf den See und die Berge. Die Gourmetküche verwöhnt mit regionalen Köstlichkeiten – angefangen beim köstlichen Frühstück über die Mittags- und Nachmittagsjause bis hin zum feinen Fünf-Gänge-Menü am Abend. Die wunderbare Seesauna verspricht Entspannung pur, Wassersport und Aktivitäten am Seeufer vervollständigen das perfekte Urlaubserlebnis.

Galántha

7000 Eisenstadt, Esterházyplatz 3 • 02682 23333
www.hotelgalantha.at • info@hotelgalantha.at

Im Herzen des historischen Schlossquartiers in Eisenstadt öffnet das modern gestaltete Hotel Galántha seine Türen für Gäste, die das pulsierende Leben und die pannonische Lebensweise kennenlernen möchten. Im Restaurant Paulgarten werden regionale und saisonale Köstlichkeiten auf internationale Art zubereitet, während die Rooftop Bar THE TOP einen atemberaubenden Blick über die Stadt und den Neusiedler See bietet. Ein Besuch im Spa und Fitnessbereich rundet das Erlebnis ab – mit einem breiten Angebot an Erholungsmöglichkeiten und modernen Trainingsgeräten.

Jaglhof

8462 Gamlitz, Sernau 25 • 03454 6675
www.jaglhof.at • jaglhof@domaines-kilger.com

Willkommen im Jaglhof, wo steirische Gastfreundschaft und kulinarische Genüsse aufeinandertreffen! Hier genießt man Frisches, Regionales und Saisonales aus eigener Zucht und dem eigenen Garten in raffinierten Kreationen – natürlich in passender Weinbegleitung. Zur Ruhe kommt man in gemütlichen Zimmern mit herrlichem Ausblick über die Weinberge, am malerischen Outdoorpool oder im gemütlichen Ruheraum im Gewölbe. Auch für besondere Anlässe ist der Jaglhof die richtige Adresse: ob für Seminare, Meetings oder eine Traumhochzeit im Grünen.

Verwall Ⓝ

6793 Gaschurn, Montafonerstraße 129 • 05558 820641
www.verwall.com • info@verwall.com

Inmitten des Montafons genießt man im Hotel Verwall neben der großartigen Lage auch die zahlreichen Annehmlichkeiten. Mit Wander- und Radwegen, die direkt vor dem Hotel beginnen, sowie kostenlosen geführten Touren ist das Verwall der ideale Ausgangspunkt für einen Wanderurlaub. Hier gibt es das ganze Jahr ein vielfältiges Outdoorprogramm – von Bergsteigen, Nordic Walking und Tennis im Sommer bis hin zu Skifahren, Rodeln, Langlaufen sowie Schneeschuh- und Winterwandern. Wohlfühlmomente sammelt man anschließend im AlpinaVital SPA und im Hallenbad. Abends freut man sich auf das sechs-Gänge-Menü.

Zum Goldenen Hirschen

4810 Gmunden, Linzer Straße 4 • 07612 23444
hirschengmunden.at • info@hirschengmunden.at

Im Herzen des Salzkammerguts begrüßt das Boutiquehotel und Restaurant Zum Goldenen Hirschen Gäste mit einer harmonischen Mischung aus Gemütlichkeit und leisem Luxus. Die 21 individuell gestalteten Zimmer bieten zeitgenössischen Komfort in einem historischen Ambiente. Im Hirschensaal finden Seminare und Feierlichkeiten für bis zu 25 Personen statt. Entspannung bietet der Wellnessbereich über den Dächern von Gmunden mit Sauna, Massagen und Fitnessgeräten. Die Hirschenküche vereint lokale Traditionen mit modernen Einflüssen. Der idyllische Gastgarten unter einer alten Linde lädt zum Verweilen ein.

Kaiser Moments

6353 Going, Kapellenweg 28 • 05358 3880, 0664 406 9433
www.kaisermoments.at • info@kaisermoments.at

In den Apartments und Lofts des Kaiser Moments erwartet Gäste eine einladende Mischung aus Behaglichkeit und Luxus. Familiär geleitet von Juliane und Sepp Schipflinger, erlebt man hier eine Atmosphäre, die sich wie ein vertrautes Zuhause anfühlt, jedoch mit einem zusätzlichen Hauch von Exklusivität und Komfort. Man wählt zwischen sechs verschiedenen Lofts mit klingenden Namen wie zum Beispiel „Love", „Joy" und „Happiness". In den meisten können bis zu vier Personen untergebracht werden, das größte bietet Platz für bis zu sechs Personen.

© David Innerhofer

Gault&Millau

Süße Säure & Tannine

Alle News rund um österreichische Weine
im Newsletter und auf gaultmillau.at

Seehof

Hotel und Restaurant   ♀ Hotel des Jahres 2017

5622 Goldegg am See, Hofmark 8 • 06415 81370, 0664 881 92445
www.derseehof.at • office@derseehof.at

Der Seehof ist kein gewöhnliches Hotel, sondern ein künstlerisches Refugium, in dem sich jedes Zimmer mit einzigartigen Kunstwerken schmückt. Jede Kategorie ist für sich besonders und trägt die kreative Handschrift verschiedener Künstler – ein Favorit und stets heiß begehrt sind die See Spaces mit atemberaubendem Blick auf den See. Der Spa-Bereich mit dem klingenden Namen „Insel der schönen Dinge" bietet den Gästen eine Oase der Entspannung mit Saunen, Yoga und einem hübschen Ruheraum. Ein Highlight ist die Küche, deren Leitung nun in der Hand von Felix Schellhorn liegt. Hochwertige Zutaten und raffinierte Verarbeitung sorgen für ein einzigartiges Erlebnis.

Das Schiff

6952 Hittisau, Heideggen 311 • 05513 62200
www.schiff-hittisau.com • info@schiff-hittisau.com

Bereits seit 1840 beherbergt das Hotel Das Schiff inmitten des Bregenzerwalds Gäste auf der Suche nach einem sicheren Hafen. Die Gastgeberfamilie in fünfter Generation verwöhnt dabei mit kulinarischen Köstlichkeiten, Wohlfühlräumen und heimeliger Atmosphäre. Jedes der gemütlichen Zimmer bietet Blick in die Natur, Ruhe und stillvolle Details. Im Wellnessbereich genießt man nach einem aktiven Tag die wohlige Wärme des beheizten Außenpools und der Saunas. Für Abwechslung sorgt das vielfältige Natur- und Kulturangebot in der Umgebung – vom Wandern in Bilderbuchidylle bis hin zum Festspielbesuch.

Waldruhe

9941 Kartitsch, Kartitsch 154 • 04848 6302
www.waldruhe.at • info@waldruhe.at

Mit seinen 27 gemütlichen Zimmern empfängt das Hotel Waldruhe seine Gäste zu einem erholsamen Urlaub. Dank der Gestaltung mit Naturmaterialien wie Zirbe und Eiche fühlt man sich sofort wohl. Den Treffpunkt des Hauses bilden die Lounge und der hübsche Garten – hier genießt man mit Blick auf den Dorfberg sein Frühstück und das köstliche Abendessen nach dem „From farm to table"-Prinzip. Entspannung findet man beim Saunieren und Ausrasten auf den komfortablen Ruhebetten im Wellnessbereich. Auch hervorzuheben: die herzlichen Mitarbeiter des Hauses.

Herkuleshof
am Danielsberg

9815 Kolbnitz, Preisdorf 18 • 04783 2288
www.herkuleshof.com • info@herkuleshof.com

Im Herkuleshof am Danielsberg findet man eine Oase der Ruhe – ein Refugium, verbunden mit der Schönheit der Natur. Die Zimmer überzeugen durch Gemütlichkeit und die Gerichte aus regionalen Zutaten versprechen eine kulinarische Reise durch die Region. Doch nicht nur der Gaumen wird hier verwöhnt, auch die Augen kommen nicht zu kurz. Die Kunstwerke des Kunstvereins „Arte Danielsberg" verleihen dem Ort eine einzigartige Atmosphäre und laden zum Verweilen ein. Diese Verbindung von Natur, Kulinarik und Kunst macht den Aufenthalt zu einem unvergesslichen Erlebnis.

Mühlenhof Rooms
Boutique bed & breakfast

3550 Langenlois, Gartenzeile 5 • 0676 770 9851
www.muehlenhof-rooms.at • stay@muehlenhof-rooms.at

Das Mühlenhof Rooms betitelt sich selbst als „Boutique bed & breakfast" und grenzt sich damit klar von klassischen Hotels ab. Hier urlauben Gäste, die einen ruhigen Zufluchtsort suchen, dabei aber ein eigenes Tempo einschlagen möchten. Komplett auf Selbstbedienung ausgerichtet, holt man sich nach dem Aufstehen seine Frühstückskiste aus dem Kühlschrank, bedient sich an der Honesty Bar oder schnappt sich Snacks wie Schokolade und Nüsse. Die fünf Zimmer in geradlinig-modernem Stil sind außerdem nicht nur bequem, sondern – gespickt mit Designobjekten und Kunstwerken – auch echte Hingucker.

Krainer

8665 Langenwang, Grazer Straße 12 • 03854 2022
www.hotel-krainer.com • restaurant@hotel-krainer.com

Peter Rosegger lässt grüßen, denn dieses Haus, eingebettet in die berg- und waldreiche Region der Waldheimat, ist ganz auf den Genuss fokussiert. In enger Zusammenarbeit mit lokalen Produzenten entstand hier eine neue steirische Küche. Andreas Krainer, a echter Steira-Bua, zaubert Gerichte mit modernem Charme und traditionellen Details, die an seine Herkunft erinnern, auf die Teller. Nach dem Motto „Unsere Teller sind eine Bühne der lokalen Bauernschaft" isst man hier auch wirklich mit den Augen. Elegante Arrangements schmelzen auf der Zunge. Ein Muss-Genuss!

Burg Hotel Lech

6764 Lech am Arlberg, Oberlech 266 • 05583 2291
www.burghotel-lech.com • info@burghotel-lech.com

Ein Ort der Legenden erhebt sich majestätisch in Oberlech – die Burg. Hier wird das Leben gefeiert, in einem Ambiente, das für das Außergewöhnliche steht. Die Zimmer sind eine Hommage an die Natur, mit alpinem Charme und zeitgemäßem Luxus. Entspannung findet man in der Burg-Oase, wo man Wellness auf höchstem Niveau genießt. Für Fitnessbegeisterte gibt es ein modernes Fitnessstudio und vielseitige Kurse, von Yoga bis Aqua Fit. Und natürlich werden die Sinne mit kulinarischen Köstlichkeiten verwöhnt – von einem reichhaltigen Frühstücksbuffet bis hin zu Gourmetmenüs und erlesenen Weinen.

Goldener Berg

6764 Lech am Arlberg, Oberlech 117 • 05583 22050
www.goldenerberg.at • happy@goldenerberg.at

Warum hier alle mit einem verzückten Lächeln auf den Lippen durch das Hotel laufen? Ganz einfach: Happiness ist das Motto dieses Mountain-Lifestyle-Hotels in Oberlech, einem natürlichen Kraftplatz mit zahlreichen Möglichkeiten für Bergaktivitäten. Nach diesen Abenteuern gibt es eine „plant-based alpine cuisine", fit, vegan und vegetarisch für perfekten Genuss. Und im Zimmer wartet herrlicher Zirbenduft für einen perfekten Schlaf. Zahlreiche Neuerungen gibt es zu entdecken: Der Wellnessbereich wurde erweitert, ein wunderbarer Außenpool kam hinzu und auch das Panoramarestaurant erstrahlt in neuem Glanz.

Landgut am Pössnitzberg

Kreuzwirt

8463 Leutschach, Pössnitz 168 • 03454 205
www.poessnitzberg.at • gut@poessnitzberg.at

Wie in der Toskana, nur näher: Das Landgut am Pössnitzberg empfängt seine Gäste in idyllischer Lage und mit unvergleichbarer Herzlichkeit. Die hübschen Zimmer und Suiten versprechen tiefe Erholung – genau wie der Wellnessbereich, der unter anderem über einen beheizten Außenpool mit Blick auf die Weinreben verfügt. Nachdem man die Umgebung per E-Bike oder Moped aus dem hauseigenen Verleih erkundet hat, darf man sich auf ein köstliches Essen im Restaurant Kreuzwirt freuen, in welchem man mit steirischen Spezialitäten auf höchstem Niveau sowie den passenden Weinen dazu verwöhnt wird.

Vergeiner's Hotel Traube

9900 Lienz, Hauptplatz 14 • 04852 64444
www.hoteltraube.at • info@hoteltraube.at

Seit 1860 in Familienbesitz, liegt das Vergeiner's Hotel Traube im Herzen von Lienz und bietet ein entspanntes Ambiente für Gäste jeden Alters. Mit top ausgestatteten Zimmern, Familienzimmern und einer Vielzahl von Annehmlichkeiten ist es der ideale Ort für einen erholsamen Urlaub oder geschäftlichen Aufenthalt. Die kulinarischen Köstlichkeiten im Restaurant vereinen italienische Einflüsse mit regionalen Spezialitäten. Das einzigartige Panorama-Spa auf dem Dach begeistert mit einem atemberaubenden Blick auf die Lienzer Dolomiten und lädt zur Regeneration ein.

Der Steinerwirt

5090 Lofer, Lofer 48 • 06588 8303
www.dersteinerwirt.at • info@dersteinerwirt.at

Im Salzburger Saalachtal warten verschiedenste Outdoor-abenteuer auf Urlauber – und mit dem charmanten Steiner-wirt finden sie den idealen Ausgangsort dafür. Die 16 Zimmer sind individuell gestaltet und bieten viel Platz sowie ausgewählte Details, die für ein besonderes Wohlfühlerlebnis sorgen. Im gemütlichen Restaurant genießt man Köstlichkeiten, Entspannung findet man auf dem Sonnendeck oder in der kleinen Sauna. Ob man ein Event oder ein Businessmeeting plant, das Haus und das herzliche Team bieten auch hierfür den perfekten Rahmen für unvergessliche Momente.

Gabrium

2344 Maria Enzersdorf, Grenzgasse 111 • 02236 502520
www.gabrium.at • office@gabrium.at

Willkommen an einem Ort, der das Gefühl von Reisen und Zuhause vereint! Jedes Stockwerk ist einem anderen Teil der Erde gewidmet – so nächtigt man entweder in europäischem, asiatischem oder südamerikanischem Ambiente. Auch die Kulinarik ist inspiriert von den Weltkulturen, zubereitet werden die Köstlichkeiten mit frischen regionalen Zutaten. Das GABRIUM bietet zudem einen exklusiven Rahmen für Firmenevents und Feierlichkeiten mit moderner Technik und großzügigen Räumlichkeiten. Hier findet man den idealen Mikrokosmos der Ruhe und Kreativität.

Mesnerhaus
Hotel & Restaurant

5570 Mauterndorf, Markt 56 • 06472 7595, 0664 122 5551
www.mesnerhaus.at • info@mesnerhaus.at

Ein Wohlfühlurlaub für Feinschmecker wird im geschichtsträchtigen Mesnerhaus im schönen Salzburger Lungau
geboten. Während im historischen, unter Denkmalschutz
stehenden Gebäude aus 1420 die unvergleichliche Küche
von Josef Steffner genossen werden kann, sorgen nur
Schritte entfernt – im neuen Zubau – viel Tageslicht, natürli-
ches Holz und Liebe zum Detail für höchsten Komfort in den
sechs gemütlichen Genießerzimmern und der geräumigen
Junior-Suite. Morgens wird ein Gourmetfrühstück serviert,
mit dem ein gelungener Start in den Tag garantiert ist. Was
wünscht man sich mehr für eine erholsame Auszeit?

Villa Verdin

9872 Millstatt am See, Seestraße 69 • 0699 120 29862
www.villaverdin.at • holiday@villaverdin.at

In Millstatt am See begrüßt die sonnendurchflutete Villa
Verdin mit einem einzigartigen Ambiente ihre Gäste. Hier
genießt man nicht nur einen traumhaften Blick auf das klare
Wasser, exzellente Weine und mediterrane Köstlichkei-
ten, sondern auch eine besonders herzliche und verspielte
Atmosphäre. Am Tag lockt die Strandbar, in der man Kaffee
aus der hauseigenen Röstung genießt. Entspannung bieten
die Sauna im Haus mit einem erfrischenden Sprung in den
See oder eine angenehme Massage. Für Aktive gibt es ein
Angebot an Wassersportaktivitäten und Yoga.

Eichingerbauer
Hotel & Restaurant

5310 Mondsee, Eich 34 • 06232 2658
www.eichingerbauer.at • info@eichingerbauer.at

Das Hotel Eichingerbauer am idyllischen Mondsee empfängt seine Gäste mit einem charmanten Ambiente und familiärer Gastfreundschaft. Modernität trifft hier auf regionale Wurzeln. Die Zimmer und Suiten sind gemütlich eingerichtet, um kurze wie lange Aufenthalte zu einem Wohlfühlerlebnis zu machen. Der umfassend ausgestattete Wellnessbereich bietet etwa Saunen und ein ganzjährig beheiztes Schwimmbad. Für absolute Privatsphäre gibt es den exklusiv buchbaren Römertempel und für absolute Ruhe kommt man in der Adults-only-Zeit von Jänner bis März. Die Küche begeistert mit ehrlichem Genuss und regionalen Produkten.

Lercher
Hotel Gasthof

8850 Murau, Schwarzenbergstraße 10 • 03532 2431
www.hotel-restaurant-lercher.at • office@hotel-lercher.at

Das Hotel Lercher, gelegen in der Stadt Murau in der Steiermark, ist ein Familienbetrieb mit einer über 300-jährigen Tradition. Hier werden sowohl eine Vielzahl an Zimmerkategorien als auch Klassiker der österreichischen Kulinarik im hauseigenen Wirtshaus geboten. Dabei wird größter Wert auf Regionalität gelegt, wofür eng mit Bauern und Jägern aus der Umgebung zusammengearbeitet wird. Für Erholungsuchende gibt es einen Wellnessbereich, auch die Umgebung lädt zu zahlreichen Freizeitaktivitäten ein, darunter Wandern und im Winter Skifahren in den nahe gelegenen Skigebieten Kreischberg und Lachtal.

Mühltalhof

Genießerhotel

4120 Neufelden, Unternberg 6 • 07282 6285
www.muehltalhof.at • reception@muehltalhof.at

Der Mühltalhof, eine Oase der Gelassenheit, wo Kulinarik-begeisterte ihren persönlichen Wohlfühlort finden. Das Herzstück ist die Küche von Philip Rachinger. Ob beim Frühstück oder beim Menü am Abend – von der innovativen Kochkunst in herzlichem Ambiente bleibt niemand unberührt! Die Architektur, ein harmonisches Zusammenspiel aus altem Gemäuer und modernen Elementen, verleiht dem Aufenthalt eine besondere Note. In den liebevoll gestalteten Zimmern und Suiten findet man Ruhe und Geborgenheit. Entspannung pur bietet der Wellnessbereich mit Sauna und Flussblick.

© Olena Yakobchuk | Shutterstock

Gassner

Wander- & Wellnesshotel

5741 Neukirchen am Großvenediger, Hadergasse 167 • 06565 6232, 0664 532 6580
www.hotel-gassner.at • info@hotel-gassner.at

Im Hotel von Sonja und Hans-Peter Gassner dreht sich alles ums Wandern. Ob im Sommer oder im Winter – jede Woche werden mindestens fünf geführte Wanderungen abgehalten. Nach aktiven Stunden in der Natur kann man sich im 1.200 Quadratmeter großen Spa-Bereich ausruhen. Der Natursee, das Hallenbad und die Saunaoase helfen dabei, den Tag entspannt ausklingen zu lassen. Bevor es schließlich in die gemütlich eingerichteten Zimmer geht, werden im Restaurant heimische Spezialitäten wie Pinzgauer Kasnockn oder Hirschbraten aus eigener Jagd serviert. Im Anschluss lohnt sich noch ein Drink an der Bar.

© Wander- und Wellnesshotel Gassner

FourElements

Living by Berger

8923 Palfau, Palfau 3 • 0676 898 509100
fourelements-world.com • office@fourelementsworld.com

Bei einem Urlaub im FourElements traut man beim Anblick des wildromantischen Gewässers der Salza kaum seinen eigenen Augen. Jedes der vier Häuser in der traumhaften Kulisse ist luxuriös eingerichtet, verfügt über einen Private-Spa-Bereich mit Sauna und Hot-Tub sowie eine frei stehende Badewanne. Im Haus Eisvogel sorgt ein exklusiver Naturpool für maximale Erfrischung. Kulinarisch erwartet die Gäste täglich ein gut gefüllter Frühstückskorb, dabei wird auch auf vegetarische und vegane Wünsche eingegangen. Wer möchte, kann sich außerdem als Highlight von einem Private Chef bekochen lassen.

Schloss Leonstain

9210 Pörtschach, Leonstainer Straße 1 • 04272 2816
www.leonstain.at • info@leonstain.at

Das Schloss Leonstain in Pörtschach ist ein Ort voller Geschichte und Luxus, an dem man Ruhe und Romantik direkt am malerischen See genießen kann. Ein Highlight ist der exklusive Zugang zum Wasser am LEON Beach, der sich auch hervorragend als Hochzeitslocation anbietet. Erfrischungen nimmt man im Bistro ein, im Restaurant wird man mit Köstlichkeiten verwöhnt – im Fokus steht die regionale Herkunft der Produkte. Und das schmeckt man! Die 32 individuell gestalteten Zimmer, in denen Moderne auf antike Möbel trifft, bieten den perfekten Rückzugsort.

Brandstätter

5020 Salzburg, Münchner Bundesstraße 69 • 0662 434535
www.hotel-brandstaetter.com • info@hotel-brandstaetter.com

In ruhiger Lage am Stadtrand von Salzburg erfreuen sich Gäste im Hotel Brandstätter an den liebevoll gestalteten Zimmern und Juniorsuiten, die mit Holzboden und gemütlichem Landhausstil überzeugen. Ideal für eine ruhige Auszeit zu zweit, als entspannte Unterkunft für Business- oder als Rückzugsort für Alleinreisende, hier fühlt sich jeder wohl. Der Charme des ehemaligen Bauernhauses blieb erhalten und sorgt für besondere Wohlfühlatmosphäre. Kulinarisch wird man hier bereits beim Frühstück mit hausgemachter Marmelade und gerne auch abends mit ausgezeichneter österreichischer Küche verwöhnt.

The Maximilian

5020 Salzburg, Bayernstraße 28 • 0662 872274
www.themaximilian.at • stay@themaximilian.at

Im The Maximilian erwartet einen ein zeitloser Rückzugsort, der Tradition und Moderne vereint. Die Stadtvilla aus dem späten 19. Jahrhundert wurde aufwendig renoviert und bietet heute modernen Komfort in historischem Ambiente. Dank der bioklimatischen Bauweise wird zudem ressourcenschonend gearbeitet. Im Zentrum steht auch die Begegnung: Gastgeber Maximilian (daher auch der Name des Hotels) sorgt für eine herzliche Atmosphäre, in der man sich sofort wohlfühlt. Auch als ideale Location für Seminare oder andere Events ist dieses schicke Hotel eine Empfehlung.

Der Wilde Eder

8171 St. Kathrein am Offenegg, Dorf 3 • 03179 82350
www.der-wilde-eder.at • info@der-wilde-eder.at

Im idyllischen Naturpark Almenland liegt das Vier-Sterne-Hotel Der Wilde Eder, ein Ort der Erholung und des Genusses. Hier verschmelzen steirische Gastfreundschaft, entspannende Wellnessangebote und regionale Gaumenfreuden zu einem unvergesslichen Aufenthalt. Die Familien Eder und Wild zaubern mit ihrer Liebe zur Natur und Perfektion kulinarische Köstlichkeiten, die die Sinne verzaubern. Man entdeckt die Vielfalt der steirischen Küche im hoteleigenen Restaurant. Im WILD-Kräuter-Spa taucht man in eine zeitlose Oase der Entspannung ein, in der die Uhren stehen bleiben.

Das Eisenberg

8383 St. Martin an der Raab, Mitterberg 32–34 • 03329 48833
www.daseisenberg.at • hotel@daseisenberg.at

Hundespielplatz, Hundepool und auf Wunsch ein Hundesitting-Service: Das Hotel Das Eisenberg im Dreiländer-Naturpark Raab im Südburgenland ist darauf ausgelegt, dass die Gäste eine gute Zeit haben – auch mit ihrem vierbeinigen Freund im Gepäck. Das bedeutet, dass es sowohl für Mensch als auch Hund annehmliche Inklusivleistungen gibt. Neben dem Garten, der Terrasse und der Poolwiese gibt es zahlreiche Wandermöglichkeiten in unberührter Natur direkt ab dem Hotel. Ein weiteres Highlight für Aktivsuchende ist der Hundeanhänger für E-Bikes, der gegen einen Aufpreis gemietet werden kann.

Forstinger
Boutique Hotel Schärding

4780 Schärding, Unterer Stadtplatz 3 • 07712 23020
www.hotel-forstinger.at • info@hotel-forstinger.at

Im Boutique Hotel Forstinger in Schärding erlebt man mehr als nur eine Übernachtung. Das barocke Haus aus dem Jahre 1606 versprüht ein einzigartiges Flair, welches im Kontrast mit der stylishen und modernen Einrichtung bestens zur Geltung kommt. Nach einer erholsamen Nacht in einem der luxuriösen Zimmer genießt man ein Biofrühstück, das keine Wünsche unerfüllt lässt: Das reichhaltige Frühstücksbuffet in Magas Deli lockt mit hausgemachten Kreationen und einem feinen Ambiente. Stets im Zentrum: der persönliche Service.

Weiden
Apart & Suiten Hotel

8971 Schladming, Schwaigerweg 135 • 03687 61455
www.meinweiden.com • hello@meinweiden.com

Das Hotel Weiden in Schladming ist ein liebevolles Urlaubszuhause für Individualisten, die kleine, innovative Hotels lieben. Mit erstklassiger Lage auf dem Hochplateau Rohrmoos bietet es im Winter direkten Zugang zur Skipiste. Das charmante Hotel mit seinen gemütlichen Zimmern, Suiten und Apartments sowie einem beheizten Pool und einem Wellnessbereich ist perfekt für Familien, Freunde und Naturliebhaber. Praktisch ist die Flexibilität der Verpflegung: Man kann jeden Tag entscheiden, ob man im Hotel zu Abend isst, selbst kocht oder auswärts speist. Das köstliche Frühstück darf man sich jedoch auf keinen Fall entgehen lassen!

Alpenrose Ⓝ

6780 Schruns, Silvrettastraße 45 • 05556 72655
www.spa-alpenrose.at • info@spa-alpenrose.at

Das Hotel Alpenrose bietet traumhaftes Ambiente im malerischen Montafon. Am Ortsrand von Schruns gelegen, erreicht man schnell die Zamang-Bahn-Talstation und genießt die entspannende Ruhe. An einem aktiven Outdoor-Programm wie Golfen, Mountainbiken und Skifahren mangelt es hier nicht. Außerdem kann man die Gastgeber ins hauseigene Jagdrevier begleiten oder in der faszinierenden Bergwelt Angeln gehen – Fischereikarten gibt es im Hotel. Direkt im Hotel überzeugen das Alpine SPA, der weitläufige Hotelgarten, der Tennisplatz auf dem Hoteldach, die Kulinarik sowie das Wasser aus der hauseigenen Quelle.

Hirschen

Fine Hotel, Restaurant & Spa

6867 Schwarzenberg, Hof 14 • 05512 2944
www.hotel-hirschen-bregenzerwald.at • info@hirschenschwarzenberg.at

Man erstarrt vor Ehrfurcht, wenn man vor diesem Haus aus dem Jahre 1755 steht. Hotel oder Museum? Ein Prachtbau – mit Charakter, Spa und erstklassigem Restaurant. Umgeben von bester Architektur und voll mit Kunst. Da merkt man sofort, dass hier nichts Kurzfristiges gemacht wird: Die Zeit gibt den Dingen Qualität. Neu darf man sich auf ein Badehaus und die eleganten „Hirschen Homes" im Wälderhaus freuen. Die Besonderheit des Hauses spürt man in jedem Bereich – und diese macht den Aufenthalt so genial. Hier kommen Charaktere zusammen, denn wie sagt der Küchenchef: „In the end, it's all about the people." Welcome!

Schloss Obermayerhofen

8272 Sebersdorf, Neustift 1 • 03333 250350
www.obermayerhofen.at • schlosshotel@obermayerhofen.at

Wer eine Auszeit vom Alltag braucht, der ist im Schloss Obermayerhofen genau richtig. Das historische Renaissanceschloss, umgeben von malerischen Parkanlagen, verspricht Ruhe und zeitlose Eleganz inmitten der Natur. Im Hofstüberl erwarten einen regionale Köstlichkeiten, begleitet von edlen Tropfen. Genächtigt wird in luxuriös eingerichteten Zimmern, Suiten und Appartements. Wer es etwas rustikaler mag, wird vom dazugehörigen Gaisrieglhof begeistert sein. Auch für Meetings und Events gibt es die idealen Räumlichkeiten und Pauschalen.

Villa Antoinette

2680 Semmering, Gläserstraße 9 • 0699 190 07079
www.villa-antoinette.at • info@villa-antoinette.at

Als Zufluchtsort für Sommerfrischler lädt die Villa Antoinette zu entspannten Aufenthalten ein. Man taucht ein in die nostalgische Atmosphäre des Jugendstiljuwels, das den Esprit vergangener Zeiten bewahrt. Die Gästezimmer bieten nicht nur einen bezaubernden Ausblick, sondern auch eine Einrichtung voller Geschichten. Mit erstklassigem Komfort und modernen Annehmlichkeiten wie temperierten Fußböden wird der Aufenthalt zum genussvollen Erlebnis. Highlights sind sicherlich der wunderschöne Garten und das Badehaus mit Panoramablick, welche Erholung pur versprechen.

Kleinsasserhof

9800 Spittal an der Drau, Kleinsass 3a • 04762 2292, 0664 519 1305
www.kleinsasserhof.at • buchung@kleinsasserhof.at

Im Hotel Kleinsasserhof kommt man aus dem Schauen nicht so schnell heraus! Die Leidenschaft für Kunst und Kuriositäten spiegelt sich im gesamten Anwesen wider. So ist ein Aufenthalt hier herzlich, authentisch und voller Überraschungen – beispielsweise erwarten einen ein imposanter Drei-Tonnen-Steintisch mit Buddhakopf und Muschelbäume mit Glaskugeln im Garten. In der Küche werden Trudes Rezepte mit frischen Zutaten aus eigener Landwirtschaft zubereitet. Die Bar unter dem Elch bietet regionale Schätze. Der Kleinsasserhof ist ein ganz besonderer Ort zum Entdecken und Genießen.

Gästehaus Wallner

9220 Velden am Wörthersee, Waldweg 6 • 0699 175 10510,0699
www.gaestehauswallner.com • office@gaestehauswallner.com

Der Garten: ein echtes Naturparadies. Die Gastgeber: einfach herzlich. Die Zimmer: ein Traum. Im Gästehaus Wallner gibt es einiges an Vintage-Schätzen und Werke österreichischer Künstler zu entdecken. Auch in den fünf Zimmern wird es nicht langweilig: Man schläft etwa in der eklektisch eingerichteten Safari-Suite, dem maritimen Studio Ahoi oder im Studio Amalfi, in dem man das Dolce Vita förmlich fühlen kann. Jedes Detail – von den neuen Infrarot-Heizungen bis hin zum Kaffee und zu den Drinks aus der kleinen Bar – zeugt von der Liebe und Sorgfalt, mit denen das Haus geführt wird.

Streklhof

9220 Velden am Wörthersee, Streklhofweg 1 • 04274 2501
www.streklhof.at • hotel@streklhof.at

Auf einem Hochplateau gelegen, umgeben von weitläufigen Wiesen, bietet dieses herzliche und naturorientierte
Hideaway einen Rückzugsort, an dem man wunderbar zur
Ruhe kommen kann. Die Herzlichkeit der Gastgeberfamilie
macht den Aufenthalt komplett! Nachhaltigkeit spielt hier
aufgrund der Verbundenheit zur Natur eine große Rolle. Dies
spürt man auch in der herrlichen saisonalen und regionalen Küchenlinie. Ein Highlight des Hauses ist sicherlich das
Wellness-Stadl, von dem man beim Relaxen aus zauberhafte Blicke auf die Landschaft genießt.

Babula am Augarten

1020 Wien, Heinestraße 15 • 0676 399 7311
www.babulahotel.com • office@babulahotel.com

Gelegen im lebendigen zweiten Bezirk Wiens, nur einen
Spaziergang vom Stadtzentrum entfernt, bietet das Babula
stylishe Zimmer und eine einladende Atmosphäre für Reisende und Einheimische gleichermaßen. Der Start in den
Tag wird hier mit einem traumhaften Frühstück gestaltet –
von köstlichen Eierspeisen über French Toast bis zu fluffi-
gen Pancakes findet hier jeder sein Glück. Zum Abendessen
bietet sich ein Besuch in der hippen angeschlossenen Piz-
zeria Randale an, die auch bei den Locals sehr beliebt ist.
Ein Hotel mit sehr cooler und doch entspannter Atmosphäre
– das macht Spaß!

Der Wilhelmshof

1020 Wien, Kleine Stadtgutgasse 4 • 01 21455210
www.derwilhelmshof.com • info@derwilhelmshof.com

Ein kunstvolles Designhotel mit Wohlfühlfaktor und zentraler Lage in der Nähe vom Wiener Prater! Kunst, Nachhaltigkeit, feine Kulinarik und familiärer Service – was braucht man mehr? Seit Frühjahr 2024 darf man sich über einige neu gestaltete Zimmer freuen, an denen man sich kaum sattsehen kann. Im stylishen Ambiente wird auch gespeist und zwar bevorzugt regionale, Bio- und Fairtrade-Köstlichkeiten. Ein Traum ist auch der Garten, der zu einer kleinen Pause zwischen den Erkundungen einlädt. Die Gastfreundschaft des Teams rundet den Aufenthalt ab.

Gilbert

1070 Wien, Breite Gasse 9 • 01 5231345
www.hotel-gilbert.at • welcome@hotel-gilbert.at

Mit einem offenen Geist lädt das Hotel Gilbert dazu ein, Vielfalt zu leben und Gemeinschaft zu zelebrieren. Als Ort des inspirierten Arbeitens, des entspannten Genießens und des außergewöhnlichen Wohnens bietet das familiär geführte Hotel einen Rückzugsort mit stilvollem Charme. Ob im Dachappartement mit Blick über die Stadt, im 24/7 geöffneten Fitnessstudio, in der entspannenden Sauna oder in den modernen Meetingräumen – hier gibt es Raum für alle Bedürfnisse. Der grüne Gedanke durchdringt das gesamte Hotel und spiegelt sich etwa in der begrünten Fassade und im Kräutergarten wider.

Henriette

Stadthotel Vienna

1020 Wien, Praterstraße 44–46 • 01 2148404
www.hotelhenriette.at • hello@hotelhenriette.at

Nur 15 Gehminuten von der Wiener Innenstadt entfernt wird im Hotel Henriette besonderer Wert auf Nachhaltigkeit gelegt. Das Stadthotel setzt auf Naturmaterialien und ermöglicht den Gästen mit 100 Prozent Naturbettwaren erholsame Nächte. Die großzügigen Zimmer bestechen durch individuelles und gemütliches Design, bei dem die Liebe zum Detail auffällt. Auch Familiensuiten und -zimmer sind verfügbar. Morgens lockt das Wiener Frühstück bereits ab 6:30 Uhr – ideal für Frühaufsteher. Aber auch Langschläfer haben bis 10:30 Uhr Gelegenheit, die regionalen und nachhaltigen Köstlichkeiten zu genießen.

Zur Wiener Staatsoper Ⓝ

1010 Wien, Krugerstraße 11 • 01 2264483
www.hotel-staatsoper.at • info@hotel-staatsoper.at

Das 2024 neu eröffnete Hotel zur Wiener Staatsoper ist ein besonderes Juwel mitten in Wien. Im Boutiquehotel bieten zwölf Zimmer und Suiten sowie das Two-Bedroom-Penthouse mit Stephansdom-Blick luxuriösen Komfort. Beim Betreten wird die Hektik der Stadt ausgeschlossen und Ruhe kehrt ein. Das Gründerhaus erfreut durch die Nähe zur Wiener Staatsoper, zum Stephansdom und zu zahlreichen Museen kulturbegeisterte Gäste. Das gesamte Interieur ist zeitlos-elegant im Stil der Gründerzeit und mit viel Liebe zum Detail gestaltet. Frühstück gibt es im „Schmuckstückchen", dem kulinarischen Herz des Hauses.

Wiener Gäste Zimmer

1100 Wien, Waldgasse 3 • 01 6041088
www.gegenbauer.at • rooms@gegenbauer.at

Die Wiener Essig Brauerei Gegenbauer in Favoriten bietet ein einzigartiges Erlebnis: die Nächtigung in den angeschlossenen Wiener Gäste Zimmern in ehemaligen Lagerflächen. In Zusammenarbeit mit den Architekten heri&salli wurden historische Räumlichkeiten zu fünf urbanen Rückzugsorten umgewandelt. Der industrielle Charme und die Rohheit der Materialien spiegeln die Geschichte des Orts wider. In den Zimmern stehen die transparente Handwerkskunst und der Komfort im Mittelpunkt. Die Gäste genießen natürlich Produkte aus der eigenen Produktion. Der Terrassengarten und die Schwimmhalle bieten Entspannung.

Zola

Palais de Bohème

1020 Wien, Vorgartenstraße 217 • 01 8900870
www.hotelzola.com

Willkommen im Hotel Zola, idyllisch gelegen im lebhaften zweiten Bezirk, doch durch seine entspannte Atmosphäre ein ruhiges Juwel für Erwachsene. Schon beim Betreten staunt man angesichts der großartigen Architektur mit hohen Decken, die an die Pracht alter Palazzi erinnert und einen in eine andere Zeit versetzt. Das Zola besticht durch seinen eigenen Stil, seine Vision und seine lebendige Art, was es zu einer wahren Rarität macht. Das Ambiente des Hotels ist von bohemistischem Chic durchdrungen, der den freien, kreativen Charakter des Konzepts unterstreicht.

GOLF

Sarotla

6708 Brand, Mühledörfle 23 • 05559 248
www.sarotla.at • hotel@sarotla.at

Lage, Lage, Lage! Eingenestelt im Talabschluss des Brandnertals liegt das Bergdorf Brand auf knapp 1.000 Meter am
Fuße der Schesaplana im Rätikon. Das familiengeführte
Vier-Sterne-Hotel Sarotla heißt einen in unmittelbarer Nähe
zu Skipisten, Golf- und Tennisplätzen, einem Naturbadesee, Mountainbike-Routen, einem Kletterpark und einer
Reithalle willkommen. Die Zimmer sind im Einklang mit
der Natur gestaltet: Holz, Stein und Materialien, die Ruhe
und Geborgenheit verströmen. Auch in der Kulinarik ist für
Abwechslung gesorgt und selbst Allergiker und Menschen
mit Zöliakie werden nach allen Regeln der Kunst verwöhnt!

Traube Braz
Alpen.Spa.Golf.Hotel

6751 Braz bei Bludenz, Klostertalerstraße 12 • 05552 28103
www.traubebraz.at • office@traubebraz.at

Action – Ruhe – Entspannung – Genuss. Braz im Kloster-
tal in der Nähe von Bludenz ist Vorarlberg pur. Berge, Spa,
Golf, kombiniert mit ausgezeichnetem Essen: Das macht
die Essenz des Hotels Traube Braz Alpen aus: Tradition und
Moderne bieten Entschleunigung pur, an einem Ort, an dem
Gastfreundlichkeit keine Floskel ist. Das Vitalfrühstück
stärkt für einen energiegeladenen Tag. Ob man diesen auf
dem Golfplatz Bludenz-Braz (circa 1,5 Kilometer entfernt)
oder auf dem Tennisplatz, im Alpen-Schwimmbad, auf den
Wanderwegen oder auf dem Mountainbike verbringt: Man
genießt die beeindruckende Bergkulisse, sommers wie winters.

Golfresort Haugschlag

3874 Haugschlag, Nr. 160 • 02865 84410
www.golfresort.at • info@golfresort.at

Im nördlichsten Waldviertel liegt das Vier-Sterne-Superior-Golfresort in der „gesündesten Ecke Österreichs". Hier schlägt das Golferherz höher: Die beiden Championship Courses wurden mehrfach zum „Golfplatz des Jahres" gewählt und zählen zu den Leading Golfcourses Austrias. Perfekt in die Landschaft eingebettete Spielbahnen, natürliche Teiche und romantische Wäldchen, gesäumt mit Wackelsteinen, bieten ein wunderschönes Natur- und Spielerlebnis. Den Blick auf den Platz genießt man auch vom Restaurant, wo regionale Köstlichkeiten im Mittelpunkt stehen. Das passende Wellnessangebot darf natürlich auch nicht fehlen!

Dolomitengolf Suites

9906 Lavant, Am Golfplatz 2 • 04852 61122500
www.dolomitengolf-suites.com • info@dolomitengolf-suites.com

Golfschläger in der Hand und die Frage, wo ist der schönste Golfplatz im Land? Der 36-Loch-Golfplatz im Dolomitengolf Resort, vor der Kulisse der imposanten Lienzer Dolomiten, ist einmalig. Ideal fußläufig zu bewältigen, mit spektakulärer Fauna und Flora und großen Teichen, garantiert er entspannte Golfrunden. Das milde Klima genießt man nach der Runde auf der einzigartigen Lounge-Terrasse. Das Fünf-Sterne-Designhotel bietet jeden erdenklichen Komfort mit beheiztem Pool, Panorama-Badehaus und neuem Wellnessbereich. Das Gourmetrestaurant Vincena verwöhnt den Gaumen mit kreativer lokaler Küche.

Alpenresort Schwarz

6414 Mieming, Obermieming 141 • 05264 5212
www.schwarz.at • hotel@schwarz.at

Alpenresort klingt groß – und es ist einfach großartig. Die Familie Schwarz und ihr Team aus 360 Gastgebern geben jedem das Gefühl, Teil der Familie zu sein. „G & G = Gesundheit und Golf" sind das Zentrum der Philosophie des Hauses. Der 5.500 m² große Spa-Bereich mit Saunadorf und Wasserwelt und die atemberaubenden 18- und 9-Loch-Golfplätze sprechen für sich. Ob man sich ein Wellness-Treatment gönnt oder bei der Halfway auf der Stöttlalm die Aussicht genießt – man fühlt sich wohl in Tirol! Alles ist State of the Art und verströmt trotzdem das Flair und den Charme eines ruhigen Urlaubs auf dem Land.

Seeglück Hotel Forelle

9872 Millstatt am See, Fischergasse 65 • 04766 20500
www.hotel-forelle.at • office@hotel-forelle.at

„Der See spiegelt die Tiefe der Seele wider": Das Seeglück Hotel Forelle am Millstätter See garantiert Ruhe und Entspannung. Der Blick über den See und die umliegenden Berge lässt einen ein Gefühl des Angekommenseins verspüren: Auszeit, Ruhe, Erholung, Genussmomente und viel gute Laune. Die hauseigene Fischerei und die regionale Kulinarik verwöhnen die Feinschmecker. Boxspringbetten sorgen für erholsamen Schlaf, bei offenem Fenster mit einer frischen Brise Seeluft. Die Wahrscheinlichkeit, seesüchtig zu werden, ist hier besonders groß.

Das Balance

9210 Pörtschach, Winklernstraße 68 • 04272 2479, 0664 858 4201
www.balancehotel.at • office@balancehotel.at

Körper, Geist und Seele wieder in Einklang zu bringen: Das gelingt im Hotel Balance, denn mit der abendländischen Philosophie der Vier-Elemente-Lehre (Erde, Feuer, Wasser und Luft) kehrt man hier zurück zum Ursprung allen Seins. Gesundheit und Lebensfreude in einer intakten Natur zu erleben, hält Menschen in Balance. Auf 3.000 m² bietet das Hotel-Spa alles, um abzutauchen und die Zeit zu vergessen. Oder man spielt eine entspannte Runde Golf, wandert gemütlich in den angrenzenden Wäldern oder blickt einfach über den Wörthersee. Ruhe, oh selige Ruhe.

Gut Weissenhof

5550 Radstadt, Weissenhof 6 • 06452 7001
www.weissenhof.at • info@weissenhof.at

Die Oase für Harmonie und Entspannung: Das Sportlerherz schlägt höher beim Golfen, Reiten, Tennis, Fitness – sommers wie winters. Direkt am 18- und 9-Loch-Golfplatz in Radstadt, inmitten der Salzburger Bergwelt, sind Erfolgserlebnisse garantiert. Aber auch auf dem Rücken eines Pferdes spürt man die unberührte Natur. Für Singles, Paare und Familien ist die Angebotspalette optimal. Wer aktiv ist, entspannt gerne im großzügigen Wellness- und Spa-Bereich. Luxuriöse Zimmer und Suiten sowie eine umfangreiche kulinarische Vielfalt machen den Aufenthalt im Golfhotel Gut Weissenhof zu einem besonderen Erlebnis.

Das Moerisch

9871 Seeboden, Tangern 2 • 04762 81372
www.moerisch.at • info@moerisch.at

Das Moerisch in Seeboden vermittelt als Familienbetrieb Gastfreundschaft seit 1872. Ob bei Haubenkulinarik aus der Alpen-Adria-Küche oder auf dem 18-Loch-Grün vor der Haustür – ein Golfertraum wird wahr! Das Genießerhotel wartet mit einer Gartenanlage inklusive Edelstahlpool von 18 Meter Länge, gesäumt von Palmen und Daybeds, auf und lädt ein, die Seele baumeln zu lassen. Kein Wunder, dass Gäste immer wieder zurückkehren, garantiert das Haus mit dem eigenen Moerisch-Strand am Millstätter See doch immer wieder unvergessliche Momente.

Sportresidenz Zillertal

6271 Uderns, Golfstraße 1 • 05288 63000
www.sportresidenz.at • info@golf-zillertal.at

Ein Golfplatz wie aus dem Bilderbuch, der dem Ryder Cup würdig ist. Jeder Abschlag ist ein Highlight – optisch und platztechnisch. Eine Herausforderung, die das Golferherz gerne – und immer wieder – annimmt. Das Boutiquehotel Sportresidenz Zillertal ist jedoch nicht nur für Golfer, sondern auch für Wanderer und Radfahrer – sommers wie winters – ein großartiger Ausgangspunkt! Lifestyle mit hochwertigsten Materialien im ganzen Haus und das haubenprämierte Restaurant „Die Genusswerkstatt" machen diesen Ort zu einer Oase des Wohlfühlens. Schönes Spiel!

Warmbaderhof

9504 Warmbad-Villach, Kardischenallee 22–24 • 04242 300110
www.warmbaderhof.com • warmbaderhof@warmbad.at

„Mens sana in corpore sano": wo die Gesundheit zu Hause ist! Der Warmbaderhof ist ein Urlaubsrefugium, in das sich Menschen zurückziehen, die sich selbst Gutes tun wollen. Das Heilwasser aus den Tiefen des Dobratsch-Massivs macht Gesundheit, Wohlbefinden und Wellness zu einem fabelhaften Erlebnis. Die persönliche Gesundheitsreise beinhaltet Therapien und Anwendungen, Bewegung, Ruhe und die optimale Ernährung, um seine Akkus wieder aufzuladen. Ein erfahrenes Team aus Ärzten, Psychologen, Therapeuten, Diätologen und so weiter hat nur eines im Sinn: einen wieder fit für den Alltag zu machen!

HALB-PENSION

Reiterhof

6215 Achenkirch, Achenkirch 380 • 05246 6600
www.reiterhof.com • info@reiterhof.com

Inmitten der Wälder der Achensee-Region finden Gäste im Natur- und Aktivresort Reiterhof einen Ort der Entschleunigung und Ruhe. Die Vitaldörf'l-Saunawelt, Ruheräume und der Whirlpool laden zum Relaxen ein. Schwimmen mit Bergblick ist im Außen- und Innenpool mit Panoramafenster sowie im Naturbadeteich möglich. Das Genießerkulinarium verwöhnt mit Spezialitäten der österreichischen Küche, gekocht wird dabei mit Zutaten von ausgewählten regionalen Lieferanten. Die Umgebung bietet zahlreiche Outdooraktivitäten wie Wandern, Kiten am Achensee, Rodeln und vieles mehr für einen abwechslungsreichen Urlaub.

FIRSTpeak Zauchensee ⓝ

5541 Altenmarkt, Zauchensee 17 • 06452 21550, 0676 666 7677
www.firstpeak-zauchensee.at • direktion@firstpeak-zauchensee.at

Glücksmomente, gefüllt mit Lebensfreude, sind im Hotel FIRSTpeak Zauchensee garantiert. Umgeben von der Salzburger Bergwelt, unweit des Zauchensees, findet sich hier ein wahres Paradies für Wassersportliebhaber, Laufbegeisterte, Skifreunde und Outdoorfans. Aber auch im Hotel gibt es viel zu entdecken. Die 1.000 m² große Wellnesswelt umfasst Pool, Sonnenterrasse, Massagen, Saunalandschaft und Fitnessstudio. Die schlicht-eleganten Zimmer und Suiten bieten ebenso wie die großzügigen Chalets höchsten Komfort. Kulinarisch ist für jeden etwas dabei – auch vegane und vegetarische Gerichte.

Das Ronacher

Therme & Spa Resort

9546 Bad Kleinkirchheim, Thermenstraße 3 • 04240 282
www.ronacher.com • hotel@ronacher.com

Das Ronacher ist ein wahres Refugium inmitten der Kärntner Nockberge. Jedes der 90 stillvoll eingerichteten Zimmer verfügt über eine Terrasse oder Balkon, besondere Exklusivität erleben Gäste in der Executive Suite mit privatem Pool und bester Aussicht. In der 5.500 Quadratmeter großen Thermen- und Wellnesswelt mit Hallen- und Freibad, Whirlpool, Saunabecken und weitläufigem Saunadorf ist erstklassige Erholung vorprogrammiert. Die Gourmet-Verwöhn-Halbpension versorgt die Gäste mit Langschläferfrühstück (bis 12 Uhr), Nachmittagskuchen und bewusster Küche, auch betreute Fastenkuren sind möglich.

... liebes Rot-Flüh

6673 Grän, Seestraße 26 • 05675 6431
www.rotflueh.com • traumhotel@rotflueh.com

Seit fast 100 Jahren existiert das Hotel ... liebes Rot-Flüh – und damit ein Ort für besondere Wohlfühlmomente. Das traditionsreiche Haus begeistert mit Zimmerkategorien für jeden Geschmack, ideal für einen erholsamen Familienurlaub, eine romantische Auszeit zu Zweit oder eine aktive Entdeckungsreise für Naturliebhaber. In der 5.500 m² großen, märchenhaften Spa- und Wellnesslandschaft „Cinderella Castle" erwartet die Gäste das Nonplusultra an Erholungsmöglichkeiten. Eindrucksvolle Speiseräumlichkeiten bieten neben gesunden und kreativen Gerichten auch ein bewundernswertes Ambiente.

Top Hotel Hochgurgl

6456 Hochgurgl, Hochgurgler Straße 8 • 05256 6265
www.tophochgurgl.com • tophotel@tophochgurgl.com

Mit Schneegarantie von November bis April und Pisten direkt vor der Tür eignet sich das Top Hotel Hochgurgl bestens für einen unvergleichlichen Skiurlaub. Auf 2.150 Metern Seehöhe erwartet die Gäste neben einem einzigartigen Blick auf die umliegenden Dreitausender ein luxuriöser Wohlfühlort im Ötztal. Die großzügigen Zimmer und Suiten sind im modernen Alpinstil gestaltet. Der 1.100 Quadratmeter große Spa- und Wellnessbereich ist die ideale Regenerationsquelle nach einem anstrengenden Skitag. Auch kulinarisch gibt es etwas zu erleben, verpassen sollte man keinesfalls das Fondue in der Murmelstube.

Tirol

6561 Ischgl, Dorfstraße 77 • 05444 5216
www.tirol-ischgl.at • hotel@tirol-ischgl.at

Direkt an den Ischgler Pisten, Wanderwegen und der Silvrettaseilbahn gelegen, bietet das Hotel Tirol die ideale Ausgangslage für einen aktiven Urlaub in der Natur. Entspannt wird im Saunabereich, im Ruheraum und im Hallenbad. Im Sommer lädt die Terrasse zum Sonnenbaden mit Ausblick ein. Zum Auspowern steht ein Fitnessraum zur Verfügung. Für Komfort sorgen gemütliche Zimmer in modernem oder traditionellem Alpinstil. Die neuen Doppelzimmer Zirbe laden mit besonders duftendem Zirbenholz ein. Kulinarisch erwarten die Gäste ein entspanntes Frühstück sowie ein Fünf-Gänge-Wahlmenü am Abend.

Der Berghof

6764 Lech am Arlberg, Dorf 161 • 05583 2635
www.derberghof.at • info@derberghof.at

Das Hotel Der Berghof besticht durch ein wunderbares Gesamtpaket. Auf einer Anhöhe etwas abseits vom Zentrum gelegen, aber per Ortslift trotzdem in Kürze mittendrin, erwarten die Gäste hier Ruhe, Gemütlichkeit und ein atemberaubendes Bergpanorama. Die individuell eingerichteten, großzügigen Zimmer überzeugen mit angenehmen Farbtönen und Holzelementen. Im Hotelrestaurant wird man mit kulinarischen Leckerbissen verwöhnt, im Fokus stehen dabei regionale Produkte und die Entwicklung neuer Geschmackserlebnisse. Highlights sind außerdem das Sieben-Gänge-Tasting-Menü sowie ein Fondue im „Fondue Stüble".

Post

6580 St. Anton am Arlberg, Walter-Schuler-Weg 2 • 05446 22130
www.hotel-post.co.at • info@hotel-post.co.at

Im Hotel Post in St. Anton treffen Gäste auf Tradition und Geschichte, kombiniert mit allen Annehmlichkeiten für einen entspannten Urlaub. Hier urlaubt man in neuen Räumen mit alter Gemütlichkeit, das erkennt man vor allem in den liebevoll gestalteten Zimmern und Suiten in alpinem Stil. Im Wellnessbereich wird mit Indoorschwimmbad, Whirlpool, übersichtlichem Saunabereich, Solarium und Meditationsraum mit Wasserbetten der Fokus auf ursprüngliche Ruhe gelegt. In der Hotelküche spiegelt sich die Tradition und Geschichte des Hauses wider und überzeugt mit Klassikern der österreichischen Küche.

beide Fotos © Marika Unterladstätter | www.hotelfotografin.at

Sonnhof
by Vitus Winkler

5621 St. Veit im Pongau, Kirchweg 2 • 06415 4323
www.sonnhof-vituswinkler.at • sonnhof@vituswinkler.at

Einen wahren Genießerurlaub erleben Gäste im Sonnhof in St. Veit im Pongau. Gemütliche, individuell eingerichtete Zimmer sowie neue Suiten in modern-rustikalem bis traditionell-alpenländischem Stil sorgen für Ruhe und Komfort. Zur Entspannung erwarten die Gäste eine finnische Sauna mit Panoramablick, eine Biokräutersauna, ein Aroma-Dampfbad, Ruheräume sowie ein ganzjährig beheizter Infinitypool. Für kulinarische Hochgenüsse sorgt Vitus Winkler, der mit regionaler und saisonaler Küche morgens, abends und bei Events begeistert. Als Highlight buchbar: der gefragte Kochkurs mit Vitus Winkler.

Adapura Wagrain

5602 Wagrain, Markt 58 b • 06413 20555
www.adapura-wagrain.com • welcome@adapura-wagrain.com

Das Hotel ADAPURA Wagrain überzeugt mit einer Toplage nur 100 Schritte vom Lift und 100 Meter vom Ortszentrum entfernt. Kulinarische Vielfalt erwartet die Gäste in den vier Restaurants, hier liegt die Qual der Wahl zwischen einem österreichischen, einem italienischen und einem asiatischen Buffetrestaurant sowie einem À-la-carte-Grillrestaurant. Nach einem aktiven Tag auf der Piste lässt sich in der 1.000 m² großen Wellnesslandschaft herrlich entspannen. Im Sommer zieht es die Gäste auf die Sun Terrace. Genächtigt wird in großzügigen, modern gestalteten Doppel- und Familienzimmer oder in einer der stilvollen Suiten.

Halbpension

Gault&Millau

Süße Säure & Tannine

Alle News rund um österreichische Weine
im Newsletter und auf gaultmillau.at

Sonja Alpine Resort

5721 Piesendorf, Talblick 1 • 06549 20200
www.sonja-alpine.com • info@sonja-alpine.com

Auch im Salzburger Land können Hundebesitzer mit ihrem vierbeinigen besten Freund einen unbeschwerten Urlaub genießen. Die zahllosen Routen rund um das Sonja – Alpine Resort in Kaprun sowie auch das Haus selbst bieten eine Reihe von Annehmlichkeiten, von denen sowohl Mensch als auch Hund profitieren. Es beginnt bereits beim Check-in, wo Gäste einen eigenen Reiseführer für die schönsten Gassirunden mit Seezugang erhalten. Die geräumigen Zimmer und der Wellnessbereich mit Blick auf die umliegende Berglandschaft bieten Entspannung nach einem aktiven Tag in der Natur.

Almfrieden
Hotel & Romantikchalet

8972 Ramsau am Dachstein, Leiten 47 • 03687 81753
www.almfrieden.at • info@almfrieden.at

Sommers als auch winters kann im Hotel Almfrieden Urlaub gemacht werden – und das mit dem vierbeinigen besten Freund. Damit die Erholung für Mensch und Tier bestmöglich gelingt, bietet das Haus eine Reihe an Leistungen: von einer Außensauna mit Hundebereich über Spazierwege bis hin zu einem Hunde-Fotoshooting direkt im Hotel. Daneben können Gäste im Wellnessbereich mit Whirlpool und Dampfbad entspannen. Die Zimmer gibt es in unterschiedlichen Kategorien – Romantik-, Panorama- und Familienzimmer – und im Restaurant wird zu jeder Tageszeit frisch und regional gekocht.

Grimming

5661 Rauris, Marktstraße 25 • 06544 62680
www.hotel-grimming.com • info@dogsfriends.at

Seit mehr als einem Jahrzehnt ist das Hotel Grimming im Raurisertal auf Hunde spezialisiert und bietet umfassende Annehmlichkeiten für sie und ihre Besitzer. Die Vierbeiner übernachten nicht nur kostenlos, es gibt auch ein eigenes „DogCenter" mit Hundewiese und Schwimmteich. Darüber hinaus hält das Angebot einen persönlichen Futterservice und spezielle Hundebetten bereit. Alle Dienstleistungen sind darauf ausgelegt, dass der Urlaub mit Hund so entspannt wie nur möglich ist. Aus diesem Grund gibt es für die Gäste abends auch ein mehrgängiges Menü sowie einen kleinen, aber feinen Spa-Bereich.

Riederhof

6531 Ried im Oberinntal, Ried i. O. 113 • 05472 6214
www.hotel-riederhof.at • info@hotel-riederhof.at

Gelegen im idyllischen Ried im Oberinntal richtet sich das Hotel Riederhof an hundefreundliche Gäste. Zwar werden nicht ausschließlich Hundebesitzer angesprochen, aufgrund des vielseitigen Programms für Vierbeiner empfiehlt sich jedoch insbesondere ein Besuch mit Hund. Vom eigenen Hundepool bis hin zum Agility-Spielplatz finden die tierischen Gäste alles, was das Herz begehrt. Außerdem im Angebot: vielseitige Spazierwege, Wanderungen, luxuriöse Zimmer und ein Restaurant mit regionalem Fokus. Ein Hotel, das sich auf eine harmonische Integration von Haustieren in den Urlaubsalltag fokussiert.

Magdalena

Gartenhotel

6273 Ried im Zillertal, Großriedstraße 23 • 05283 2243
www.magdalena.at • info@magdalena.at

Im Gartenhotel Magdalena im Zillertal in Tirol herrscht das ganze Jahr über ein familienfreundliches und hundefreundliches Ambiente. Sowohl die zwei- als auch die vierbeinigen Gäste können sich auf Erholung, Natur und ein buntes Wellnessprogramm freuen, darunter Massagen, Yoga und Golf – für Mensch und Hund, wohlgemerkt. Sogar im Restaurant sind Hunde nicht nur erlaubt, für sie gibt es darüber hinaus eine eigene Speisekarte. Geräumige Zimmer und Suiten, die Gartenanlage sowie auch die Berge in der Umgebung machen den Urlaub mit dem Familienhund zu einem ganz besonderen.

© Hotel Magdalena

Die Sonne

5753 Saalbach, Altachweg 334 • 06541 7202
www.hotel-sonne.at • saalbach@hotel-sonne.at

Das Hotel Sonne in Saalbach begrüßt nicht nur seine menschlichen, sondern auch seine tierischen Gäste. Die Betreiber des Hotels verstehen Hunde als vollwertige Familienmitglieder und heißen sie deshalb herzlich im Haus willkommen. Durch die weitläufige Anlage und das ohnehin umfassende Angebot richtet sich das Hotel jedoch auch an Gäste, die ohne Vierbeiner anreisen. Unberührte Natur ist jedenfalls für alle Gäste garantiert, unter anderem bei Wanderungen, die durch die Landschaft des Salzburger Lands führen. Abgerundet wird das Angebot vom Wellnessbereich mit Saunen, Pools und Beauty-Programm.

Ritzlerhof

6432 Sautens, Ritzlerhof 1 • 05252 62680
www.ritzlerhof.at • info@ritzlerhof.at

Ein tierfreundliches Erwachsenenhotel: Der Ritzlerhof im Ötztal ist zwar kein spezielles Hundehotel, bietet aber dennoch einen erholsamen Urlaub für Hundebesitzer. Die Vierbeiner profitieren von Annehmlichkeiten wie einem Welcome-Paket mit Leckerli, Hundedecken, Napf und einem hoteleigenen Agility-Parcours. Das Hotel legt großen Wert auf eine erholsame Atmosphäre und versteht sich als alpiner Kraftplatz. Erholung ist jedenfalls garantiert – sowohl wegen des umfangreichen Angebots als auch wegen der Lage inmitten der Tiroler Bergwelt und des Blicks auf den über 3.000 Meter hohen Acherkogel.

Bergresort Seefeld

6100 Seefeld, Münchner Straße 215 • 05212 2191
www.bergresort.at • bergresort@kaltschmid.info

Ruhe und Erholung für Mensch und Hund: Das Bergresort Seefeld inmitten der Tiroler Alpen verspricht eine abwechslungsreiche Urlaubszeit. Neben dem Spa-Bereich mit Saunen, Kneipp-Becken, Whirlpool, Schwimmbädern und Massage-Angeboten bietet es sich zudem an, die Gegend rund um das Hotel zu erkunden – am besten mit dem vierbeinigen Freund. Im Sommer laden die Berge zum Wandern und im Winter zum Skifahren ein. Kulinarisch darf sich auf eine gutbürgerliche Kost und eine Weinkarte mit mehr als 120 Positionen gefreut werden. Außerdem: ein wöchentliches Aktivprogramm sowie Tanz- und Klavierabende.

Larimar

7551 Stegersbach, Panoramaweg 2 • 03326 55100
www.larimarhotel.at • urlaub@larimarhotel.at

Im Hotel Larimar im Südburgenland wird Wellness für Mensch und Hund geboten. Damit das gelingt, können sich Hunde auf Agility-Parcours und im Freilaufbereich mit Schwimmteich austoben, bevor es in den Hundewellness- und Erlebnisbereich geht. Die Hunde dürfen außerdem mit in den idyllischen Innenhof, wo sich die Bar und eine Lounge mit Speisenangebot befinden. Das kulinarische Angebot richtet sich überdies auch an die Vierbeiner, wobei zwischen zwei frisch zubereiteten, hundefreundlichen Menüs gewählt werden kann. Die Zimmer sind umfangreich, verfügen über einen privaten Garten und einen Hundekorb.

Zum Teichwirt

8163 Teichalm, Teichalm 41 • 03179 7169
www.teichwirt.at • hotel@teichwirt.at

Im Hotel zum Teichwirt sind Hunde herzlich willkommen! Mit speziellen Angeboten für Vierbeiner – wie Wasserstationen und die Möglichkeit, die Tiere in bestimmte Bereiche des Hotels mitzunehmen – garantiert das Hotel einen entspannten Aufenthalt für die ganze Familie. Während es sich die Gäste im hauseigenen Wellnessbereich mit Teich-Spa und Whirlpool gut gehen lassen können, kann es sich die Fellnase im Zimmer oder auf dem Balkon mit Ausblick gemütlich machen. Anschließend lohnt es sich, gemeinsam die umliegende Natur mit zahlreichen Wandermöglichkeiten direkt vom Hotel aus zu erkunden.

© Olena Yakobchuk | Shutterstock

LUXUS

Gault&Millau

Genussmesse, Weinfest und vieles mehr...

Alle Tickets zu unseren kulinarischen Events auf gaultmillau.at

Imlauer Hotel Schloss Pichlarn

8943 Aigen im Ennstal, Zur Linde 1 • 03682 24440
www.schlosspichlarn.at • hotel@schlosspichlarn.at

Im Imlauer Hotel Schloss Pichlarn verbindet sich alpine Tradition mit modernem Luxus. Die 110 individuell gestalteten Zimmer und Suiten des Schlosses reflektieren dessen historischen Charakter und bieten mit maßgefertigten Möbeln und edlen Materialien ein stilvolles Ambiente. Das Wellnessangebot umfasst einen großzügigen Außenpool und verschiedene Saunen, die zur Entspannung einladen. Auch kulinarisch bleiben keine Wünsche offen: Nachhaltig bezogene Zutaten werden in alpiner und mediterraner Zubereitung zu einem kulinarischen Erlebnis.

Scheiblhofer The Resort

7163 Andau, Resortplatz 1 • 02176 2610800
www.theresort.at • reservation@theresort.at

Mit klaren Linien, architektonisch in die Weite gedacht, liegt das Scheiblhofer The Resort, als das erste Wein-Wellness-Hotel des Burgenlands, in der idyllischen Landschaft. Das gleichnamige Weingut versorgt die Gäste mit Spitzenweinen. Diese Symbiose zeigt sich auch in den Zimmernamen, etwa „Big John": Die gleichnamige Cuvée Reserve gilt als Spezialität. 118 Zimmer bieten einen Ausblick auf Weinreben und den Neusiedler See. Der 4.000 m² große Spa-Bereich sowie das Restaurant Infinity (das neben regionalen auch erstklassige internationale Weine bietet) sorgen für grenzenlosen körperlichen und seelischen Genuss.

Singer

6622 Berwang, Berwang 52 • 05674 8181
www.hotelsinger.com • office@hotelsinger.com

„Urlaub bei Freunden" steht im familiengeführten Hotel Singer in der Tiroler Zugspitz Arena im Fokus. Das Vier-Sterne-Superior-Hotel vereint im Sommer wie im Winter Luxus und Herzlichkeit. Die Sonnenterrasse des Hotels bietet direkten Zugang zum Skigebiet, das im Sommer zum Wanderparadies wird. Der hoteleigene Spa-Bereich und die ausgezeichnete Kulinarik sorgen für das körperliche Wohl, dieser Genuss hat Tradition. In den gemütlichen Stuben erwarten einen Haute Cuisine und regionale Köstlichkeiten. Weinkenner kommen bei über 8.500 gelagerten internationalen Weinen auf ihre Kosten.

Stock

6292 Finkenberg, Dorf 142 • 05285 6775
www.stock.at • urlaub@stock.at

Der Philosophie #alleskönnennichtmüssen folgend, entspannt man im Fünf-Sterne-Superior-Resort in Finkenberg. Mit Blick auf die atemberaubende Bergkulisse des Zillertals entscheidet man jeden Tag aufs Neue, in welche der abwechslungsreichen STOCK-Welten man eintauchen möchte: ob kulinarischer Genuss, Sport- und Aktivangebot für die ganze Familie oder Wellness und Spa auf höchstem Niveau. Im Wechselspiel aus Spannung und Entspannung bietet das Resort für jeden das geeignete Angebot: Hier treffen Sportaffine und Familien auf ein persönlich geführtes, familiäres Haus.

Palais-Hotel Erzherzog Johann

8010 Graz, Sackstraße 3–5 • 0316 811616
www.erzherzog-johann.com • reception@erzherzog-johann.com

Im Palais-Hotel Erzherzog Johann erleben Gäste ein außergewöhnliches Zusammenspiel aus Geschichte und Moderne. Jedes Zimmer und jede Suite ist einzigartig gestaltet, von prächtig bis schlicht. Der denkmalgeschützte Wintergarten und die legendäre Ernst Fuchs Bar faszinieren mit ihrem einzigartigen Ambiente. Zusätzlich bietet das Hotel moderne Annehmlichkeiten wie ein Fitnesscenter, eine Sauna, eine Infrarotkabine und einen angenehmen Ruheraum, die den Aufenthalt perfekt abrunden. Herrlich: das wunderbare Frühstück, bei dem man den Blick hinauf in den über vier Stockwerke gezogenen Wintergarten genießt.

Großarler Hof ®

5611 Großarl, Unterbergstraße 76 • 06414 8384
www.grossarlerhof.at • info@grossarlerhof.at

Umgeben von der malerischen Bergwelt urlaubt man im Hotel Großarler Hof in luxuriöser Atmosphäre. Die komfortablen Zimmer sind mit hochwertigen Möbeln aus heimischen Hölzern sowie Lodenstoffen und Naturmaterialien ausgestattet. Mit Liebe zum Detail zieht sich der edle Alpinstil durch das ganze Haus. Im Erlenreich Relax & Spa bieten Saunen, Whirlpools und Spa-Anwendungen für erholsame Stunden. Kulinarische Genüsse aus regionalen und saisonalen Produkten erlebt man von morgens beim Frühstücksbuffet bis abends beim Gourmetdinner. Grillworkshops mit dem Big Green Egg runden das Angebot ab.

© Michael Huber | www.huber-fotografie.at

Bergfried

6293 Hintertux, Lanersbach 483 • 05287 87239
www.bergfried.at • info@bergfried.at

Im Hotel Bergfried erwartet die Gäste nicht nur eine günstige Lage, sondern auch ein ausgezeichnetes kulinarisches Angebot, ein umfangreicher Wellnessbereich sowie gemütliche, einladende Zimmer und Ferienwohnungen. Perfekt als Ausgangspunkt für aktive Tage am Berg, freuen sich Gäste auch auf eine erholsame Auszeit in der 3.000 Quadratmeter großen Wellness- und Vitalwelt. Die 500 Quadratmeter große Kinderwelt bietet außerdem abwechslungsreichen Spaß für Kids und Jugendliche. Mit der Verwöhnpension ist man bestens versorgt. Traditionelle Küche in der Bergfriedalm und Fine Dining im Rahmen des „Chef's Table" sind auf Wunsch ebenfalls möglich.

Schlosshotel Ischgl

6561 Ischgl, Dorfstraße 85 • 05444 5633
www.schlosshotel-ischgl.com • office@schlosshotel-ischgl.com

Willkommen im Schlosshotel Ischgl! Ein Ort, an dem Luxus, Erholung und erstklassiger Service zusammentreffen und an dem man inmitten einer atemberaubenden Berglandschaft exklusive Urlaube verbringt. Kulinarik spielt hier eine große Rolle – in den drei Restaurants findet sich etwas für jeden Geschmack. In der Schlossherrenstube etwa genießt man in gemütlich-urigem Ambiente Köstlichkeiten von höchster Qualität. Für herrliche Verwöhnmomente sorgt das edle Schloss-Spa mit verschiedenen Saunen, Pool und feinen Behandlungen. Aktive werden vom Fitnessraum begeistert sein.

Trofana Royal Resort

6561 Ischgl, Dorfstraße 95 • 05444 600
www.trofana-royal.at • office@trofana.at

Das Trofana Royal, seit 1996 eine Legende in der Welt der gehobenen Gastgeberkultur, verbindet luxuriösen alpinen Lifestyle mit herzlicher Tiroler Gastfreundschaft. Mit 111 charmanten Zimmern und Suiten, deren Badezimmer in neuem Glanz erstrahlen, begrüßt das Hotel seine Gäste. Hier, im Herzen der Silvretta, kombiniert das familiengeführte Hotel modernen Komfort mit zeitloser Eleganz. Man genießt kulinarische Höhepunkte in den haubengekrönten Restaurants, entspannende Momente in der umfangreichen Wellnesslandschaft und den direkten Zugang zu zahlreichen Outdooraktivitäten.

Kempinski Hotel Das Tirol Jochberg

6373 Jochberg, Kitzbüheler Straße 48 • 05355 50100
www.kempinski.com • info.tirol@kempinski.com

Eingebettet in die Kulisse der Kitzbüheler Alpen, eröffnet dieses luxuriöse Fünf-Sterne-Superior-Hotel eine Welt der Entspannung mit traumhaftem Spa auf 3.600 m² und des Abenteuers direkt vor der Tür: Der Activity Concierge des Resorts führt Gäste zu verborgenen Schätzen der Region. Architektonische Modernität trifft auf alpine Behaglichkeit in den luxuriös ausgestatteten Zimmern und Suiten. Im Restaurant Steinberg zelebriert man junge Tiroler Küche mit einem modernen Dreh, während das Sra Bua sich nun mit einer Neuausrichtung als modernes Fine-Dining-Restaurant mit kreativen Gerichten mit asiatischen Einflüssen präsentiert.

A-Rosa Kitzbühel

6370 Kitzbühel, Ried Kaps 7 • 05356 65660813
www.a-rosa.at • kitzbuehel@a-rosa.at

Willkommen im A-ROSA Schlosshotel in Kitzbühel, wo majestätische Alpenpanoramen, kulinarische Höhepunkte und das luxuriöse, 3.000 m² große SPA-ROSA auf die Gäste warten. Die Zimmer und Suiten bieten modernen Komfort und traditionellen Alpencharme, der wunderbare Spa-Bereich lockt mit verschiedenen Annehmlichkeiten, deren Highlight bestimmt die traumhafte Panoramasauna ist. Für das leibliche Wohl ist selbstverständlich auch gesorgt, unter anderem gibt es herrliches Sushi. Ob Wandern, Skifahren, Golfen, Yoga oder das hauseigene Kulturprogramm: In Kitzbühel und im A-ROSA gibt es immer etwas zu erleben.

Grand Tirolia Kitzbühel

6370 Kitzbühel, Eichenheim 10 • 05356 66615
www.grandtirolia.com • info.grandtirolia@hommage-hotels.com

Im Grand Tirolia in Kitzbühel verschmelzen alpiner Luxus und unvergleichliche Landschaft zu einem einzigartigen Urlaubserlebnis. Die großzügigen Zimmer und Suiten, ausgestattet mit Holz und Leder, bieten modernen Komfort und einen spektakulären Alpenblick. Kulinarisch verwöhnt das Hotel mit einer Vielfalt, die von feinster internationaler Küche bis zu lokalen Spezialitäten reicht. Ein Highlight ist der Jazzclub „The Golden", der mit Livemusik und erstklassigen Drinks begeistert. Hier werden Momente zu bleibenden Erinnerungen. Gäste genießen Entspannung und erstklassigen Service in diesem Luxusrefugium.

Tennerhof

6370 Kitzbühel, Griesenauweg 26 • 05356 63181
www.tennerhof.com • office@tennerhof.com

Im Tennerhof in Kitzbühel gehen Gastfreundschaft und Luxus Hand in Hand. Seit mehr als 100 Jahren im Besitz der Familie von Pasquali, hat das erste Fünf-Sterne-Hotel Kitzbühels Tradition und Persönlichkeit. Ob in einem der 39 charmanten Zimmer, in den sechs Luxury-Chalets oder in den neun Apartments im Landsitz Römerhof – die den Tennerhof auszeichnende private Atmosphäre ist überall zu verspüren. Kulinarisch lässt man sich von Küchenchef Juan Kaiser verwöhnen. Im Spa-Bereich kann man die Seele baumeln und seinen Blick auf den Hahnenkamm und die weltberühmte Streif fallen lassen: Hier wird Kitzbühel zum Rundum-Erlebnis.

Aurelio
Hotel & Chalet

6764 Lech am Arlberg, Tannberg 130 • 05583 2214
www.aureliolech.com • office@aureliolech.com

Eingebettet in die atemberaubende Alpenlandschaft von Lech am Arlberg erhebt sich das Hotel & Chalet Aurelio wie ein Juwel. Mit nur zehn exquisiten Zimmern bietet es eine intime Oase der Ruhe und Eleganz. Von der Sonnenterrasse kann man den majestätischen Blick auf die umliegenden Berge genießen, während die Licca Lounge mit ihrem Kaminfeuer und sanften Klängen zu entspannten Abenden einlädt. Im Aurelio-Spa wird jeder Moment und jede Behandlung zu einer Reise zu innerer Harmonie. Im Restaurant Aurelio's verschmelzen traditionelle und internationale Aromen zu einem kulinarischen Feuerwerk für die Sinne.

Burg Vital Resort

♔ Hotel des Jahres 2014

6764 Lech am Arlberg, Oberlech 568 • 05583 3140
www.burgvitalresort.com • office@burgvitalresort.com

Im Burg Vital Resort in Lech am Arlberg erleben Gäste Luxus und Erholung in perfekter Harmonie mit der atemberaubenden Natur. Die exklusive Atmosphäre, gepaart mit dem erstklassigen Service des professionellen Teams und einer preisgekrönten Gourmetküche, macht jeden Aufenthalt zu einem unvergesslichen Erlebnis. Die eleganten Zimmer und Suiten bieten höchsten Komfort und einen herrlichen Blick auf die umliegenden Berge. Entspannung pur erwartet einen im vitalSPA, wo man sich bei einer Vielzahl von Wellnessangeboten verwöhnen lassen kann.

© Herbert Lehmann

Severin*s

The Alpine Retreat

6764 Lech am Arlberg, Stubenbach 273 • 05583 339070
www.severins-lech.at • info@severins-lech.at

Inmitten des majestätischen Bergpanoramas von Lech erstrahlt das Severin*s – The Alpine Retreat mit einer faszinierenden Mischung aus alpinem Charme und modernem Luxus. Die neun individuell gestalteten Suiten und die großzügige Residence verbinden traditionelles Holzwerk mit fortschrittlicher Technik und italienischem Mobiliar. Das kulinarische Angebot des Hotels setzt auf hochwertige, regionale Produkte, die in kreative Gerichte verwandelt werden. Entspannung findet sich im eleganten Spa-Bereich, der Wellness pur bietet, einschließlich Innenpool, Saunalandschaft und Fitnessraum.

Sonnenburg

6764 Lech am Arlberg, Oberlech 55 • 05583 2147
www.sonnenburg.at • hotel@sonnenburg.at

Das Hotel Sonnenburg ist ein Luxushotel für die ganze Familie. Hier bieten 43 großzügige und stilvolle Zimmer und Suiten Komfort auf höchstem Niveau sowie Wohlfühlatmosphäre für Klein und Groß. Literatur- und Kulturfreunde erfreuen sich an regelmäßigen Lesungen, literarischen Events und der riesigen Hotelbibliothek, die sich durchs gesamte Haus – sogar durchs Schwimmbad – zieht. Darüber hinaus ermöglicht die großartige Lage in Lech zahlreiche sportliche Aktivitäten in der Umgebung. Gaumenfreuden erwartet die Gäste vom Frühstück über die Nachmittagsjause bis hin zum Fünf-Gänge-Menü am Abend.

Die Hochkönigin
Mountain Resort

5761 Maria Alm, Hochkönigstraße 27 • 06584 7447
www.hochkoenigin.com • urlaub@hochkoenigin.com

In Traumlage mit Blick auf den eindrucksvollen Hochkönig findet man mit dem Vier-Sterne-Superior-Hotel Die Hochkönigin ein echtes Juwel. Jedes der 76 Zimmer und Suiten strahlt Eleganz aus und bietet einen Blick auf die umliegende Bergpracht. Besonders der Wellnessbereich mit schwebendem Infinitypool ist ein Highlight. Neu erwartet einen der Adults-only-TIARA-Spa auf dem Dach des Hauses, der unter anderem mit einem Thermalwasserpool und einer Sonnenterrasse Ruhe pur verspricht. Genüsse erwarten die Besucher im hauseigenen Gourmetrestaurant, wo Gerichte die Frische und Vielfalt der Region widerspiegeln.

Jagdhof
Spa-Hotel

6167 Neustift im Stubaital, Scheibe 44 • 05226 2666
www.hotel-jagdhof.at • offers.hotel-jagdhof.at

Der Jagdhof im Tiroler Stubaital bietet all das, was man sich von einem traditionellen Hotel in alpiner Landschaft wünscht: rustikales Ambiente, zahlreiche Aktivitäten in der umliegenden Natur und ganz viel Gastfreundschaft. Hinter dem von außen altehrwürdig wirkenden Haus verbirgt sich ein modernisiertes und auf aktuellen Luxus angepasstes Inneres, das keine Wünsche unerfüllt lässt. Die Zimmer sind mit Kunsthandwerk und großzügigen Balkonen mit Bergblick ausgestattet. Abgerundet wird das Genussprogramm von der Jagdhof-Küche, in der vorrangig regionale Produkte verwendet werden.

Das Seekarhaus

5562 Obertauern, Seekarstraße 32 • 06456 20010
www.seekarhaus.at • info@seekarhaus.at

Das Seekarhaus, ein wahrer Rückzugsort direkt an den Pisten von Obertauern, verströmt alpinen Charme und Luxus zugleich. Inmitten der Berge erwartet anspruchsvolle Gäste jeden Alters ein Ort der Erholung. Von kristallklarer Bergluft bis zu kulinarischen Höhepunkten bietet das Hotel alles für einen erstklassigen Winterurlaub in Österreich. Die exklusiven Zimmer und Suiten versprechen höchsten Komfort und Service, kulinarisch begeistert das Hotel mit Haubenküche und einem einzigartigen Fine-Dine-Erlebnis. Für Wellness und Fitness stehen moderne Einrichtungen bereit, um Körper und Geist zu verwöhnen.

Rigele Royal

5562 Obertauern, Rosenweg 1 • 06456 73540
www.rigele-royal.com • hotel@rigele-royal.com

Im Zentrum Obertauerns erwartet die Gäste im Hotel Rigele Royal ein Wohlfühlurlaub für Groß und Klein. Die 57 Zimmer in traditionellem oder modernem Alpinstil überzeugen mit Liebe zum Detail. Einige Zimmer bieten eine private Sauna, eine frei stehende Badewanne oder einen offenen Kamin für noch mehr Luxus. Umgeben von wunderbaren Pisten ist ein traumhafter Skiurlaub garantiert, aber auch bei Schlechtwetter kommen Gäste im 900 Quadratmeter großen Wellnessbereich inklusive riesigem beheiztem Außenpool auf ihre Kosten. Als kulinarisches Highlight lohnt sich ein Besuch im Restaurant „Fritz & Friedrich".

Schloss Seefels

9212 Pörtschach, Techelsberg am Wörthersee, Töschling 1 • 04272 2377
www.seefels.at • office@seefels.at

Direkt am Wörthersee befindet sich wohl eines der kunstvollsten Hotels Österreichs. Im Schloss Seefels kommen Designfans, Kunstliebhaber, Feinschmecker und Ästheten richtig auf ihre Kosten. Hier lockt nicht nur wunderschöne Schlossarchitektur, sondern außerdem perfekt abgestimmtes Interieur-Design, Kunstwerke aus der Haselsteiner-Familiensammlung, außergewöhnliche Erlebnisse, feine Kulinarik sowie eine Prise Extravaganz. Entspannung pur lautet die Devise im Spa- und Wellnessbereich inklusive eindrucksvollem Panorama-Ruheraum mit Seeblick. Hier fühlt man sich auch tagsüber wie im Traum.

Goldener Hirsch

5020 Salzburg, Getreidegasse 37 • 0662 843349
www.marriott.de • goldener.hirsch@luxurycollection.com

Anspruchsvolle Reisende sind im Hotel Goldener Hirsch direkt in der Salzburger Altstadt bestens aufgehoben. Ausgewählte Originalstücke und handgefertigte Möbel erinnern ebenso an die 600-jährige Hotelgeschichte wie die antike Eingangstür. Die Tradition des einstigen Jagdhauses spiegelt sich in den Details, die im ganzen Hotel zu finden sind. Hier wird historischer Stil mit modernsten Annehmlichkeiten verbunden, womit ein luxuriöses Urlaubserlebnis garantiert wird. Außerdem ist man durch die Lage in der Getreidegasse mitten im Geschehen und hat zahllose Kulturangebote in direkter Umgebung.

Schloss Mönchstein

5020 Salzburg, Mönchsberg Park 26 • 0662 8485550
www.monchstein.at • salzburg@monchstein.at

Hoch über den Dächern von Salzburg erwartet einen mit dem Schloss Mönchstein ein luxuriöses Refugium. Hier verschmilzt moderner Komfort mit traditionellem Schlossambiente, die eleganten Zimmer und Suiten bieten einen herrlichen Blick auf die Stadt. Im preisgekrönten Restaurant The Glass Garden wird man mit außergewöhnlichen kulinarischen Köstlichkeiten verwöhnt. Auch die elegante Apollo Bar lädt zum Verweilen ein, während der Wellnessbereich mit Sauna, Dampfbad und Infinitypool pure Entspannung bietet. Auch für den fahrbaren Untersatz gibt es mit der neuen, exklusiven Garage die richtige Unterbringung.

Sacher Salzburg

5020 Salzburg, Schwarzstraße 5–7 • 0662 889770
www.sacher.com • salzburg@sacher.com

Stilvollen Luxus im Herzen von Salzburg erlebt man im legendären Hotel Sacher. Hier genießt man erstklassigen Komfort und exzellenten Service in einem einzigartigen Ambiente. Einen wunderbaren Rückzugsort findet man in den 110 luxuriösen Zimmern und Suiten, die mit modernem Komfort und traditionellem Charme begeistern. In der Sacher Bar genießt man bei Pianomusik erstklassige Cocktails. Für kulinarische Hochgenüsse wird im eleganten Sacher Grill und im fantastischen Zirbelzimmer, welches seit 1866 im Originalzustand erhalten geblieben ist, gesorgt.

Sheraton Grand Salzburg

5020 Salzburg, Auerspergstraße 4 • 0662 88999
www.marriott.com • sheraton.salzburg@sheraton.com

Das Sheraton Grand Salzburg bietet luxuriösen Komfort und zeitloses Design im Herzen von Salzburg. Ob De-luxe-Zimmer, Präsidentensuite oder die Apart-Suite Mirabell für längere Aufenthalte – hier findet jeder eine elegante Räumlichkeit für seinen Anspruch. Mit der exklusiven ETAGE 7 mit Sky-Suiten und der Club Lounge, erstklassigen Restaurants und modernen Meeting- und Veranstaltungsräumen wird jeder Aufenthalt zu einem unvergesslichen Erlebnis. Ein Highlight ist sicherlich ein Besuch in der schicken Pianobar, die mit einem Blick in den Mirabellgarten und einer beleuchteten Onyx-Bar beeindruckt.

Tannenhof

♕ Hotel des Jahres 2018

6580 St. Anton am Arlberg, Nassereiner Straße 98 • 05446 30311
www.hoteltannenhof.net • info@hoteltannenhof.net

Der Tannenhof erhebt kulinarische Kunst, persönliche Verwöhnung und einen Hauch von Exklusivität zu einer Lebensphilosophie. Inmitten der majestätischen Bergwelt offenbart sich ein Refugium des Genusses und der Entspannung. Jede der sieben Suiten ist einzigartig, eine Oase der Ruhe und des Luxus, in der individuelle Details das Ambiente prägen. Das kreative Küchenteam verwöhnt die Sinne mit Gourmetkreationen, begleitet von erlesenen Weinen. Im Tannenhof-Spa verschmelzen prickelnde Erfrischung und wohlige Entspannung zu einem harmonischen Erlebnis, das Körper und Geist verwöhnt und belebt.

Maiensee

6580 St. Christoph am Arlberg, St. Christoph 24 • 05446 2804
www.maiensee.com • info@maiensee.com

Das Hotel Maiensee in St. Christoph am Arlberg vereint Ski-in/Ski-out-Komfort mit exklusiver alpiner Gastlichkeit. Die stilvollen Zimmer und Suiten bieten modernen Luxus und atemberaubende Ausblicke auf die verschneite Bergwelt. Kulinarisch reicht das Angebot von lokalen Tiroler Spezialitäten bis zu innovativen Burgern an der Burger Bar direkt an der Piste. Der Wellnessbereich mit Sauna, Dampfbad und entspannenden Behandlungen verspricht Erholung nach einem Tag auf den Skiern. Nachhaltigkeitsinitiativen wie Biomasseheizung und regionale Produkte zeugen von ökologischem Bewusstsein.

Kaiserlodge

6351 Scheffau am Wilden Kaiser, Dorf 11A • 0535 844300
www.kaiserlodge.at • info@kaiserlodge.at

Exklusivität und Individualität werden im Luxus-Appartement-Hotel Kaiserlodge großgeschrieben. Direkt am Wilden Kaiser gelegen, warten die großzügigen Appartements, Suiten und Zimmer mit hochwertiger Altholzeinrichtung im typisch alpinen Stil sowie Balkon oder Terrasse auf. Hier fühlen sich sowohl Paare als auch Familien, Freundesgruppen oder Singles wohl. Kulinarisch reicht das Angebot von All-inclusive-Verpflegung über Topfgerichte bis hin zum hauseigenen À-la-carte-Restaurant „Kaiser's Deli". Workshops wie Alpenblumenkranzbinden, Brot backen oder Stressmanagement runden das Angebot ab.

Klosterbräu

6100 Seefeld, Klosterstraße 30 • 05215 2621

www.klosterbraeu.at • info@klosterbraeu.com

Im Herzen Tirols entfaltet sich das Hotel Klosterbräu in Seefeld als eine Symbiose aus historischem Erbe und modernem Luxus. Jedes der 90 Zimmer und jede der Suiten, kunstvoll gestaltet, bietet eine Aussicht, die das Herz höherschlagen lässt. Das Wellnessangebot erstreckt sich über beeindruckende 3.500 m², wo man zwischen sieben Themensaunen und schimmernden Pools die Zeit vergessen kann. Kulinarische Höhenflüge erleben Gäste in neun verschiedenen Dining-Locations, die sich der regionalen Vielfalt verschrieben haben. Besonders toll: das vielfältige Angebot an Aktivitäten.

Cervosa

Wellness & Verwöhnhotel – Gourmet & SPA Resort

6534 Serfaus, Herrenanger 11 • 05476 6211

www.cervosa.com • info@cervosa.com

Im Fünf-Sterne-Hotel Cervosa in Serfaus vereint sich alpiner Luxus mit herzlicher Gastfreundschaft zu einem einzigartigen Wohlfühlerlebnis. Elegante Zimmer und Suiten bieten königlichen Komfort und laden zu unvergesslichen Urlaubsmomenten ein. Die kulinarische Reise im Cervosa umfasst ein vielfältiges Frühstücksbuffet, ein nachmittägliches Vitalbuffet und exklusive Fünf-Gänge-Menüs am Abend, die keine Wünsche offenlassen. Auf 3.000 m² erwartet die Gäste eine umfangreiche Wellnesslandschaft, die Entspannung und Erholung verspricht.

Das Central

Alpine. Luxury. Life.

6450 Sölden, Auweg 3 • 05254 2260
www.central-soelden.com • info@central-soelden.com

Über den Dächern von Sölden entfaltet sich im Fünf-Sterne-Hotel Das Central eine einzigartige Wellnessoase: das neue Summit Spa. Auf einer Fläche von 2.000 m² bietet dieses Refugium Entspannung pur, angeführt von einem spektakulären Infinitypool, der scheinbar zwischen Himmel und Erde schwebt und einen unvergleichlichen Blick auf die umliegenden Alpengipfel gewährt. Die Sauna-Area lädt mit einem Sole-Dampfbad und einer Bio-Panorama-Sauna dazu ein, den hektischen Alltag hinter sich zu lassen. In den eleganten Zimmern und Suiten darf man sich auch über einige Neuerungen freuen.

Interalpen-Hotel Tyrol

6410 Telfs, Dr.-Hans-Liebherr-Alpenstraße 1 • 050 80930
www.interalpen.com • reservation@interalpen.com

Willkommen im Interalpen-Hotel Tyrol, einem Fünf-Sterne-Superior-Hotel in den Tiroler Bergen. Auf 1.300 Meter Seehöhe genießen die Gäste ein atemberaubendes Bergpanorama zu jeder Jahreszeit. Im Fokus steht das Wohlbefinden im Interalpen-Spa: Auf 5.300 m² erwarten einen Saunen, Spa-Anwendungen und ein Panoramapool. Kulinarische Vielfalt genießt man in den Restaurants, die höchste Qualität und Nachhaltigkeit vereinen. Regionale Produkte und echtes Handwerk stehen im Mittelpunkt der Küche. Einige Neuerungen begeistern, etwa zwei neue Meeträume, eine Cool-Down-Area und umgebaute Zimmer.

© Kirchgasser Photography

Falkensteiner Schlosshotel Velden

9220 Velden am Wörthersee, Schlosspark 1 • 04274 520000
www.falkensteiner.com/schlosshotel-velden
schlossvelden@reservations.falkensteiner.com

Das Falkensteiner Schlosshotel Velden lädt die Gäste ein, Zeit und Raum für ganzheitlichen Genuss zu erleben. An einem einzigartigen Logenplatz am Wörthersee verbindet das Hotel moderne Architektur mit historischem Flair. Hier findet man Ruhe im Spa und lebendiges Treiben in exklusivem Ambiente. Kulinarische Höhepunkte mit regionalen Produkten und japanischer Inspiration entdeckt man in den Restaurants, unter anderem auf der neu ausgestatteten Terrasse des Seespitz und in den angepassten Lounges. Das Acquapura Lake Spa bietet ganzheitliche Entspannung und individuelle Anwendungen.

Ambassador Hotel

1010 Wien, Kärntner Straße 22/Neuer Markt 5 • 01 961610
www.ambassador.at • office@ambassador.at

Das Hotel Ambassador in Wien, ein Symbol für zeitlose Eleganz und Luxus, begrüßt einen mit einer privilegierten Lage an der Kärntner Straße und stellt einen Ruhepol mitten im geschäftigen Treiben der Hauptstadt dar. Die geräumigen Zimmer verbinden modernen Komfort mit klassischem Stil, besonders sind die Themenzimmer, welche wichtigen Persönlichkeiten gewidmet sind. Kulinarische Höhepunkte genießt man im Restaurant und in der einzigartigen Atmosphäre der Atriumbar. Mit erstklassigen Veranstaltungsräumen und persönlichem Service ist das Hotel der ideale Ort für Konferenzen, Seminare und festliche Anlässe.

Anantara Ⓝ

Palais Hansen Vienna Hotel

1010 Wien, Schottenring 24 • 01 2361000
www.anantara.com/de/palais-hansen-vienna • palaishansen@anantara-hotels.com

Das ehemalige Palais Hansen Kempinski ist nun seit März 2024 das Anantara Palais Hansen Vienna Hotel. Nach Renovierungsarbeiten während des laufenden Betriebs erstrahlt das Luxushotel an der Wiener Ringstraße Anfang 2025 in neuem Licht. Neben neu renovierten Zimmern, Suiten und öffentlichen Bereichen können sich Gäste auf herrliche Behandlungen und Entspannungsmöglichkeiten im Anantara Spa freuen. Neu sind auch die „Signature Experiences" für ein luxuriöse Reiseerlebnis. Kulinarisch verwöhnt weiterhin das Gourmetrestaurant EDVARD. Mit Frühstück im Wintergarten startet man zudem entspannt in den Tag.

Bristol

1010 Wien, Kärntner Ring 1 • 01 515160
www.bristolvienna.com • hotel.bristol@luxurycollection.com

Das Hotel Bristol, ein prachtvolles Fünf-Sterne-Hotel, befindet sich in bester Lage direkt neben der Wiener Staatsoper. Seit seiner Gründung im Jahr 1892 verkörpert es eine exklusive Mischung aus historischem Charme und modernem Luxus. Die Gäste des Hauses genießen nicht nur die unmittelbare Nähe zu einigen der bedeutendsten kulturellen Sehenswürdigkeiten Wiens, sondern auch den ausgezeichneten Service und das elegante Art-déco-Interieur, welches den Aufenthalt in jedem Zimmer zu einem einzigartigen Erlebnis macht. Auch wunderbar: die Kulinarik und die eleganten Veranstaltungsräumlichkeiten.

Grand Hotel Wien

1010 Wien, Kärntner Ring 9 • 01 515800
www.grandhotelwien.com • info@grandhotelwien.com

Das Grand Hotel ist eine legendäre Institution mit royalem Flair und ein luxuriöses Refugium für anspruchsvolle Reisende. Mit seiner erstklassigen Lage am Kärntner Ring im Herzen von Wien bietet das Hotel einen perfekten Ausgangspunkt, um die Stadt zu erkunden. Luxuriöse Zimmer und Suiten, fantastische Restaurants, darunter das japanische Restaurant UNKAI, und die exklusive Wagemut Kavalierbar bieten kulinarische Höhepunkte und einzigartige Erlebnisse. Den Blick über die Dächer Wiens genießt man von der eleganten Terrasse, Entspannung findet man im Grand Spa N° 605.

Imperial Wien

1015 Wien, Kärntner Ring 16 • 01 501100
www.imperialvienna.com • hotel.imperial@luxurycollection.com

Das Hotel Imperial Wien ist nicht nur ein elegantes Ringstraßenhotel, es ist ein Palast kaiserlicher Pracht, der seine Gäste in eine Welt voller Geschichte und Luxus entführt. In den prunkvollen Zimmern und Royal-Suiten erlebt man modernen Komfort, gepaart mit traditionellem Wiener Charme. Die Imperial Bar lädt zu exquisitem Champagnergenuss ein und auch die bekannte Imperial Torte im Café muss verkostet werden. Das Hotel bietet zudem elegante Veranstaltungsräume für Hochzeiten und Tagungen. Besonders herausragend ist zudem der exklusive Concierge- und Butlerservice.

Palais Coburg Residenz

1010 Wien, Coburgbastei 4 • 01 51818130
www.palais-coburg.com • reservierung@palais-coburg.com

Einst der noble Familiensitz der Sachsen-Coburg-Gotha, heute ein urbanes Schmuckstück in Wien: das Palais Coburg. Dieses Fünf-Sterne-Superior-Hotel verwebt auf meisterhafte Weise sechs Jahrhunderte Baugeschichte mit der Raffinesse von modernem Luxus. Jede der 34 Suiten ist ein individuelles Kunstwerk, das historischen Charme mit elegantem Design vereint. Kulinarische Höhepunkte bieten das herausragende Gourmet-Restaurant Silvio Nickol und das idyllische Clementine im Glashaus. Ein exklusiver Spa-Bereich und ein herrlicher Garten versprechen Entspannung pur. Nicht zu vergessen: die legendäre Weinsammlung.

Park Hyatt Vienna

1010 Wien, Am Hof 2 • 01 227401234
www.parkhyattvienna.at • vienna.park@hyatt.com

Zeitlose Eleganz und moderner Luxus werden im Park Hyatt Vienna in einem historischen Bankgebäude im Herzen der Stadt vereint. Das Fünf-Sterne-Hotel bietet seinen Gästen eine exquisite Erfahrung mit gehobener Küche und erstklassigem Service. In den 146 geräumigen Zimmern und Suiten trifft stilvolles Design auf hochwertige Materialien; sie bieten eine erholsame Rückzugsmöglichkeit. Das Arany-Spa verwöhnt mit einem Pool, Saunen und einem Fitnessbereich. Kulinarische Vielfalt erwartet die Gäste in den eleganten Restaurants, darunter die stadtbekannte The Bank Brasserie and Bar. Besonders: der Concierge-Service.

Rosewood Vienna

🎖 Gastgeber des Jahres 2025

1010 Wien, Petersplatz 7 • 01 7999888
www.rosewoodhotels.com/vienna • vienna.reservations@rosewoodhotels.com

Abseits vom Trubel und doch mitten in der Innenstadt gelegen, bietet das Fünf-Sterne-Hotel Rosewood Vienna 71 Gästezimmer und 28 exklusive Suiten und versteht sich als urbaner Rückzugsort. Der hauseigene Spa-Bereich verspricht nicht nur einen einzigartigen Ausblick, sondern eine Verwöhnung für Körper und Geist – dank Sauna, Dampfbad und exklusivem Fitnesscenter. Auch kulinarisch setzt das Hotel neue Maßstäbe: Im Salon Aurelie trifft Afternoon Tea auf Wiener Mehlspeis-Tradition, die Brasserie Neue Hoheit vereint österreichische und französische Küche, der Secret Garden bietet Private Dining.

Sacher Wien

1010 Wien, Philharmonikerstraße 4 • 01 514560
www.sacher.com • wien@sacher.com

Im Herzen von Wien thront das Hotel Sacher als ein Exempel der Eleganz, wo Geschichte auf Moderne trifft. Seit seiner Gründung hat es Prominente aus aller Welt beherbergt und bietet einzigartige Zimmer und Suiten, die zeitlose Eleganz mit modernsten Annehmlichkeiten verbinden. Von der Grand Signature Suite bis zur Madame Butterfly Suite – jedes Zimmer verspricht luxuriösen Wohnkomfort. Für eine Auszeit vom Alltag bietet das Sacher Boutique Spa exklusive Behandlungen. Das Hotel ist zudem der perfekte Ort, um feinste Wiener Küche zu genießen und die Kaffeehauskultur mit der originalen Sachertorte zu entdecken.

Sans Souci Wien

1070 Wien, Burggasse 2 • 01 5222520
www.sanssouci-wien.com • hotel@sanssouci-wien.com

Das Hotel Sans Souci Wien erfüllt den Wunsch nach einem
urbanen Rückzugsort im kulturellen Zentrum Wiens.
Neben dem MuseumsQuartier gelegen, ist es ein Ort der
Entspannung und Kunst mit einem besonderen Flair und
herausragendem Design. Das Angebot in der Brasserie &
Bar Veranda ist genau richtig für Menschen, die höchsten
Genuss mit regionalen, biologischen Produkten zu schätzen
wissen. Champagnerverkostungen und Cocktailkurse in der
Bar versprechen einzigartige Erlebnisse. Das preisgekrönte
Spa lädt zur Entspannung ein. Tipp: Es gibt auch ideale
Räumlichkeiten für geschäftliche Veranstaltungen.

©Sans Souci

The Amauris Vienna

Neueröffnung des Jahres 2024

1010 Wien, Kärntner Ring 8 • 01 22122
www.theamauris.com • vienna@theamauris.com

Die Wiener Ringstraße verbindet den Glamour des 19. Jahrhunderts mit zeitgenössischer Eleganz. Luxus steht an erster Stelle, so auch im Boutiquehotel The Amauris. Nahe der Wiener Staatsoper gelegen, reiht es sich makellos in die Wiener Prachtstraße ein und bietet jenen, die auf der Suche nach exklusivem Genuss sind, ein außergewöhnliches, alle Sinne ansprechendes Erlebnis. Küchenchef Alexandru Simon interpretiert die weltbekannte Wiener Küche neu, die in den Räumen des Restaurants Glasswing ausgestellte private Kunstgalerie versprüht das Flair von Wien um 1900 und rundet die Erfahrung ab.

© The Amauris Vienna

The Leo Grand

1010 Wien, Bauernmarkt 1 • 01 90606
www.theleogrand.com • reception@theleogrand.com

Am Bauernmarkt, mit Blick auf den Stephansdom und die
Peterskirche, zelebriert das Boutiquehotel The Leo Grand
mit seinen eklektisch eingerichteten Zimmern und Suiten
„ein Fest der Kontraste". Jeder Raum ist ein Unikat: Ob Alt-
holzbalken, barocke Deckenfresken oder moderner Dach-
ausbau – mit exklusiver Kunst und mit Skulpturen bestückt,
tragen sie alle zum Gesamtkunstwerk bei.

The Ritz-Carlton, Vienna

1010 Wien, Schubertring 5–7 • 01 31188
www.ritzcarlton.com

Das The Ritz-Carlton, Vienna bietet mit vier historischen
Palais in exklusiver Lage an der Wiener Ringstraße eine
edle Oase der Erholung. Die großzügig gestalteten Zimmer
und Suiten, der einzigartige Club-Lounge-Service und das
elegante Ritz-Carlton-Spa versprechen unvergleichliche Aufenthalte. Das Hotel ist ein echter Hotspot für Kulinarieliebb-
haber und überzeugt mit dem Dstrikt Steakhouse und der
Pastamara Bar con Cucina. Herrliche Drinks genießt man
in der D-bar und der Atmosphere Rooftop Bar, von der man
einen atemberaubenden Blick über die Stadt genießt.

Salzburgerhof

⚱ Hotel des Jahres 2012

5700 Zell am See, Auerspergstraße 11 • 06542 7650
www.salzburgerhof.at • 5sterne@salzburgerhof.at

Zwischen See und Berglandschaft beschert der Salzburgerhof jährlich einer Vielzahl an Urlaubern eine Auszeit
inmitten der Natur. Einerseits macht die Landschaft einen
Aufenthalt besonders, andererseits ist es das Angebot des
Hauses, das keine Wünsche offenlässt: von Wellness, Golf,
Skifahren bis hin zu kulinarischen Hochgenüssen. Insbesondere das Wellness Schlössl mit Spa-Treatments, Saunen
und Ruheräumen lädt zum Entspannen ein. Im Haubenrestaurant wird heimische Küche serviert. Und bei alldem stets
gegenwärtig: die Traditionsverbundenheit und Gastlichkeit
der Gastgeberfamilie Holleis.

© Hotel Salzburgerhof / Paul Dahan

DasPosthotel

6280 Zell am Ziller, Rohrerstraße 4 • 05282 2236, 0664 223 6000
www.dasposthotel.at • info@zillerseasons.at

Das kleine, luxuriöse Boutiquehotel im Zillertal ist ein wahrer Designhimmel. Das hölzerne Gebäude schmiegt sich bereits von außen perfekt in die umliegende Natur ein – im Inneren wird der regionale Bezug fortgeführt. Ebenfalls viel Holz, modernes Mobiliar und warme Farben schaffen sogleich ein heimeliges Gefühl in den Zimmern und Suiten, das auch seitens der Gastgeber ausgestrahlt wird. Neben einem ausgefeilten kulinarischen Programm mit Österreich-Schwerpunkt lädt der Spa-Bereich mit ganzjährig beheiztem Außenpool, Saunen und Beauty-Behandlungen zu ganzheitlicher Entspannung.

© WorldWide | Shutterstock

Gault&Millau

Entdecken Genießen & Erleben

Newsletter abonnieren und informiert bleiben auf
gaultmillau.at

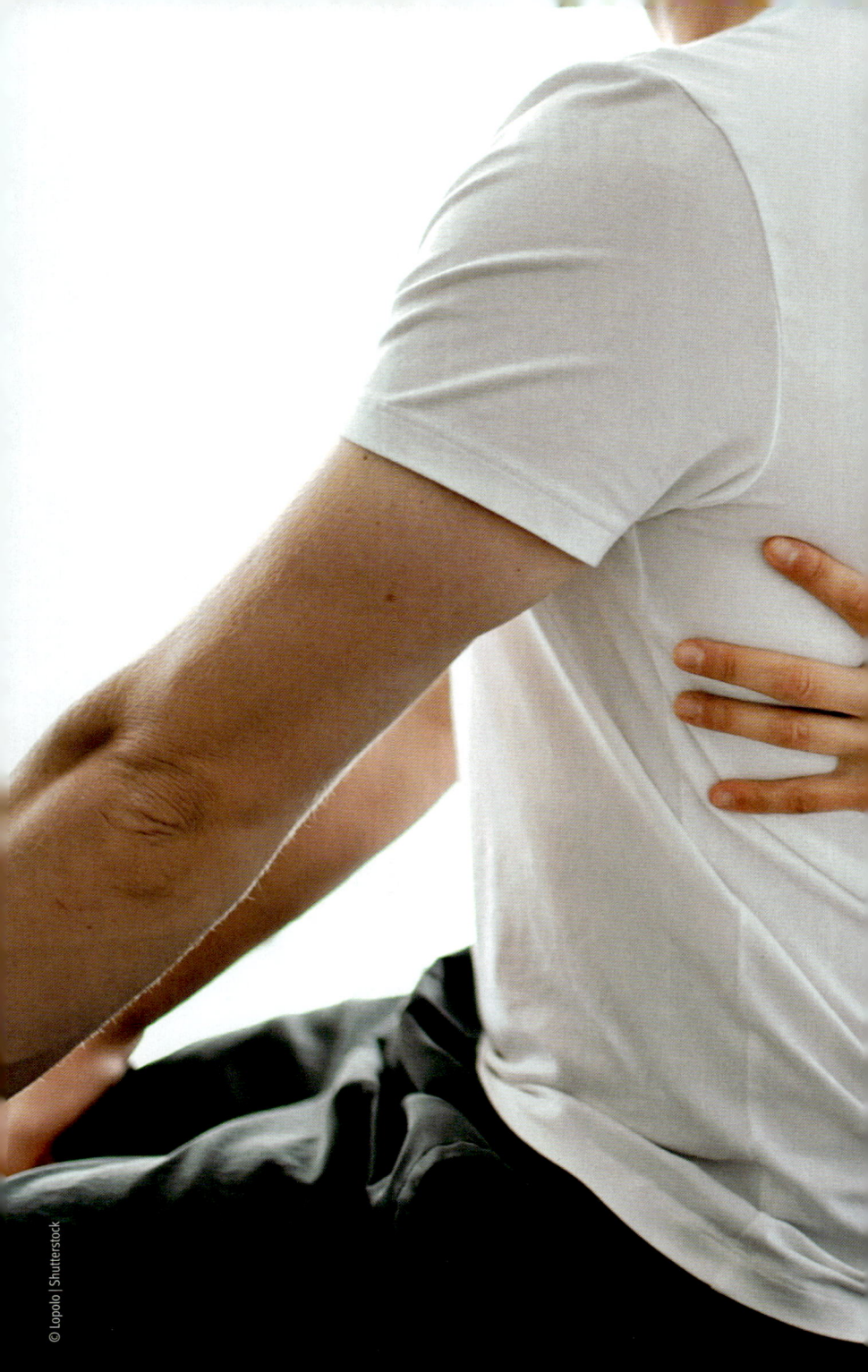

Mayrlife

Medical Health Resort

8992 Altaussee, Fischerndorf 222 • 03622 71450

www.mayrlife.com • reservations@mayrlife.com

Hier erlebt man eine Mayrkur, die sogar eine Anreise von weit weg rechtfertigt: Das MAYRLIFE Medical Health Resort in Altaussee ist mehrfach ausgezeichnet, lobende Stimmen reichen von nationalen TV-Moderatoren bis hin zu internationalen Schauspielern. Neben medizinischer Expertise und erstklassiger Behandlungsmöglichkeiten machen die großzügig gestalteten Zimmer und deren Ausstattung die Exklusivität aus: mit Blick auf den Altausseer See und den privaten Seesteg, der alleine Gästen von MAYRLIFE zur Verfügung steht.

Die Klause

8344 Bad Gleichenberg, Taxbergstraße 15/17/19 • 0664 533 2490

www.die-klause.at • willkommen@die-klause.at

Die Klause im steirischen Bad Gleichenberg ist ein Medical-Kur-Hotel der besonderen Art. Als ökomedizinisches Gesundheitsgut steht hier die Stärkung der psychischen Gesundheit im herausfordernden 21. Jahrhundert im Zentrum. Dabei vereint die Klause verschiedene Wirkfelder: Hier trifft Medizin auf Kunst. Das Landgut wartet mit biologischer Landwirtschaft, künstlerisch gestalteten Räumen, einer finnischen Sauna und Naturbadeteich, auf. Die elf Gästezimmer verzichten gemäß der Philosophie des Hauses auf TV-Geräte, für Einzelgänger steht eine Einsiedlerhütte zur Verfügung.

Miraverde

4540 Bad Hall, Kurpromenade 1 • 07258 7990
www.eurothermen.at/bad-hall/hotel-miraverde/ • office.badhall@eurothermen.at

Gesundheit und Wohlbefinden stehen im Eurothermenhotel Miraverde in Bad Hall im Mittelpunkt. Dafür sorgen ein breit aufgestelltes (Heil-)Fastenprogramm, Yoga und verschiedenste Wellnessangebote – darunter auch Therapien mit Bad Haller Jodsole, wahlweise Trinkkuren, Inhalationen oder Solebäder. Den Höhepunkt der Entspannung verspricht der private Whirlpool (in der Royal-Suite und der De-luxe-Suite). Das Miraverde-Hotelrestaurant geht auf alle Allergien und Unverträglichkeiten ein; die Arbeit mit regionalen Produkten in Bioqualität ist hier eine Selbstverständlichkeit für das Rundum-Wohlgefühl.

Das Sieben

Gesundheits-Resort

6323 Bad Häring, Kurstraße 14 • 05332 20800
www.das-sieben.com • reservierung@das-sieben.com

Wie auf Wolke sieben erholt man sich im Adults-only-Vier-Sterne-Superior-Hotel Das Sieben in Bad Häring. Das breite Angebot und Konzept des Sieben erfüllt die sieben Säulen des erholsamen Urlaubs: Leben, Gesundheit, Seele, Essen, Natur, Schlaf, Erholung. Ein Aufenthalt im Hotel lässt Gäste die Kraft der Tiroler Berge spüren: Man tankt seine Energiespeicher auf, regt seinen Kreislauf beim Kneippen an, entgiftet bei Saunazeremonien, lässt seinen Schlaf analysieren und wählt sein perfektes Polster aus einem Kissenmenü. Kurz: Man erlebt hier einen Urlaub, der rundum glücklich macht – Körper und Geist.

Vortuna

Gesundheitsresort

4190 Bad Leonfelden, Spielau 8 a • 07213 63630
www.vortuna.at • office@vortuna.at

Im oberösterreichischen Bad Leonfelden bekommt Waldbaden eine neue Bedeutung. Man genießt im Vortuna Gesundheitsresort Behandlungen mit frischem Moor aus dem angrenzenden Wald und kommt zur Ruhe. Neben einem klassischen Kur- und Reha-Angebot steht hier die psychische Rehabilitation im Fokus. Das Hoteldesign entstand im Einklang mit der Natur, natürliche Farben und Materialien sind eine Selbstverständlichkeit, genauso wie die professionelle medizinische Betreuung vor Ort. Ein Team aus den Fachbereichen Diätologie, Psychiatrie und Ergotherapie sorgt für ganzheitliches Wohlbefinden der Gäste.

Vivea Zum Landsknecht

Gesundheitshotel

2853 Bad Schönau, Kurhausstraße 11 • 02646 905001501
www.vivea-hotels.com/hotels/bad-schoenau-zum-landsknecht
schoenau@vivea-hotels.com

In der Buckligen Welt heißt das Team des Hotels Vivea Zum Landsknecht seine Gäste herzlich willkommen! Am Vivea-Standort in Bad Schönau genießt man natürliche Solebäder, CO_2-Therapien, Bäder und Inhalationen (Sole). Die Wellnesslandschaft bietet vier Saunen und Dampfbäder und eine 258 m² große Wasserfläche (außen beheizt). Topfen-, Lehm- und Fangowickel sowie Wirbelsäulentherapie ergänzen das therapeutische Angebot. Die 165 Zimmer und 13 Suiten sind großzügig bemessen, vom Balkon aus sind die 1.000 Hügel der Buckligen Welt zum Greifen nah.

Vivea Zur Quelle

Gesundheitshotel

2853 Bad Schönau, Landsknechtplatz 1 • 02646 905002501
www.vivea-hotels.com/hotels/bad-schoenau-zur-quelle • zur.quelle@vivea-hotels.com

Einfach eintauchen! Die Quelle des Lebens liegt im Hotel Vivea Zur Quelle in Bad Schönau. Nomen est omen: Das natürliche Heilvorkommen der Region, das natürliche Kohlensäuregas, fördert die Gefäßgesundheit und wirkt – als Trinkkur eingesetzt – positiv auf Magen und Darm. Ob man sich für Wellness, Gesundheitsurlaub oder Basenfasten entscheidet: In drei Saunen mit Panoramablick (darunter eine aus Zirbenholz für besonders wohltuenden Duft) und Dampfbädern sowie auf der knapp 300 m² großen Wasserfläche kommt man körperlich und mental ins Gleichgewicht.

Rickatschwende

F. X. Mayr Health Retreat

6850 Dornbirn, Rickatschwende 1 • 05572 253500
www.rickatschwende.com • office@rickatschwende.com

Im Vorarlberger Rickatschwende F. X. Mayr Health Retreat hat die F.-X.-Mayr-Kur (original mit Semmeln und Milch) ein Update erfahren. Neben einer „Teelobby" mit an die hundert Teesorten versteht das Küchenteam des Kurhotels Essen als Medizin: entschlackende Kulinarik, schonende Zubereitungstechniken und Zutaten höchster Qualität. Im Einklang mit der Natur lässt sich auf den Zimmern mit wahlweise Seeblick oder Waldblick Stille praktizieren oder der nächste Aktivausflug planen: Die Umgebung lädt zu jeder Jahreszeit zum Entdecken ein.

Park Igls

Gesundheitszentrum

6080 Igls, Igler Straße 51 • 0512 377305
www.park-igls.at • info@park-igls.at

Nachhaltige Veränderung und Verbesserung erleben, Tools
für ein gesünderes Leben: Das bietet das Medical Spa
Resort Park Igls. Die moderne Mayr-Methode findet hier, am
Fuße des Patscherkofels – Tirols Sonnenplatzerl –, Anwen-
dung. Das breite Wohlfühlangebot im Park Igls vereint die
vier Säulen der modernen Mayr-Methode: Medizin, Ernährung, Bewegung und Regeneration. Der Sauna- und Spa-
Bereich sowie der Billardraum und die Bibliothek bieten
Körper und Geist Erholung und Stimulation. So kommt man
während des Detox-, Destress- oder Yoga-Programms voll
auf seine Kosten.

Lanserhof Lans

6072 Lans, Kochholzweg 153 • 0512 386660
www.lanserhof.com • info.lans@lanserhof.com

Die Lanserhof-Methode vereint als Fastenkur mittlerweile
über Österreich hinaus holistische Ansätze der Naturheil-
kunde mit moderner Medizin. Unweit von Innsbruck gelegen, bietet der Lanserhof seit 1984 Raum zum Revitalisie-
ren. Die Exklusivität ermöglicht eine individuelle Betreuung
durch das Ärzteteam, damit steht das Wohlbefinden jedes
einzelnen Gasts im totalen Mittelpunkt. Diese Philosophie
zieht sich auch weiter bis zur Innenarchitektur: Geräumige,
lichtdurchflutete Zimmer vermitteln Leichtigkeit und man
lässt den Blick wahlweise zur imposanten Bergkulisse oder
ins satte Grün der Wiesen und Wälder streifen.

Original Mayr Resort

9082 Maria Wörth, Golfstraße 2 • 04273 25110
www.original-mayr.com • info@original-mayr.com

Am Wörthersee trifft Historie auf Moderne: Das Original
Mayr Resort in Maria Wörth gilt als erste Adresse für die
1901 gegründete und weiterentwickelte ganzheitliche Mayr-
Medizin. In einem historischen Gebäude aus dem Jahr 1936
erwarten einen modernste Ausstattung, elegante Komfort-
zimmer auf höchstem Niveau und ein kompetentes Ärzteteam. Neben individuell zugeschnittenen Fastenkuren laden
Spa und Seesauna zum Entspannen ein: für einen nachhaltig entspannten Alltag, in dem Leichtigkeit, Gesundheit und
Genuss Hand in Hand gehen.

Vivamayr Maria Wörth

9082 Maria Wörth, Seepromenade 11 • 04273 31117
www.vivamayr.com • office@vivamayr.com

Gesundheit ist Programm – und das ganzheitlich! Das The-
rapieangebot des Vivamayr Maria Wörth deckt neben der
klassischen Mayr-Methode auch Methoden zur Stärkung
des Immunsystems, Post-Covid-Behandlungen sowie sol-
che zum emotionalen Entgiften (Stichwort Stressbewäl-
tigung) ab. Ob im Zimmer mit See- oder Bergblick, in der
Juniorsuite, im Apartment oder in der 187 m² großen See-
villa: Für das körperliche und seelische Wohl ist gesorgt.
Man genießt den Blick auf den Wörthersee zwar nur tempo-
rär, das gesundheitliche Wohlbefinden dauert aber an: Das
Medical-Team steht einem per Telemedizin auch nach dem
Aufenthalt zur Verfügung.

Bad Reuthe

Gesundhotel

6870 Reuthe, Bad 70 • 05514 22650

www.badreuthe.at • office@badreuthe.at

Familie Frick im Bregenzerwald heißt ihre Gäste im Vier-Sterne-Superior-Gesundhotel herzlich willkommen und stellt das Wohlbefinden in den Mittelpunkt – mit frisch gestochenem Heilmoor, Therapien und Gesundheitsstärkung, Ernährung und Bewegung sowie Ruhe und Wellness. Das Highlight ist die 600 m² umfassende Ruhewelt FREIraum: Dank großflächiger Fensterfronten – nur unterbrochen durch sechs Säulen, die die Dachkonstruktion aus heimischer Fichte und Weißtanne stützen – genießt man einen unvergleichlichen Panoramablick. Loslassen, Kraft sammeln und den Geist erfrischen: Das ist hier die Devise.

Gugerbauer

4780 Schärding, Kurhausstraße 4 • 07712 3191

www.hotel-gugerbauer.at • info@hotel-gugerbauer.at

Das Vier-Sterne-Gesundheitshotel Gugerbauer im oberösterreichischen Schärding bietet Heil- und Basenfasten mit Genuss. Das Angebot umfasst neben Massagen und Sporttherapien auch Kältetherapie (bei minus 85 Grad für drei Minuten im Kälteraum; beschleunigt die körpereigene Regeneration und stärkt das Immunsystem) und Spa-Beauty-Behandlungen. Die Zimmer präsentieren sich als Kraftquellen, mitsamt energetisierendem Blick auf den Inn vom Balkon aus. Fasten versteht sich hier genussorientiert: Neben einem großen Teesortiment zeigt die Küche des Hotels, dass Fastenkost kreativ und genussvoll sein kann.

Schloss Kurhotel Strobl

5350 Strobl, Salzburgerstraße 20 • 06137 7310
kurhotel-strobl.at • gesundheit@kurhotel-strobl.at

Urlauben und genesen in historisch-imperialer Atmosphäre! Neben Kurgästen heißt das Schloss Kurhotel Strobl am Wolfgangsee auch klassische Urlaubsgäste herzlich willkommen. Im Schlosspark gelegen, bietet die historische Anlage, deren Geschichte bis ins Jahr 1533 zurückreicht, in unterschiedlichen Trakten alle Charakteristika eines traditionellen Hotels: Entspannung im Wellnessbereich, Verweilen in einem der beiden Restaurants oder im Café, Spaziergang in der Parkanlage mit altem Baumbestand. Die Zimmer vermitteln historisches Flair, trotzdem kommt moderner Komfort nicht zu kurz.

Vivea Bad Traunstein

Gesundheitshotel

3632 Traunstein, Kurhausstraße 50 • 02878 25050
www.vivea-hotels.com/hotels/bad-traunstein • traunstein@vivea-hotels.com

Lebensfreude, Genuss und Erholung im Herzen des Waldviertels! Im Hotel Vivea Bad Traunstein erwarten einen fünf Saunen und Dampfbäder. Auf einer über 380 m² großen Wasserfläche laden das Hallenbad sowie der ganzjährig beheizte Außenpool zum Entspannen ein. Medizinisch-therapeutisch profitiert man hier von Behandlungen mit regionalem Heilmoor, das etwa den Stoffwechsel und die Verdauung positiv beeinflusst. Zweitere steht auch im Fokus des angebotenen Leberfastens nach Dr. Worm. Die 146 gemütlichen Zimmer unterstützen das Wohlbefinden, auf Wunsch auch mit Infrarot-Kabine ausgestattet.

Puitalm

Natur I Apart I Hotel

6471 Arzl im Pitztal, Plattenrain 1 • 05412 22242
www.puitalm.at • office@puitalm.at

Ein echtes Hideaway! Ein geheimes Stück Welt für alle, die danach suchen und belohnt werden. 25 Luxusappartements auf einer Fläche von circa 1.400 m² – draußen nichts als herrliche Natur und drinnen die Elemente der Alpen: Stein und Holz. Die Panoramafenster erlauben den Blick auf unvergleichliche Szenarien: Gebirge, Sonnenuntergänge … Hier erlebt jeder eine besondere Zeit. Schwimmt man im Infinitypool und hört den Ruf des Adlers, weiß man um sein Glück. Tiroler Spezialitäten, die die Jagd und heimische Produzenten zur Verfügung stellen, werden im Puitalm Restaurant mit neuen Ideen aufgekocht.

beide Fotos © Puitalm

Die Wasnerin

8990 Bad Aussee, Sommersbergseestraße 19 • 03622 52108
www.diewasnerin.at • info@diewasnerin.at

Das G'sund und Natur Hotel die Wasnerin lädt einen zum Auszeiteln® im steirischen Bad Aussee ein. Hier lässt man den stressigen Alltag hinter sich und findet seine Mitte. Ob bei Wellness, Yoga oder in der Natur: Im grünen Herz Österreichs, in der Wasnerin, verspüren Gäste die große Freiheit und können endlich wieder durchatmen. Im denkmalgeschützten Traditionshaus wurde mit viel Liebe zum Detail eine naturnahe Architektur eingesetzt. Natürliche Elemente stehen auch in der Küche im Fokus: Die Vitalküche geht auf individuelle Bedürfnisse ein, mit der Detoxkur kommt man wieder in Balance.

Maria Plain

5101 Bergheim bei Salzburg, Plainbergweg 41–43 • 0662 4507010
www.mariaplain.com • info@mariaplain.com

„Die Welt gehört dem, der sie genießt!" Gemäß diesem Motto lädt einen die Familie Moßhammer in den Hotel-Gasthof Maria Plain in Bergheim bei Salzburg ein. In der 15. Generation familiengeführt, strahlt das Haus zeitlosen Charme und Herzlichkeit aus. Die 28 Zimmer sind elegant-stilvoll eingerichtet, hier urlaubt man auf Vier-Sterne-Niveau. Direkt neben der Wallfahrtsbasilika gelegen und mit Blick auf die Festspielstadt Salzburg, verbindet die historische Anlage aus dem 17. Jahrhundert Kultur und Natur inmitten der beschaulichen Salzburger Wald- und Wiesenlandschaft.

Biohotel Schwanen

⚱ Hotel des Jahres 2023

6874 Bizau, Kirchdorf 77 • 05514 2133
www.biohotel-schwanen.com • emanuel@biohotel-schwanen.com

„Reduce to the max" ist hier Motto und Haltung. Die Küche ist mit Hauben ausgezeichnet, das Küchenteam kocht nach der Lehre von Hildegard von Bingen. Die einzigartige Lage mitten im Bregenzerwald ermöglicht die Verwendung regionaler Produkte von höchster Qualität. Seit 2009 ein zertifiziertes Biohotel, war dieser Betrieb nicht umsonst unser Gault&Millau-Hotel des Jahres 2023. Im Haus ist kein Element zu viel, in der puren Reduktion der Zimmer kommt man auf Zirbe und Dinkelkernkissen gebettet zur Ruhe. Abgerundet wird der Urlaub durch die Herzlichkeit der Mitarbeiter.

Berghotel Madlener

6884 Damüls, Schwende 22 • 05510 2210
www.berghotel-madlener.at • info@berghotel-madlener.at

Schon gewusst? Damüls ist äußerst schneesicher und damit ein traumhafter Ort für den Winterurlaub – ein Hotspot für Snowboarder und Freestyler, für Anfänger und Fortgeschrittene. Das Hotel liegt ideal, auch für den Einstieg auf die beiden Langlaufloipen. Im Sommer sind einzigartige Bergurlaube ebenfalls garantiert. Im Herzen Vorarlbergs weiß man, wie man Gäste verwöhnt! Genuss für alle Sinne und für Groß und Klein. Das Küchenteam bezieht seine Produkte primär von heimischen Bauern und verwendet vorrangig regionale und saisonale Zutaten. Das schmeckt man – nicht nur bei den Käsknöpfle.

der daberer. das biohotel

♑ Lebenswerk 2021

9635 Dellach/Gailtal, St. Daniel 32 • 04718 590
www.biohotel-daberer.at • info@biohotel-daberer.at

In der ersten Slow Food Travel Region der Welt liegt der daberer. das biohotel. Ein Raum zum Zurückziehen, egal, ob beim Lesen oder Yoga, hier wird Wellness weitergedacht! Im Einklang mit Wald und Wiese ist man eingeladen, die Natur zu genießen. Dabei befindet man sich immer auf der Sonnenseite des Lebens! Die gen Süden ausgerichtete Architektur, die hauseigene Solaranlage und Wasserquelle ermöglichen einen besonders klimafreundlichen Ressourcenumgang. Mit Leidenschaft und Sorgfalt zubereitete Biokost ist eine Selbstverständlichkeit, die Rezepte sind auch in Buchform für daheim erhältlich.

Familiengut Burgstaller

9873 Döbriach, Seestraße 6 • 04246 7126
www.familiengut.at • info@familiengut.at

Das Familiengut Burgstaller am Millstätter See bietet die ideale Umgebung für eine erholsame Auszeit in der Natur als Familie oder Paar. Im 30.000 Quadratmeter großen Garten sind die Möglichkeiten schier unbegrenzt: Spielen auf der Grünfläche, Tennis auf den zwei hauseigenen Tennisplätzen, Minigolf, Lesen im Schatten eines Baums, Besuch des Dorfs der Tiere und vieles mehr. Gekocht wird mit Produkten aus der eigenen Landwirtschaft und von regionalen Lieferanten. Neu: vergrößertes Saunareich, zwei Saunen, Vitalgarten-Ruheraum mit Gartenzugang sowie Gaming-Room und Chill-Bereich für Jugendliche.

Fuchsegg Eco Lodge

6863 Egg, Amagmach 1301 • 05512 44544
www.fuchsegg.at • hallo@fuchsegg.at

Das Fuchsegg ist mehr als nur ein Hotel. Es ist ein Ort, an dem Gemeinsamzeit zelebriert wird. Hier finden Familien, Freunde und Paare Raum für Begegnungen und Erholung inmitten der Natur. Auch die Architektur des sechsteiligen Ensembles spiegelt die Verbundenheit mit der Natur wider – mit den Holzfassaden und der Bauart wird an die traditionellen Vorsäßhütten erinnert. Die Zimmer sind geprägt von schlichter Eleganz und heimischem Charme. Am Outdoorpool und in der Sauna relaxt man, bevor man zum authentischen Dinner in legerer und doch schicker Atmosphäre ins „Gasthaus" mit Kaminbar geht.

Ratscher Landhaus
Wein- und Genusshotel

8461 Ehrenhausen, Ottenberg 35 • 03453 23130
www.ratscher-landhaus.at • info@ratscher-landhaus.at

Die Steirische Weinstraße kann man nicht oft genug besuchen! Das Gleiche gilt für das hier beheimatete Ratscher Landhaus. Das Wein- und Wellbeinghotel ist ein Ort für Weinliebhaber, Genussmenschen und Entspannungsuchende, ganz nach dem Motto: es sich einfach gut gehen lassen! Man tankt Kraft im Wellnessbereich, findet das „Große Glück" (Vier-Gänge-Menü) im Weingartenrestaurant und lässt sich von den über 600 lagernden Weinen überzeugen. Die großzügigen Zimmer bieten Freiraum und Weitblick, wahlweise mit frei stehender Badewanne und Hängeschaukel auf dem Balkon.

Winzarei

Familienweingut Tement

♔ Ambiente Award 2024

8461 Ehrenhausen, Zieregg 13 • 03453 410122, 0664 884 39040
www.winzarei.at • welcome@winzarei.at

Inmitten der Weinberge erlebt man die Schönheit der Süd-steiermark hautnah. Für ein unvergessliches Erlebnis näch-tigt man in der Winzarei, wo alte, gekonnt und mit viel Liebe zum Detail renovierte Gutshäuser einladen. Jede Suite und jedes Haus ist einzigartig, aber die Wohlfühlatmosphäre durch natürliche Materialien, viel Licht und traumhafte Aus-blicke findet man hier überall. Entspannte Momente sind beim Schwimmen in den Panorama- und Infinitypools mit Blick auf die Weingärten garantiert. Morgens darf man sich auf Heidis Frühstückskorb voller Köstlichkeiten aus der Region und dem Hause freuen.

Grosslehen

Hotel & Chalets

6391 Fieberbrunn, Lehen 21 • 05354 56455
www.grosslehen.at • info@grosslehen.at

Das Grosslehen, seit 300 Jahren ein Refugium der Tiroler Bergwelt, hat sich zu einem exklusiven Rückzugsort ent-wickelt, der authentische Werte und Herzlichkeit vereint. Im historischen Bauernhaus erleben Gäste gesellige Atmo-sphäre, während das Gutshaus Ruhe und Abgeschiedenheit bietet. Die luxuriösen Wasser-Chalets am Naturbadeteich versprechen Exklusivität. Naturverbundenheit spürt man in vielen Bereichen, besonders aber in der alpinen Wirtshaus-küche, die ein wunderbares From-farm-to-table-Prinzip zelebriert. Ein Highlight: der Wellnessbereich mit Saunen, Dampfbad und Naturbadeteich.

Fräulein Leni

8462 Gamlitz, Kranach 3 • 03453 20800
www.fraeulein-leni.com • hallo@frl-leni.com

Auf einem Hügel ein Haus. Ein Ort, der den wildromantischen Charme der Südsteiermark ausstrahlt. Eine außergewöhnliche, liebliche Landschaft, nicht nur im Sommer, sondern auch im Winter. Wohlfühlarchitektur, regionale Kulinarik und entspannte Wellness. Die herrliche Natur der Südsteiermark vermittelt sofort das Gefühl des Loslassens und legt den Fokus auf die Dinge, auf die es wirklich ankommt: Trinken – Essen – Schlafen. Man kann aber auch herrlich in den Weinbergen spazieren oder die Gegend mit dem Mountainbike erkunden. Am besten selber entdecken und erleben.

Weinrefugium Brolli Südsteiermark

8462 Gamlitz, Eckberg 107 • 03453 4212
weinrefugium.at • info@weinrefugium.at

Umgeben von den südsteirischen Weingärten, Wiesen und Wäldern findet man im Weinrefugium Brolli Südsteiermark eine einzigartige Ruheoase. Erholsamer Schlaf wird in den 31 komfortablen Zimmern geboten, welche alle über einen Balkon zum Verweilen verfügen. Mit unbezahlbarem Ausblick auf die südsteirische Weinstraße, den wunderschönen Sonnenuntergang und die Rehe des angrenzenden Waldes vergisst man alle Sorgen. Noch mehr Erholung bietet nur der helle, moderne Wellnessbereich. Den Tag lässt sich abends bestens mit einem schmackhaften Essen im Wirtshaus und einer guten Flasche Wein ausklingen.

Naturhotel Bauernhofer

8172 Heilbrunn, Brandlucken im Almenland 78 • 03179 8202
www.bauernhofer.at • info@bauernhofer.at

Auf 1.132 Meter Seehöhe befindet sich der Bauernhofer.
Das sich selbst liebevoll nennende „gschmeidige Naturhotel" verfügt über lichtdurchflutete Zimmer mit Holzmobiliar,
Balkon und einem Blick auf die Landschaft. Es lohnt sich,
diese ganzjährig zu erkunden, bevor es schließlich in den
Wellnessbereich mit Saunalandschaft, Ruhebereich sowie
Indoor- und Outdoorpool geht. Auch der Genuss spielt eine
tragende Rolle – mit ausschließlich regionalen und saisonalen Lebensmitteln. Langweilig wird es im Hotel Bauernhofer
jedenfalls nicht, jeden Mittwoch wird nämlich ein Stück im
Kellertheater aufgeführt.

Poppengut
Relax- & Wanderhotel

4573 Hinterstoder, Mitterstoder 20 • 07564 5268
www.poppengut.at • info@poppengut.at

In Hinterstoder ruft die Natur – und mittendrin ist das Poppengut. Umgeben von der Idylle des Stodertals, eignet sich
das Poppengut ideal als entspannter Ausgangspunkt für
einen aktiven Wanderurlaub oder auch als Ruheoase für
eine relaxte Auszeit. Die Bergwelt lockt ganzjährig mit einer
Vielzahl an Aktivitäten. Ruhe und Entspannung versprechen
die Saunalandschaft sowie der Badepavillon mit zwei Whirlpools, Innen- und Außenpool sowie Ruhebereich. Kulinarische Stärkung gibt es im Rahmen der Verwöhnpension mit
einem reichhaltigen Frühstücksbuffet, Nachmittagssnack
und -kuchen sowie Fünf-Gänge-Gourmetmenü.

Das Naturhotel Chesa Valisa

♀ Entdeckung des Jahres 2023

6992 Hirschegg /Kleinwalsertal, Gerbeweg 18 • 05517 54140
www.naturhotel.at • info@naturhotel.at

Im Chesa Valisa trifft alte Tradition auf modernen Zeitgeist. Das familiengeführte Naturhotel ist ein Ort der Entspannung und Erholung und überzeugt auch sportlich auf allen Ebenen: AlpinSPA, Yoga, Ski-in/Ski-out-Option. Die „¾ Bio-Vitalpension" stärkt einen morgens mit warmen Breien und hausgemachtem Brot, bietet mittags saisonale Suppen und abends ein genussvolles Fünf-Gänge-Menü. Pst: Freitags anreisen lohnt sich, hier gibt es ein großes Dessertbuffet. Küchenchef Dennis Gasper kocht im Restaurant Kessler Walsereck auf Haubenniveau: vegan, ayurvedisch oder klassisch, aber immer raffiniert.

Kraftalm

6305 Itter, Barmerberg 24 • 05332 75152
www.kraftalm.at • hallo@kraftalm.at

Die Kraftalm liegt auf 1.355 Meter Höhe. Ab 1.000 Meter Höhe ist man per Du – so auch hier. Die Gastgeber Marion, Evelyn, Christl und Jakob freuen sich, ihren Gästen einen unvergleichlichen Urlaub zu bescheren. Während schon der Ausblick und die geniale Lage überzeugen, tun die 29 Zimmer vulgo „Ruheplatzerl" und die stets mit viel Liebe zubereiteten Almspezialitäten – wie der legendäre Apfelstrudel – ihr Übriges. Nicht zu vergessen: der wunderbare Wellnessbereich mit Infinitypool (auf Du und Du mit dem Wilden Kaiser), die Panoramasauna und der friedvolle Ruheraum. Die Kraftalm ist der perfekte Ausgangsort für Wander- oder Skiabenteuer.

ever.grün

5710 Kaprun, Imbachstraße 5 • 06547 20610
www.evergruen.at • willkommen@evergruen.at

Ein junges Konzept für weltoffene Menschen, aktive Familien und entspannte Freunde, die das Stadtleben gegen eine Auszeit in den Bergen tauschen möchten. Nach dem Motto: „Alpine Life for Urban People". Wer mehr Zeit outdoor verbringen möchte, wohnt sparsam in der Kategorie XS. Wer im Hotel großen Freiraum wünscht, fühlt sich im XL-Domizil pudelwohl. Jawohl – auch Hunde sind willkommen. Die Küche ist international und das ganze Konzept ist anders, besonders, einzigartig. Raus aus dem Alltag, rein in die Auszeit mitten im Salzburger Pinzgau –mit traumhaften Naturerlebnissen vom Wandern bis zum Skifahren.

© thipjang | Shutterstock

Molzbachhof

Naturhotel

2880 Kirchberg am Wechsel, Tratten 36 • 02641 2203
www.molzbachhof.at • office@molzbachhof.at

Das Schöne liegt so nah: Vom Naturhotel Molzbachhof startet man direkt in die Wiener Alpen, beim Radeln, Spazieren oder Langlaufen tankt man frische Energie. Nach einem aktiven Tag bleiben im Gourmetrestaurant „Gaumenkitzel" keine Wünsche unerfüllt. Die Zimmer, darunter auch fünf neue, in den beiden Häusern Molzbach und Holzbach sind mit heimischem Holz ausgestattet, die Zirben- und Fichtenzimmer ermöglichen vollkommene Entspannung. Die findet man auch im neu gestalteten Wellnessbereich mit Schwimmteich, großem Ruheraum und Saunen. Das Naturhotel Molzbachhof punktet einfach auf voller Linie.

© Heldentheater

Elisabeth

6365 Kirchberg in Tirol, Aschauer Straße 75 • 05357 2277
www.hotel-elisabeth-tirol.at • info@hotel-elisabeth-tirol.com

Im Vier-Sterne-Superior-Hotel Elisabeth heißt einen Familie Egger herzlich willkommen! Nach dem Motto „Zeit für den Moment" sind die Gäste hier eingeladen, sich Zeit zu nehmen: ob beim Ausschlafen, im Elisabeth Spa oder beim gemütlichen Abendessen im Gourmetrestaurant. Auch beim Blick aus den mit Altholz ausgestatteten Zimmern auf die liebevoll gestaltete Gartenanlage inklusive Biotop stellt sich Ruhe ein. Das Haus vereint Ursprung mit Zeitgeist und implementiert in den Bereichen Kulinarik (Stichwort Gourmetfusionen) und Wellness Modernes, ohne die Beständigkeit und Tradition aus den Augen zu verlieren.

Bichlhof
Sport- & Wellnesshotel

6370 Kitzbühel, Bichlnweg 153 • 05356 64022
www.bichlhof.at • office@bichlhof.at

„We keep it simple!": Zeit und Ruhe stehen im Bichlhof in den Kitzbüheler Alpen im Mittelpunkt. Die geräumigen Doppelzimmer und luxuriösen Suiten – mit Zirbenholz – verleiten zum Verweilen, dabei gibt es so viel zu entdecken: 10.000 m² Gartenfläche, 20 m² beheizter Outdoorpool, Sandtennisplätze und Golfplatz in der Nähe und ein Wandergebiet direkt vor der Haustür, das auch zum Waldbaden einlädt. Regionalität wird großgeschrieben: Obst und Gemüse für die Bichlhofer Gourmetküche stammen aus dem hauseigenen Bichlhof Gart'l. Die Familie Hopfner lädt ihre Gäste ein, den Bichlhof auch zu ihrem „Dahoam" zu machen!

Andreas Hofer

6330 Kufstein, Georg-Pirmoser-Straße 8 • 05372 6980
www.andreas-hofer.com • info@andreas-hofer.com

Beste Lage im Kufsteiner Stadtzentrum mit 73 modernen Komfortzimmern, ausgestattet mit Naturmaterialien und in alpinem Stil: Das zeichnet das Vier-Sterne-Hotel Andreas Hofer aus. Im Kaminrestaurant mit Gastgarten und Dachterrasse werden von Omnivoren über Pescetarier bis zu Vegetariern alle Gäste mit regionalen, saisonalen Produkten verwöhnt. Dank Fahrrad- und Skikeller ist man für sportliche Ausflüge ins Kaisergebirge bestens ausgestattet. Und noch ein Highlight bietet das familiengeführte Hotel im Herzen Kufsteins: den besten Blick auf die Kufsteiner Festung!

Naturhotel Waldklause

⌘ Hotel des Jahres 2022

6444 Längenfeld, Unterlängenfeld 190 • 05253 5455
www.waldklause.at • office@waldklause.at

Das Team rund um Familie Auer vom Fünf-Sterne Design- und Wellnesshotel Waldklause im Ötztal verwöhnt nach allen Regeln der Kunst! In den Zimmern und Suiten schafft die Symbiose aus Holz, Stein und Lehm ein wohltuendes Raumklima. Schon beim Betreten des 1.800 m² großen Natur-Spa stellt sich Entspannung ein. Im Angebot: Massagen, finnische Sauna, innovative Beauty-Behandlungen. All das im saftigen Grün des Mischwalds, der direkt zum Waldbaden einlädt! Regionale Produkte in Kombi mit innovativer Kochkunst lassen Genießermenüs entstehen, komplettiert durch die feine Weinauswahl des Haussommeliers.

Stäfeli

6764 Lech am Arlberg, Zug 525 • 05583 39370
www.staefeli.at • info@staefeli.at

Im Stäfeli trifft man sich im Restaurant Achterle auf ein Glaserl Wein. Ob Sommer oder Winter, ein Achterle geht immer. Das Skigebiet in Zug am Arlberg – zwischen 1.300 und 2.800 Metern – gehört zu den besten der Welt: 305 Pistenkilometer und 200 Kilometer Tiefschneeabfahrten, 88 Lifte und Bahnen. Bestens präparierte Pisten oder passende Skitouren im freien Gelände erfüllen jeden Wunsch. Zur Ruhe und zu sich selbst kommt man in den hellen, großzügigen und mit viel Holz ausgestatteten Zimmern oder Ferienwohnungen des Hotels. Erlesene Weine und Vorarlberger Köstlichkeiten im Allerlei kann man auch mit nach Hause nehmen!

Naturhotel Forsthofgut

5771 Leogang, Hütten 2 • 06583 8561
www.forsthofgut.at • info@forsthofgut.at

Im Forsthofgut – einem einstigen Forstbetrieb und Bauernhof – weiß man, was es bedeutet, mit der Natur zusammenzuarbeiten. Hier wurde ein Ort geschaffen, der verantwortungsbewusst mit der Umwelt agiert und seinen Gästen eine einmalige Auszeit bietet. Und man ist stets bemüht, dieses Vorhaben weiter voranzutreiben: Das zeigt sich etwa bei der kürzlich durchgeführten Erweiterung der Restaurants und der Renovierung der Zimmer. Neben der Landschaft und der einhergehenden Aktivmöglichkeiten, ist das Wald-Spa ein besonderes Highlight des Hauses. Im Restaurant kommt ehrlicher Genuss mit der Qualität bester Lebensmittel zu Tisch.

Puradies

Mein Naturresort

5771 Leogang, Rain 9 • 06583 8275, 0664 216 0960
www.puradies.com • info@puradies.com

Ein herzliches Servus vom Sonnenplateau in Leogang! Der Zufriedenheit steht im Design- und Lifestylehotel Puradies nichts im Wege: Erwachsenen-Spa oder Familien-Wasserwelt, regionale Küche auf höchstem Niveau, eine zum Träumen verleitende Bibliothek und köstliche „Alps Inspired Drinks" (mit Zirbe oder Wildkräutern) in der kunstvollen Bar. Eingebettet in 300.000 m² pures Grün schläft man hier bei kompletter Ruhe ein und wacht mit der Natur auf: Die großzügigen Panoramafenster lassen einen das Ambiente der Leoganger Steinberge uneingeschränkt genießen.

Gipfelhaus Magdalensberg

9064 Magdalensberg, Magdalensberg 16 • 04224 2249
www.hotel-magdalensberg.at • info@magdalensberg.com

In diesen Zimmern schläft man nicht nur, man findet hier sein zweites Zuhause. Ob modern, urig, ländlich oder luxuriös: Hier ist für jeden etwas Passendes dabei. So schön die Zimmer auch sind, die wahre Augenweide liegt außerhalb. Vom Gipfel des Magdalensbergs aus liegt einem Kärnten zu Füßen. Ob beim „einfach echt guten Essen" auf der Panoramaterrasse oder vom Gipfel-Spa inklusive Sauna, Dampfbad, Infinitypool und Naturbadeteich: Die Karawanken hat man immer im Blick. Kann man sich vom Anblick losreißen, so warten in der Umgebung Golf-, Wander- und Bike-Möglichkeiten.

Schloss Kammer

5751 Maishofen, Kammererstraße 22 • 06542 68202
www.schlosskammer.com • schloss.kammer@sbg.at

Der Hotel-Landgasthof Schloss Kammer in Maishofen wünscht ein freundliches „Grüß Gott"! Hier urlaubt man rustikal, ohne auf heutige Standards verzichten zu müssen. Ob in der Saunalandschaft der ursprünglichen Art – die Kammerer Badestub'n inklusive Steinbad, Mühlrad-Wasserfall und Haferstrohbett –, am Schießstand oder beim Musikantenstammtisch, österreichische Tradition wird hier gelebt. Die Küche bietet mit Produkten biologisch geführter Landwirtschaft regionale Spezialitäten wie Pinzgauer Kasnock'n, Wildfleisch aus der Jagd und Salzburger Nockerl.

Edenlehen

6290 Mayrhofen, Edenlehen 676 • 05285 62300
www.edenlehen.com • info@edenlehen.com

Ankommen, durchatmen, genießen: Wohlfühlen hat viele Aspekte, das Vier-Sterne-Hotel Edenlehen im Tiroler Mayrhofen erfüllt sie alle: Ob Antistress, Fitness oder Entspannung pur, die Wohlfühlangebote (Kräuterdampfbad, Innen- und Außenpool, Ruheraum und Infrarot-Wärmekabine) decken alle Ansprüche ab. Aktive kommen bei Radtouren und geführten Wandertouren in der imposanten Zillertaler Bergwelt auf ihre Kosten. Auch kulinarisch steht das Verwöhnen im Fokus: Milch und Fleischprodukte aus eigener Erzeugung runden das auf Saisonalität und Regionalität fokussierte Angebot ab.

Naturhotel Alpenrose

9872 Millstatt am See, Obermillstatt 84 • 04766 2500
www.naturhotel-alpenrose.at • info@naturhotel-alpenrose.at

Was das naturECHTe Naturhotel Alpenrose auszeichnet? Herzliche Gastgeber, regionale Kräuterküche und die unvergleichliche Lage am Berg, mit Blick auf den Millstätter See. Ob in den einladenden Wohlfühlzimmern, den „Naturwohnschlafstuben", „Tillis Ferienhaus", das Gruppen bis zu acht Personen beherbergt, oder im einladenden Wellnessbereich, hier kommt man so richtig an! Die Küche zelebriert Slow Food mit allem, was die fruchtbare Gegend bietet: vom frischen Fisch bis zum gschmackigsten Käse der Bergsennereien. Hier kommen Menschen zusammen, die es verstehen zu genießen – und das schon seit 60 Jahren!

Gut Sonnberghof

Naturhotel

5730 Mittersill, Lämmerbichl 8 • 06562 8311
www.sonnberghof.at • info@sonnberghof.at

Ein Urlaub im Salzburger Land lädt ein zum Wellnessen, Wandern, Skifahren und Genussfrönen. Ob im Vitalhaus, Bauernhaus, Kräuterhaus oder Waldhaus, hier findet jeder sein ideales Refugium. Gekocht wird nach der Devise „vom Hof auf den Tisch": Als Wellnesshotel mit angeschlossenem Biobergbauernhof setzt der Sonnberghof traditionelle Speisen zeitgenössisch interpretiert um. Im Nationalpark Hohe Tauern gelegen, kommen hier Natur- wie Sportfans auf ihre Kosten. Der Wellnessbereich lässt einen nach einem ausdauernden Tag wieder zur Ruhe kommen.

Natur

RelaxResort Kothmühle

3364 Neuhofen an der Ybbs, Kothmühle 1 • 7475 52112
www.kothmuehle.at • office@kothmuehle.at

Die Kothmühle ist eine Welt für sich, ob im Wellnessbereich, dem 20.000 m² großen Garten oder auf den verträumten Zimmern: Hier fallen Loslassen und Entspannen ganz leicht. Umgeben von Birnbäumen und auf einem Gut, dessen Geschichte bis ins Jahr 1316 zurückreicht, findet man im Mostviertel zur Tiefenentspannung. Gemäß dem Motto „Essen ist ein Bedürfnis, Genießen eine Kunst" lädt Küchenchef Wolfgang Draxler seine Gäste auf eine Genussreise ein. Die Speisen werden wahlweise begleitet vom prämierten Hauswein Intimus sowie von Gourmetmosten oder edlen Säften aus der Region.

Biohotel Grafenast

Ambiente Award 2023

6136 Pill, Pillbergstraße 205 • 05242 63209
www.grafenast.at • sehnsucht@grafenast.at

Willkommen im Biohotel Grafenast in Pill bei Schwaz in Tirol! Die großzügigen Zimmer sind mit Lärchenholzböden und Dinkelpölstern ausgestattet, das Highlight aber sind die Panoramafenster. Ein Fernseher erübrigt sich, der unvergleichliche Fernblick über das Tiroler Inntal, zwischen den Tuxer Alpen und dem Karwendel, verzaubert im Sommer wie Winter. Ob Waldsauna oder Wanderung: Stärken kann man sich im hübschen Restaurant, das regionale Vollwertküche und Bioweine bietet. Die Familie Grafenast freut sich auf ihre Gäste in Tirols erstem CO_2-neutralen Hotel.

Retter Bio-Natur-Resort

8225 Pöllauberg, Pöllauberg 88 • 03335 2690
www.retter.at • hotel@retter.at

Willkommen am Pöllauberg in einem der nachhaltigsten
Hotels Österreichs, dem Retter Bio-Natur-Resort! Atmungs-
aktive Lehmwände lassen einen durchatmen, ob im Blüten-
Blätter-, im Wald-Wiesen- oder im Garten-Zimmer. Die Küche
folgt selbstverständlich auch ganz der nachhaltigen Linie:
Mit Kräutern und Früchten aus eigener Biolandwirtschaft
und dem täglich selbst gebackenen Brot und Gebäck kommt
man hier in einen 100-Prozent-Biogenuss, ergänzt um eine
vegane und glutenfreie Auswahl. Der 3.200 m² große Spa-
Bereich verwöhnt auf allen Ebenen: Ob Fichtenaufguss oder
Infrarot-Wald-Kino – das Wellnessreich Wald.Sein wird seinem Namen gerecht.

© Retter Bio-Natur-Resort

Weingut Neustifter

Restaurant & Hotel

2170 Poysdorf, Am Golfplatz 9 • 02552 20606
www.hotel-neustifter.at • info@hotel-neustifter.at

Das Bioweingut liegt idyllisch inmitten der Poysdorfer Weingärten und ist ein wahrer Augenschmaus. Der Blick über
die Reblandschaft vermittelt Ruhe, Natur und Gelassenheit.
Hier hat man Zeit für alles, was guttut. Seele baumeln lassen und dem herrlichen Grünen Veltliner der Familie Neustifter frönen oder an Aktivitäten des Weinerlebnisangebots
wie Kellerführungen teilnehmen. Man schmeckt die Gesundheit und die Lebendigkeit der Böden. Das Wein.Restaurant
und der Top-Heurige Wein.Küche mit regionalen Spezialitäten verwöhnen den Gaumen. Wer es ruhig angeht, relaxt im
Wellnessbereich „Barrique".

Liebnitzmühle

3820 Raabs/Thaya, Liebnitz 38 • 02846 7501
www.liebnitzmuehle.at • hotel@liebnitzmuehle.at

Die Liebnitzmühle im Thayatal vermittelt natürliche Lebensfreude und wird so gewiss auch zum Lieblingsplatz vieler
Gäste. Ob Apartments, Einzel- oder Doppelzimmer: Wohlfühlen ist hier vorprogrammiert. Besonderes Highlight sind
die De-luxe-Zimmer inklusive Whirlpool oder Dampfdusche.
Der Wellnessbereich erwartet einen mit Sauna, Dampfbad,
Hallenbad, Außenwhirlpool, Massagen und einer Natur-
badestelle. Energetiker und esoterisch Interessierte finden Zutritt zur Sirius-Energiewelt mit Steinkreis, Energie-
brunnen, Energiesymbolikweg und Energiepyramide. Hier
kommt man wieder zu Kräften!

Ramsauhof

8972 Ramsau am Dachstein, Ramsau 220 • 03687 81965
www.ramsauhof.at • ramsauhof@simonlehner-hotels.at

Das Team des kultigen Wirtshouse Ramsauhof empfängt
einen fröhlich, achtsam und weltoffen und ist die Anlauf-
stelle nach einem Ausflug in die Erlaufschlucht. Die Purgs-
taller Location ist einmalig: Ob Bauernhaus, Weinkeller
oder Heuboden, die Erlebnisgastro zeigt, was sie kann:
Frühstück „anno dazumal" mit selbst gebackenem Brot und
einer dampfenden Kanne Kaffee, saftiges Dry-Aged-T-Bone-
Steak im Steak House, feines Sechs-Gänge-Gourmetdinner
oder das „Champagner Bratl", wo Traditionelles ein luxuriöses Upgrade erfährt. Das Hausbier 4kant hat seinen Namen
übrigens vom original Mostviertler Vierkanthof.

Schloss Münichau

6370 Reith bei Kitzbühel, Münichau 1 • 05356 62962
www.muenichau.com • info@muenichau.com

In Reith bei Kitzbühel wird Geschichte erlebbar. Im Schloss
Münichau genießt man ein besonderes Ambiente bei historischem Flair. In den mit Antiquitäten aus dem Familienbesitz ausgestatteten Schlosszimmern ist man auf Tradition
gebettet, ohne auf moderne Annehmlichkeiten verzichten
zu müssen. Das Restaurant Ritterstern bietet in der Kupfer-
stuben und dem Blauen Salon Frühstück und Abendessen.
Der Außenpool gibt den Blick auf Kitzbühels imposante
Bergwelt frei, die Sauna steht Gästen auf Wunsch auch im
Sommer zur Verfügung.

Genusshotel Riegersburg

8333 Riegersburg, Starzenberg 144 • 03153 20020
www.genusshotel-riegersburg.at • info@genusshotel-riegersburg.at

Willkommen im steirischen Thermen- und Vulkanland! Hier nächtigt und schmaust man an den Weinberg geschmiegt mit Blick auf die berühmte Riegersburg. Gelegen inmitten der steirischen Schokolade-, Käse-, Schinken- und Essig-Maestros wird im Genusshotel Riegersburg nach allen Regeln der Kunst gekocht. Zum leiblichen Wohl gesellt sich das seelische und körperliche Gleichgewicht, dafür sorgt der großzügige Innen- und Außenbereich des Wellnessbereichs. Ob auf der Panorama-Liegeterrasse, im ganzjährig geöffneten beheizten Außenpool oder in den geräumigen Zimmern, es gilt: abschalten und genießen!

Die Gersberg Alm

5020 Salzburg, Gersberg 37 • 0662 6412570
www.gersbergalm.at • office@gersbergalm.at

Rückzugsort mit Weitblick gesucht? Für all jene, die das Flair der Mozartstadt genießen möchten, aber eine ruhige Unterkunft im Grünen bevorzugen, bietet die Gersberg Alm die perfekte Unterkunft. Das idyllische Landhaus mit 40 romantischen Zimmern verzaubert mit einem traumhaften Ausblick auf den Dom und die Altstadt. Entspannung findet man im malerischen Garten, in der Sauna und in der Infrarotkabine oder am großzügigen Outdoorpool. Auch für den schönsten Tag im Leben bietet das Haus den perfekten Rahmen. Ein weiteres Highlight: die regionalen Köstlichkeiten im Restaurant.

Schöne Aussicht

5023 Salzburg/Gnigl, Heuberg 3 • 0662 640608
www.salzburgpanorama.at • hotel@salzburgpanorama.at

Der Name ist Programm: Am Heuberg blickt man von satten grünen Wiesen auf die Mozartstadt, die nur drei Kilometer entfernt ist. Das 350 Jahre alte Bauernhaus „Schöne Aussicht" bietet 26 komfortable Zimmer, einen Außenpool, Sauna, Dampfbad sowie einen Whirlpool. Das Frühstück auf der Sonnenterrasse stärkt einen für den Tag, egal, ob es einen in die Natur oder zur Stadtbesichtigung führt. Wieder zurück im Hotel vollendet das Küchenteam den perfekten Tag mit traditioneller österreichischer Küche. Familie Grössinger empfängt alle Gäste mit Herzlichkeit.

Naturhotel Kitzspitz

6392 St. Jakob in Haus, Reith 18 • 05354 88165
www.kitzspitz.at • info@kitzspitz.at

Willkommen im Pillerseetal! Hier liegt das Kitzspitz, ein wahres Generationenhotel, denn neben einem Aktivangebot für Klein und Groß wird hier nach einem zutiefst nachhaltigen Selbstverständnis gearbeitet, sodass auch nachfolgende Generationen in einer intakten Umwelt leben können. Diese bietet den perfekten Ausgangspunkt für einen wunderbaren Aktivurlaub, ob im Sommer oder im Winter. Der Naturwellnessbereich ermöglicht ein ganzjähriges Entspannen und ist ein fixer Bestandteil der angebotenen Basenfasten-Wochen. Die Zimmer sind hell eingerichtet, die Liebe zur Natur in jedem Detail erkenntlich.

Garten-Hotel Ochensberger

8181 St. Ruprecht an der Raab, Untere Hauptstraße 181 • 03178 51320
www.ochensberger.at • gartenhotel@ochensberger.at

Nur 25 Kilometer von Graz, im „Grünen Herzen Österreichs", entspannen! Die Oststeiermark gilt als Garten Österreichs und hier nächtigt man natürlich im Garten-Hotel Ochsenberger, mediterranes Flair inklusive! Die Zimmer sind im edlen Landhausstil eingerichtet und laden zum Entspannen ein. Das 18-köpfige Team rund um Küchenchef Johann Unger verzaubert die Gäste, die Speisekarte weist alle Lieferanten aus: Von den Austernpilzen und Erdbeeren über Huhn und Jungrind bis zum Steirer-Tofu stammt hier alles aus der Region. So genießt man auf höchstem Niveau bei bestem Gewissen.

Bachmanngut
an Wolfgangsee

5360 St. Wolfgang, Au 53 • 06138 22770
www.bachmanngut.at • info@bachmanngut.at

Ob Aktiv-, Familien- oder Romantikurlaub: Im Bachmanngut am Wolfgangsee spürt man die Natur pur! Die Lage lädt zum Wandern, Radeln, Golfen und Segeln ein. Gästen des Bachmannguts steht außerdem eine private Wiese mit Seezugang zur Verfügung, das „Herbarium Spa" arbeitet mit der Kraft der Natur. Eines zeichnet das Vier-Sterne-Hotel aber besonders aus: Es gilt als das Tennishotel Österreichs. Hier findet man eine Drei-Plätze-Tennishalle sowie drei Sandfreiplätze – und den atemberaubenden Panoramablick gibt's obendrauf. Stärkung bietet das Gourmetfrühstück, nachmittags gibt's frisch gebackenen Kuchen und Kaffee.

Gut Guntrams

2625 Schwarzau am Steinfelde, Guntrams 11 • 02627 83333
www.guntrams11.at • info@guntrams11.at

Das Naturgut Guntrams ist ein beschauliches Goldstück, hier entspannt man zwischen Obstgärten, Weinstöcken und einem Naturbadeteich. Gäste haben die Wahl zwischen dem Naturhotel „Flora" (sechs Zimmer, Giebel oder ebenerdig), einem der drei luxuriösen Gartenlofts oder der Villa Tranquillini, in der der Name Programm ist: Hier nächtigt man wahlweise in einem der Apartments oder dem Studio in beschaulich friedlicher Atmosphäre im Sommerfrische-Flair. Gefrühstückt wird im Café Veranda neben dem Seerosenteich; der angeschlossene Hofladen bietet feinste hausgemachte Produkte für daheim.

Thierseerhof

Aktiv-Genuss-Natur

6335 Thiersee, Hinterthiersee 74 • 05376 5510
www.thierseerhof.at • hotel@thierseerhof.at

Am Thierseerhof in Tirol genießt man eine Auszeit in natür-
lichster Umgebung. In den gemütlichen Zimmern wurde mit
Naturmaterialien gearbeitet: Man atmet auf im Zirbenzim-
mer oder genießt den Blick auf das Kaisergebirge von der
gemütlichen Sitzecke im Erkerzimmer. Der Wellnessbereich
lädt zum Verweilen ein, egal, ob nach der Skitour oder der
ausgedehnten Wanderung: Hier entspannt man rundum!
Die Küche arbeitet mit ausgezeichneten regionalen Produkten und auf bekömmlichste Zubereitungsarten. Wohl
bekomm's! Familie Juffinger freut sich auf einen Besuch!

Berghotel Tulbingerkogel

3001 Tulbingerkogel, Tulbingerkogel 1 • 02273 7391, 0676 629 0088
www.tulbingerkogel.at • hotel@tulbingerkogel.at

Familie Bläuel heißt ihre Gäste herzlich willkommen im Wienerwald! Nah genug an Wien, um die Stadt zu genießen, fern genug, um zur Ruhe zu kommen. Man nächtigt in einem der Genießerzimmer mit Panoramablick, atmet die frische Luft im Biosphärenpark Wienerwald ein und lässt sich im Restaurant mit herrlichen Köstlichkeiten verwöhnen. Gemüse und Kräuter stammen aus dem Hausgarten, das Fleisch aus regionaler Landwirtschaft. Eine besondere Erfahrung ist das „Diner Historique": Dank der liebevoll gesammelten historischen Rezeptbücher der Familie Bläuel kann man hier speisen wie um 1790.

Wirtshaus Steirereck am Pogusch

8625 Turnau, Pogusch 21 • 03863 20000
www.steirereck.at • pogusch@steirereck.at

Im Steirereck am Pogusch taucht man in eine Welt ein, in der Natur und Genuss verschmelzen. Bei der Zimmerbuchung kann man auf Wunsch gleich seinen Tisch im Wirtshaus oder in der Schankkuchl reservieren. Zudem gibt es zu bestimmten Zeitpunkten auch die Möglichkeit für Hausgäste, ein exquisites Vier-Gänge-Menü mit hofeigenen Produkten zu genießen. Übernachtet wird in einzigartigen Unterkünften, die alle in der Nähe des Restaurants gelegen sind. So schläft man beispielsweise im Stall, in den genialen Baum- und Vogelhäusern oder in Kabanen im Glashaus.

Naturhotel Edelweiss

5602 Wagrain, Weberlandl 65 • 06413 8447
www.mein-edelweiss.at • hotel@mein-edelweiss.at

Waldklang, Sonnengruß, Bergquell, Alpenzauber: Schon die Namen der Zimmer und Suiten lassen die Magie von Wagrains Naturhotel deutlich werden. Im Edelweiss richtet sich alles nach dem Motto: „Das Leben in Einklang mit der Natur zu bringen". Ob im 500 m² großen Green-Spa, das durch Erdwärme fast vollständig selbst mit Energie versorgt wird, im Panorama-Hallenbad oder im Schwimmbiotop: Hier findet man in traumhafter Alleinlage ein familiäres Paradies. Die Lage lädt im Winter zu Abenteuern in der Skiwelt Amadé ein, der Gaumen wird ganzjährig regional, natürlich und bodenständig verwöhnt.

Gerl

5071 Wals bei Salzburg, Bundesstraße 50 • 0662 8505520
www.hotel-gerl.at • info@hotel-gerl.at

Ja, das Gerl ist auch ein Hotel – aber nicht nur. Ursprüngliche Natur trifft auf modernes Ambiente. Im Gerl kann man chillen, sporteln, Musik hören, sich im Pool treiben lassen, ausspannen, Mensch sein. Und gut essen! Die Gerl-Kulinarik ist klassisch mit einem modernen Twist und mit Inspirationen aus aller Welt. Ob Schnitzel, Burger oder Bowl – alles ist frisch zubereitet, hausgemacht und regional erzeugt. Global inspiration – local celebration. Traditionelle Gastfreundschaft verbindet sich mit urbanem Lebensgefühl. Ein herrlicher Bergblick und eine ideale Anbindung ans Salzburger Stadtzentrum. Eben naturally urban.

Theresa

Genießer- & Wellnesshotel

6280 Zell am Ziller, Bahnhofstraße 15 • 05282 22860
www.theresa.at • info@theresa.at

Im Genießer- & Wellnesshotel Theresa finden Gäste ihr Urlaubsglück, egal, ob einem nach Entspannung oder Aktivurlaub ist. Das Zillertal erfüllt die Ansprüche von Familien und sportlich Aktiven, bei Schlechtwetter bietet das Vier-Sterne-Superior-Hotel Pools, Saunen und Ruheräume im 3.500 m² umfassenden Spa-Bereich. Und auch Kulinarikherzen schlagen höher: Ob beim Frühstück, beim Bio-Edelkäse-Buffet, beim hausgebrannten Gin oder bei Zillertaler Sushi, das Küchenteam des Theresa arbeitet mit regionalen Produkten – der Honig kommt sogar aus eigener Erzeugung.

Bentleys House

6763 Zürs am Arlberg, Haus Nr. 78 • 05583 2463
www.bentleyshouse.at • info@bentleyshouse.com

Nach dem Abschwung kommt der Einkehrschwung. Im alpinen Boutiquehotel Bentleys House – Mountain Residence muss man sich um nichts kümmern: Das Frühstück sowie Abendessen werden direkt in die Chalets (Appartements zwischen 91 m² und 145 m²) serviert, das Design vermittelt Eleganz und Privatsphäre. Im Wellnessbereich entspannt man seine müden Muskeln, zur optimalen Regeneration wird auf Wunsch auch ein Physiotherapeut bestellt. Die Mountain Residence in Zürs am Arlberg ist für eine Gruppe von 18 Personen auch exklusiv buchbar!

Gault&Millau

Entdecken.
Entspannen.
Erleben.

Newsletter abonnieren und informiert bleiben auf
gaultmillau.at

ROMANTISCH

Gams zu zweit

6870 Bezau, Platz 44 • 5514 2220
www.hotel-gams.at • info@hotel-gams.at

Im Hotel Gams zu zweit erlebt man, wie der Name erahnen lässt, eine unvergessliche Zeit zu zweit. Vier individuelle Zimmerkategorien bieten für jeden Geschmack das ideale Kuschelparadies. Durch erlesene Materialien, liebevolle Details, sinnliche Farbkombinationen und sanftes Licht wird die perfekte Atmosphäre für intime Zweisamkeit geschaffen. Auch im Paaradies-Spa stehen alle Zeichen auf Liebeszeit – von märchenhaften Badezeremonien zu zweit bis hin zu Schokoladenpeeling im privaten Dampfbad. Morgens ausschlafen oder noch gemütlich kuscheln ist kein Problem, denn Frühstück gibt es bis 12 Uhr.

Nudelbacher
Das Landidyll-Hotel

9560 Feldkirchen, Nudelbacherweg 1 • 04276 3275
www.nudelbacher.at • hotel@nudelbacher.at

Im Herzen Kärntens erwartet Gäste im Hotel Nudelbacher herrliche Landidylle und wohltuende Ruhe. Die einladenden Zimmer und Suiten sind liebevoll gestaltet und verfügen alle über einen Balkon oder eine Terrasse. Für das leibliche Wohl ist bestens gesorgt: morgens mit einem reichhaltigen Frühstücksbuffet, abends mit Gourmetabendessen oder verschiedenen Buffets und immer mit regionalen Produkten von Bauern und Produzenten aus Kärnten. Die umliegende Region lädt zum Erleben ein, gerne auch mit Hund, der im Hotel herzlich willkommen ist. Hier lassen sich die Kärntner Natur und Kultur ganzjährig erkunden.

Gault&Millau

Entdecken Genießen & Erleben

Newsletter abonnieren und informiert bleiben auf
gaultmillau.at

Elisabeth

6263 Fügen, Hochfügener Straße 67 • 05288 62972
www.elisabeth-fuegen.at • info@elisabeth-fuegen.at

Das familienfreundliche Hotel Elisabeth im wunderschönen Zillertal ist der ideale Platz für eine ruhige Auszeit. Nur
100 Meter von der Spieljochbahn-Talstation entfernt, ist es
der ideale Ausgangspunkt für sportliche Aktivitäten in der
Natur. Für Erholung nach einem langen Tag sorgt der Wellnessbereich mit Saunen, Dampfbad, Infrarotkabine sowie
Innen- und Außenpool. Besonders wohltuend sind außerdem die Massagen und Beauty-Anwendungen. Die hellen
Zimmer bieten Tiroler Gemütlichkeit und je nach Kategorie
auch Bergpanorama und Balkon. Mit der Dreiviertel-Ver-
wöhnpension ist man kulinarisch bestens umsorgt.

Verwöhnhotel Kristall

6213 Pertisau, Seebergstraße 10 • 05243 5490, 0676 604 7593
www.kristall-pertisau.at • info@kristall-pertisau.at

Nur wenige Gehminuten vom Achensee entfernt befindet
sich das Verwöhnhotel Kristall, ein Erwachsenenhotel ab
14 Jahren. Inmitten der Tiroler Bergwelt lässt sich hier Zweisamkeit zelebrieren. Die gemütlichen Zimmer in alpinem
Stil bieten hohen Komfort und laden zum Kuscheln ein. Im
Kristall-Spa locken Sauna- und Wasserwelt sowie Relax-
oasen mit wohltuender Wärme und angenehmer Ruhe. Ein
Highlight ist die Wellnessalm, wo Wohlfühlatmosphäre und
Gipfelblick Hand in Hand gehen. Besondere Zeit zu zweit
genießt man in der Private-Spa-Suite. Tipp: exklusives Gourmetdinner im neuen Ziegelgewölbe.

Zur Post

Hotel Gasthof

5340 St. Gilgen, Mozartplatz 8 • 06227 2157, 0676 681 0009
www.gasthofzurpost.at • office@gasthofzurpost.at

Ein Aufenthalt im Hotel Gasthof Zur Post in St. Gilgen fühlt sich an wie eine Reise durch die Zeit. Das 700 Jahre alte Gebäude strahlt mit seinen historischen Elementen etwas Faszinierendes aus. Die Gastgeberfamilie und ein engagiertes Team kümmern sich mit viel Herz um das Wohlbefinden der Gäste. Auch die Kulinarik des Gasthauses überzeugt: Regionale und saisonale Spezialitäten stehen im Fokus. Ein Highlight ist der frische Fisch aus den umliegenden Seen. Der Vitalbereich bietet die Möglichkeit zum Entspannen mit Sauna und Sanarium.

SCHLÖSSER

Schloss Dürnstein

3601 Dürnstein, Nr. 2 • 02711 212
www.schloss.at • hotel@schloss.at

Die Wachau gilt als eine der schönsten Gegenden des Landes. Blickt man von der Terrasse des Schloss Dürnstein über die Donau und die umliegende Landschaft, kann man dem nur zustimmen. Hotelgäste genießen ihr Abendessen mit atemberaubendem Ausblick! Genächtigt wird in einem der stilvoll-eleganten Zimmer oder in einer der prachtvollen Suiten – je nach Lage mit garantiertem Blick auf die Donau, die Ruine Dürnstein oder die Stiftskirche. Wer exklusive Privatsphäre schätzt, kann die wenige Schritte entfernte Villa Schönthal buchen – im Gegensatz zum Hotel auch im Winter beziehbar.

Schloss Gabelhofen

8753 Fohnsdorf, Schlossgasse 54 • 03573 55550
www.gabelhofen.at • willkommen@schloss-gabelhofen.at

Obwohl die Brücke zum Schloss Gabelhofen heute nur mehr über einen wasserleeren Graben führt, blieb der Wasserschloss-Charakter erhalten. Leicht verwinkelt und geheimnisvoll und doch hell und großzügig, präsentiert sich das Schlosshotel von seiner besten Seite. Jedes Zimmer ist ein Unikat – von traditionell-elegant bis liebevoll und geradlinig. Da ist für jeden Geschmack das Richtige dabei! So abwechslungsreich wie die Zimmer sind auch die Möglichkeiten in der Umgebung: von Radfahren und Wandern über Fischen bis hin zum Entspannen in der Therme nebenan (kostenlos für Hotelgäste).

Landhaus Koller

4824 Gosau, Pass-Gschütt-Straße 23 • 06136 8841, 0664 531 4741
www.hotel-koller.com • office@hotel-koller.com

Beim Landhaus Koller blickt man auf ein Haus mit 150-jähriger Geschichte. Verzichtet wird auf einen Lift, dafür gibt es biedermeierlichen Charme, entspannte Atmosphäre und österreichische Gastlichkeit. In Gosau sind die Möglichkeiten für Naturliebhaber unbegrenzt. Bereits beim Blick aus einem der 20 individuell eingerichteten Zimmer ins Gosautal und zum Gosaukamm wird die Motivation groß, den Tag in der Natur zu verbringen. Für ruhige Tage bietet der umliegende Hotelgarten Plätze zum Verweilen. Abgerundet wird das Landhausangebot von einem beheizten Pool, einer Infrarot-Kabine, einem Dampfbad und einer Sauna.

Schloss Thalheim

3141 Kapelln an der Perschling, Thalheim 22 • 02784 20079
www.schlossthalheim.at • reservierung@schlossthalheim.at

Im Schloss Thalheim werden Ruhe und Harmonie großgeschrieben. Von Yoga, Meditation und Retreats über einen modernen Spa-Bereich bis hin zu energetischen Kraftplätzen und traditionellen Teezeremonien im Teehaus – im Schloss wird auf innere Balance und Selbstfindung geschaut. Bei Spaziergängen durch die edlen Barockgärten, den duftenden Rosengarten, den magischen Feengarten oder den traditionellen Zen-Garten können die Gäste die friedvolle Umgebung genießen. Der Gaumen kann sich über Obst, Gemüse und Kräuter aus dem eigenen Garten sowie Honig von den eigenen Bienenstöcken freuen.

Platzhirsch Ⓝ

6330 Kufstein, Unterer Stadtplatz 19 • 05372 21982
www.platzhirsch-kufstein.com • office@platzhirsch-kufstein.com

Inmitten der Altstadt von Kufstein empfängt das Hotel Platzhirsch in einem liebevoll sanierten, historischen Stadthaus, dessen Geschichte bis ins 14. Jahrhundert zurückreicht. Mit nur 15 Zimmern und Suiten werden hier Individualität und intimer Charme vereint, während das geschichtsträchtige Flair des Hauses erhalten bleibt. Die Entwicklung eines kulinarischen Concept Stores passt wunderbar in das Gesamtkonzept des Hauses: Hier treffen Wiener Kaffeehaus, Konditorei, Confiserie, Rösterei, Feinkost und Eventlocation aufeinander und verwöhnen die Gäste mit Köstlichkeiten sowie herrlichen Düften.

Zum Oberjäger
Boutiquehotel

7322 Lackenbach, Schloss 1 • 02619 862626
www.oberjäger.at • reservierung@oberjaeger.at

Inmitten des Burgenlands liegt das Hotel Zum Oberjäger – im denkmalgeschützten Komplex des Schlosses Lackenburg. Der 24-Hektar-Park bietet eine entschleunigende Umgebung, um im Schatten der Bäume zu lesen, auf einer Gartenliege zu dösen oder in der Outdoorsauna zu entspannen – die Möglichkeiten sind vielfältig. Die behutsam renovierten Zimmer sind individuell gestaltet und wahre Unikate. Zwei Salons laden zum Verweilen ein und sorgen mit gut gefüllten Honesty Bars für ganztägige Verpflegung. Selbst gekocht wird im Kochsalon, wo auch Kochseminare stattfinden. Morgens gibt es ein Fünf-Gänge-Brunch-Menü.

Schloss Thannegg

8962 Michaelerberg-Pruggern, Schlossweg 1 • 03685 232100
www.schloss-thannegg.at • info@schloss-thannegg.at

Inmitten der Schladming-Dachstein-Bergwelt thront das fast
1.000 Jahre alte, unter Denkmalschutz stehende Schloss
Thannegg mit Blick auf das Friedenskirchlein. Umgeben
von idyllischen Almen, unzähligen Bergseen sowie Wasser-
fällen ist dem „Schlossherrn auf Zeit" eine Auszeit vom Alltagsstress garantiert. Auch der 7.000 m² große Garten lädt
zum Verweilen ein. Nahezu CO_2-neutral setzt das Hotel ein
Zeichen für Nachhaltigkeit, die sich auch bei den regionalen
Produkten von bekannten Bauern zum Frühstück widerspie-
gelt. Für Freunde der Lüfte gibt es außerdem die Möglichkeit, Gleitschirm zu fliegen.

See-Villa

9872 Millstatt am See, Seestraße 68 • 04766 2102
www.see-villa.at • kontakt@see-villa.at

Direkt am Millstätter See kombiniert man im Hotel See-Villa
Eleganz vergangener Zeit mit dem Luxus der Gegenwart.
Bereits 1884 als Schlosshotel erbaut, begrüßt die Gastgeberfamilie in vierter Generation Gäste zu einem unvergleichlichen Urlaubserlebnis. Eine harmonische Auszeit ist hier
garantiert. Die private Parkanlage mit 200 Meter Uferlänge
lädt zu entspannten Spaziergängen ein, die historisch eingerichteten Zimmer bieten erholsame Nächte. Das 2024 neu
eröffnete À-la-carte-Restaurant „1884" im zeitgemäßen Stil
der Gründungszeit verwöhnt mit Wild aus Eigenjagd und
fangfrischem Fisch.

Schloss Mittersill

5730 Mittersill, Thalbach 1 • 06562 20200
www.schloss-mittersill.com • office@schloss-mittersill.com

Ein königliches Refugium erwartet einen im Schloss Mittersill. Seit 1150 thront das Schloss majestätisch über dem Salzachtal, umgeben von den imposanten Kitzbüheler Alpen im Nationalpark Hohe Tauern. Hier verschmilzt Tradition mit Moderne, in einem Ambiente aus Antik-Edlem und zeitgenössischem Komfort. Die prächtigen Gemäuer erzählen Geschichten vergangener Epochen, während die Küche die Sinne verwöhnt. Und für pure Entspannung steht im Schloss-Spa ein 500 m² großer Wellnessbereich zur Verfügung – mit einem beheizten Außenpool und exklusiven Behandlungen.

Schlosshotel Mondsee

5310 Mondsee, Schlosshof 1a • 06232 5001
www.schlossmondsee.at • info@schlossmondsee.at

Märchenhafte Hochzeit, Bankett in historischem Ambiente oder aktiver Kulturrlaub – egal, was der Anlass ist, das Schloss Mondsee ist die richtige Adresse. Nach einem Schlummertrunk in der Castello Bar & Lounge nächtigt man in einem der 58 zeitlos eingerichteten Zimmer, bevor der neue Tag mit einem umfangreichen Frühstück im Restaurant Culinario startet. Im Monasterium-Wellnessbereich lässt sich beim Saunieren zur Ruhe kommen, während man eine der ältesten Mauern des Hauses aus dem 12./13. Jahrhundert bestaunt. Für historisch Interessierte bietet das Hotel auch Schlossführungen an.

Schloss Fernsteinsee

6465 Nassereith, Fernstein 475 • 05265 5210, 0676 350 0586
www.fernsteinsee.at • hotel@fernsteinsee.at

Das Schloss Fernsteinsee überzeugte bereits König Ludwig II. von Bayern mit seiner großartigen Lage, die auch heute noch naturbegeisterte Gäste anlockt. 280.000 m² umfasst das private Naturresort, wo Taucher die Unterwasserwelt des Fernstein- und Samerangersees erkunden können und gemütlich auf einer über 5.000 m² großen Liegewiese entspannt werden kann. Genächtigt wird in den geschichtsträchtigen Räumlichkeiten mit einer Architektur aus dem 12., 14. und 19. Jahrhundert. Hier besteht die Qual der Wahl zwischen prunkvollen Suiten im Schloss oder klassisch-eleganten Zimmern und Suiten im Hotelgebäude.

Bergschlössl

6580 St. Anton am Arlberg, Kandaharweg 13 • 05446 2220
www.bergschloessl.at • welcome@bergschloessl.at

Das Bergschlössl in St. Anton ist mit seinen acht, mit Liebe zum Detail eingerichteten Zimmern ein wahres Juwel. Die Zimmer bestechen durch einen gemütlichen, traditionell-alpinen Stil und ein Badezimmer mit Wanne. Direkt an der Piste gelegen, ist das traditionsreiche Haus der ideale Ausgangspunkt für Skifahrer. Auch im Sommer bietet der Arlberg die ideale Umgebung für Wanderer, Rad- und Motorradfahrer. Für das leibliche Wohl sorgt das untypische Après-Ski-Lokal Basecamp, das mit hausgemachten Mehlspeisen und selbst gemachter Pasta sowie einer Schauküche überzeugt.

Das Schloss an der Eisenstrasse

3340 Waidhofen an der Ybbs, Am Schlossplatz 1 • 07442 505
www.schlosseisenstrasse.at • office@schlosseisenstrasse.at

Wer das Mostviertel erleben möchte, kommt ins Hotel Das Schloss an der Eisenstrasse. Über dem Ybbsufer thronend, vereint das Schlosshotel das historische Schlossambiente mit modernem Interieur. Das geradlinige Design zieht sich durch die Zimmer sowie durch die Seminarräumlichkeiten, die Platz für bis zu 900 Personen bieten. Im Schlossrestaurant genießt man traditionelle Köstlichkeiten aus dem Mostviertel. Nach einem aktiven Tag in der Mostviertler Natur lässt sich im Spa – mit mehreren kleinen Saunen – sowie bei Massagen entspannen. Für einen gemütlichen Tagesausklang sorgt die SUNdowner Bar.

Parkhotel Schönbrunn

1130 Wien, Hietzinger Hauptstraße 10–14 • 01 878040
www.austria-trend.at/de/hotels/parkhotel-schoenbrunn
parkhotel.schoenbrunn@austria-trend.at

Seit der Eröffnung als Jausenstation 1787 hat sich im Parkhotel Schönbrunn viel getan. Als Gästehaus von Kaiser Franz Joseph I. oder als Balllocation haben die eleganten Räumlichkeiten schon allerhand miterlebt. Nur zehn Minuten vom Schloss Schönbrunn entfernt, erinnert es mit seiner neobarocken Fassade noch heute an die vergangene Kaiserzeit, auch getanzt wird noch regelmäßig bei Bällen und Hochzeiten. Der Ballsaal sowie acht Konferenzsäle eignen sich jedoch mit moderner Ausstattung ebenso gut für Tagungen und Meetings in unterschiedlichen Größen. Abends lädt die Gloriette Bar zum Verweilen ein.

Schloss Wilhelminenberg

1160 Wien, Savoyenstraße 2 • 01 4858503
www.austria-trend.at/de/hotels/schloss-wilhelminenberg
schloss.wilhelminenberg@austria-trend.at

Umgeben von Wiesen, Wäldern und Weingärten die Ruhe in einem ehemaligen Jagdschloss aus dem 18. Jahrhundert genießen und das mit Blick über Wien – ein Traum! Das und noch viel mehr ist im Schloss Wilhelminenberg möglich. Abseits vom Trubel gelegen, bieten die Räumlichkeiten des Empire-Stil-Baus die ideale Voraussetzung für eine Märchenhochzeit. Im Schloss-Restaurant und Café genießen die Gäste österreichische Küche und Wiener Köstlichkeiten. In Erinnerung bleibt zudem der Sonntagsbrunch mit Ausblick. Den idealen Tagesausklang bietet ein Spaziergang bei Sonnenuntergang durch den 120.000 m² großen Park.

Schlosshotel Prielau

5700 Zell am See, Hofmannsthalstraße 10 • 06542 729110
www.schloss-prielau.at • info@schloss-prielau.at

Auf eine lange Geschichte blickt das am Zeller See liegende Schloss Prielau zurück. Bereits 1425 urkundlich erwähnt, befindet es sich seit dem 16. Jahrhundert in der heute erhaltenen Gestalt. Komfort bieten sieben charmante Doppelzimmer sowie zwei luxuriöse Suiten. Exklusive Privatsphäre genießen Gäste im kuscheligen Ferienhaus „Fischerhaus" – nur 100 Meter vom Schloss entfernt. Der idyllische Schlosspark und der Privatstrand laden zum Verweilen ein. Nicht verpassen sollte man ein Dinner im Haubenrestaurant Mayer's. Das Schlosshotel empfiehlt sich zudem als Location für besondere Events.

Hubertushof Anif

5081 Anif, Alpenstraße 110 • 06246 8970
www.hubertushof-anif.at • hotel@hubertushof-anif.at

Unweit der Stadt Salzburg bietet der Hubertushof in Anif die ideale Umgebung für erfolgreiche Seminare und besondere Veranstaltungen. Je nach Seminarraum steht ausreichend Platz für inspirierende Vorträge und Meetings zur Verfügung. In den 84 großzügigen Hotelzimmern finden die Gäste anschließend erholsamen Schlaf. Morgens startet man mit einem köstlichen Frühstück in den Tag. In der Freizeit begibt man sich zum Sporteln in die Natur, beispielsweise in den nahen Hellbrunner Park, oder erfreut sich am Kulturangebot der Stadt. Seminargästen wird außerdem ein umfangreiches Rahmenprogramm geboten.

Ammerhauser

Hotel & Restaurant

5102 Anthering, Dorfstraße 1 • 06223 2204
www.ammerhauser.at • info@ammerhauser.at

Im familiengeführten Hotel Ammerhauser sind Seminarteilnehmer, Urlaubsgäste und Geschäftsreisende bestens aufgehoben. Nur wenige Autominuten von Salzburg entfernt, in ruhiger und grüner Lage, glänzt das Hotel mit stilvollem Ambiente und hochwertiger Ausstattung. Sieben Seminarräume sowie bei Schönwetter ein großzügiger Garten bieten reichlich Platz für Meetings und Tagungen. Von gemütlichen Einzelzimmern über großzügige Suiten bis hin zu Familienzimmern – hier findet jeder den passenden Rückzugsort. Sauna und Ruheräume bieten eine entspannende Auszeit, der Fitnessraum sportlichen Ausgleich.

At the Park Hotel

2500 Baden bei Wien, Kaiser-Franz-Ring 5 • 02252 44386
www.atthepark.at • office@thepark.at

In der Kurstadt Baden nahe Wien sorgt das At the Park Hotel
für Wohlfühlmomente. In ruhiger Atmosphäre nächtigen
Gäste hier in einem der 83 gemütlichen Zimmer. Das Hotel
verfügt über insgesamt sechs moderne, voll klimatisierte
Seminarräume, die Platz für bis zu 120 Personen bieten –
ideal für Seminare, Konferenzen und Tagungen sowie Feierlichkeiten jeglicher Art. Auf Wunsch wird ein Rahmenprogramm wie Weinverkostungen oder Showkochen geboten.
Aktive Pausen verbringt man im weitläufigen Kurpark, im
Wienerwald oder im Fitnessraum. Morgens stärkt man sich
am reichhaltigen Frühstücksbuffet.

©At the Park Hotel

Wesenufer

Hotel & Seminarkultur an der Donau

4085 Wesenufer, Wesenufer 1 • 07718 20090
www.hotel-wesenufer.at • office@hotel-wesenufer.at

Im Hotel Wesenufer blickt man auf eine lange Geschichte zurück, heute erkennt man diese vor allem am sorgsam sanierten und erweiterten Schlossgebäude, das am Ende des 19. Jahrhunderts erbaut wurde. Das Seminarhotel bietet Tagungsräumlichkeiten für bis zu 250 Personen, bei Schönwetter laden die Wiese und die Terrasse zu Outdoortagungen ein. Platz für Nächtigungsgäste bieten 49 gemütliche, klimatisierte Zimmer. Für das leibliche Wohl sorgt das Schlossrestaurant mit Wintergarten und Donauterrasse. In der Freizeit zieht es die Gäste an die Donau und ins Grüne, entspannt wird im Wellnessbereich.

Kaiserhof Wien

1040 Wien, Frankenberggasse 10 • 01 5051701
wien.hotel-kaiserhof.at • wien@hotel-kaiserhof.at

Mitten in Wien, unweit des Karlsplatzes, bietet das Hotel Kaiserhof eine charmante, altehrwürdige Umgebung für Städtereisende und Seminargäste. Drei Seminarräume mit hellen, hohen Räumen, viel Tageslicht, modernster Seminartechnik und kontinuierlich hoher Luftqualität bieten die ideale Voraussetzung für erfolgreiche Meetings. Nach einem erholsamen Schlaf in einem der 74 kaiserlich-eleganten Zimmer startet man mit einem umfangreichen Frühstücksbuffet (mit veganen Optionen) in den Tag. Abgerundet wird das Angebot von einem kleinen, aber feinen Saunabereich und einem Fitnessraum.

Gault&Millau

Genussmesse, Weinfest und vieles mehr...

Alle Tickets zu unseren kulinarischen Events auf gaultmillau.at

Das Kaiserblick Hotel

6352 Ellmau, Kirchbichl 5 • 05358 2230
www.kaiserblick.at • office@kaiserblick.at

Im Vier-Sterne-Superior-Hotel Das Kaiserblick am Wilden Kaiser erwartet die Gäste ein Skiurlaub der Extraklasse, bei dem man direkt von der Haustür auf die Pisten steigt. Das familiengeführte Hotel bietet jedoch das ganze Jahr einen feinen Mix aus Bergabenteuer und Erholung. Nach einem Tag auf den umliegenden Skipisten von Mellau-Damüls, wo man endlose Kilometer perfekt präparierter Pisten vorfindet, entspannt man im großzügigen Wellnessbereich und genießt den beheizten Außenpool, verschiedene Saunen und exklusive Spa-Behandlungen. Kulinarische Genüsse und eine herzliche Gastfreundschaft runden den Aufenthalt ab.

Tirol Lodge Ellmau

6352 Ellmau, Weissachgraben 14A • 05358 44666
www.tirollodge.at • info@tirollodge.at

Direkt an der Talstation der Hartkaiserbahn gelegen, ist dieses modern und urban anmutende Haus der perfekte Ausgangspunkt für Bergabenteuer. Hier taucht man ein in die fantastische Bergwelt der Region Wilder Kaiser. Holz und Glaselemente dominieren die großzügige Raumgestaltung und verströmen ein wunderbares Freiheitsgefühl zum Durchatmen. Beim Einkehrschwung verwöhnen einen vier Restaurants mit Tiroler oder internationalen Köstlichkeiten. Ein Highlight sind die inkludierten geführten Aktivitäten wie Ski- oder Biketouren. Die Umgebung erkundet man mit E-Vespas oder Golfcarts aus dem hauseigenen Verleih.

Alpin Resort Stubaier Hof

6166 Fulpmes, Herrengasse 9 • 05225 62266
www.stubaierhof.at • hotel@stubaierhof.at

Für jene, die auch im Juni noch Skifahren möchten, bietet der Stubaier Gletscher ab Oktober jedes Jahres die optimalen Bedingungen und Schneesicherheit. Der Stubaier Hof in Fulpmes ist dafür ein idealer Ausgangspunkt: Das abwechslungsreiche Skigebiet Schlick 2000 liegt um die Ecke beziehungsweise in nur zweiminütiger Entfernung mit dem Skibus. Vom Neuling bis zum Profi: In diesem familienfreundlichen Skigebiet kommt jeder auf seine Kosten. Und wer einmal in der Poststube gespeist hat, versteht, warum Liebe durch den Magen geht! Traditionelle Speisen und moderne Küche bilden eine wunderbare Symbiose.

Sonnenhof
Gourmet | Wine | Spa | Art

6673 Grän, Füssener-Jöchle-Straße 5 • 05675 6375
ww.sonnenhof-tirol.com • post@sonnenhof-tirol.com

Im Herzen des malerischen Tannheimer Tals empfängt einen der Sonnenhof mit unvergleichlicher Gastfreundschaft und kulinarischem Genuss. Hier erwartet einen eine Vielfalt an traumhaften Erlebnissen, beispielsweise im Rahmen des Wochenprogramms. In den modernen und gemütlichen Zimmern und Suiten in drei Kategorien findet man seinen persönlichen Rückzugsort mit atemberaubendem Ausblick auf die umliegende Natur. Man relaxt im edlen Spa-Bereich mit Panoramahallenbad, Berggrotte und Wellnessgarten oder gönnt sich eine Auszeit im Sky Spa bei Massagen und Beauty-Anwendungen.

Alpine Palace

5754 Hinterglemm, Reiterkogelweg 169 • 06541 6346
www.hotel-alpine-palace.com • info@alpine-palace.com

Das Alpine Palace in Saalbach-Hinterglemm bietet mit großzügigen Zimmern und Suiten sowie einem herzlichen Service ein exklusives Refugium für Erholungsuchende und
Aktivurlauber gleichermaßen. Die Lage direkt an der Bergbahn ermöglicht im Sommer ausgedehnte Wanderungen
und im Winter Ski-in/Ski-out-Erlebnisse. Danach entspannt
man sich im wunderbaren Spa-Bereich. Die kulinarischen
Genüsse im Gourmethotel versprechen Frische, Regionalität
und Qualität, ob im eleganten Hauptrestaurant, im modernen Palace Restaurant oder in der traditionellen Bürgerstube. Besonders hervorzuheben ist das Arte Vinum, das
Gourmetrestaurant.

Das Zwölferhaus

5754 Hinterglemm, Zwölferkogelweg 137 • 06541 6317
www.daszwoelferhaus.at • info@daszwoelferhaus.at

Im Vier-Sterne-Superior-Hotel inmitten der Salzburger Bergwelt werden all jene fündig, die ein Topangebot für Action
suchen. Die Nähe zur Natur spürt man im ganzen Haus: Hierher kommt man, um sich wie daheim zu fühlen – nur besser. Im Winter bietet die Skiregion grenzenlosen Pistenspaß
mit unschlagbaren 270 Kilometern. Mit der 12er Kogel Bahn
direkt neben dem Hotel ist man stressfrei inmitten des Skiparadieses, die passende Ausrüstung erhält man direkt im
Sportshop im Hotel. Für die stärkende Kulinarik ist mit traditionellen Speisen gesorgt, aber auch internationale Einflüsse begeistern den Gaumen.

Birkenhöhe

6992 Hirschegg /Kleinwalsertal, Oberseitestraße 34 • 05517 5587
www.birkenhoehe.com • info@birkenhoehe.com

Kleinwalsertal: die schönste Sackgasse Österreichs. Normalerweise ein Ende, ja, aber hier das Ende der Sehnsucht
und der Beginn unvergesslicher Eindrücke. 130 Pistenkilometer im Skigebiet Oberstdorf Kleinwalsertal für Skifahrer,
Freerider und Skitourengeher. Ideal für Familien – mit Pis-
teneinstieg direkt vor der Haustür. Langlaufloipen, Rodel-
pisten und für die Mutigen auch Schlauchreifen runden
das Programm ab. Im GenussWirt verwöhnt man die Gäste
mit Produkten, die die Frische, Kraft und Reinheit der Natur
widerspiegeln. Einmalig ist das „Walser Buura" (Rind und
Kalb).

Yscla
Genießerhotel

6561 Ischgl, Dorfstraße 73 • 05444 5275
www.yscla.at • info@yscla.at

Das Gourmet-Boutiquehotel Yscla in Ischgl ist der perfekte
Ausgangsort für fantastische Skierlebnisse und repräsen-
tiert eine exklusive Verbindung aus Luxus und kulinarischer
Exzellenz, geprägt durch Haubenkoch Benjamin Parth. Das
Hotel, bekannt für seine dezente Exklusivität, beherbergt
das renommierte Gourmetrestaurant Stüva, welches mit
fünf Hauben ausgezeichnet ist. Das kulinarische Verwöhnprogramm beginnt aber schon beim reichhaltigen Frühstücksbuffet. Ein umfangreich bestückter Weinkeller rundet
das Gourmeterlebnis ab. Der großzügige Wellnessbereich,
die YsclaP-Vital-Therme, bietet Entspannung pur.

Bergdorf Hotel Zaglgut
Chalets & Suiten

5710 Kaprun, Zaglweg 10 • 06547 70200
www.zaglgut.at • office@zaglgut.at

Oberhalb von Kaprun liegt ein magischer Sehnsuchtsort. Natur, so weit das Auge reicht und so weit einen die Füße tragen. Heimelige Hütten und exklusive Suiten laden zum Durchatmen ein. Hier verspürt man den Wunsch, bleiben zu wollen. Die neue 3-K-Konnection mit Kaprun, dem Familienberg Maiskogel und dem Gletscherskigebiet Kitzsteinhorn garantiert Abwechslung. Tür auf, abfahren und mit dem letzten Skischwung im Urlaubsnest ankommen – „Tischlein, deck dich!" im Chalet oder Gaumenzauber im Restaurant als Belohnung. Im Wohlfühlrefugium wird man von Wärme gestreichelt, von Düften getragen und vom Wasser geschaukelt.

Goldener Greif Kitzbühel

6370 Kitzbühel, Schulgasse 3 • 05356 64311
www.greifkitz.at • hotel@greifkitz.at

Ein Logenplatz direkt beim weltberühmten Skispektakel, dem Hahnenkamm-Rennen auf der Streif, gesucht? Von den oberen Stockwerken dieses Traditionshotels mitten im Herzen von Kitzbühel ist man nicht nur dabei, sondern mittendrin. Familiäres Flair und gelebte Gastfreundschaft überzeugen Gäste aus aller Welt, die dem Haus seit Jahrzehnten die Treue halten. Das unvergleichliche Sportangebot sucht seinesgleichen. Das Kitzbüheler Flair und die exklusiven Geschäfte der Gamsstadt laden zum Bummeln ein. Die Nachtruhe genießt man in einer besonderen Wohnkultur der Ursprünglichkeit und Gemütlichkeit.

Hahnenhof

6370 Kitzbühel, Hausstattfeld 18 • 05356 62582
www.hahnenhof.at • info@hahnenhof.at

Willkommen im Hotel Hahnenhof, einem Juwel in den Kitzbüheler Alpen, zu welchem man direkt von der Skipiste abfahren kann. Dieser 300 Jahre alte Bauernhof wurde liebevoll im typischen Tiroler Stil renoviert und bietet heute 12 Appartements und drei geräumige Zimmer. Nur 15 Gehminuten vom Zentrum Kitzbühels entfernt, genießt man die Ruhe eines 6.000 m² großen Gartens. Traditionelle Gastfreundschaft prägt das Haus, das ursprünglich Einheimische mit Wein bewirtete. Hier darf man sich auf modernen Komfort mit herzlichem Service und feinen Annehmlichkeiten wie Frühstücksbuffet, Schwimmbad und Sauna freuen.

Rasmushof Hotel Kitzbühel

6370 Kitzbühel, Hermann-Reisch-Weg 15 • 05356 65252
www.rasmushof.at • office@rasmushof.at

Im Hotel Rasmushof in Kitzbühel, direkt am Fuße des Hahnenkamms, erleben Gäste das ganze Jahr über tirolerische Gastfreundschaft. Dieses charmante Hotel liegt nicht nur im Zielgelände der legendären Streif, sondern auch mitten auf dem eigenen 9-Loch-Golfplatz. Egal, ob Ski-, Golf- oder Wanderurlaub – der Rasmushof bietet die perfekte Lage für Sportbegeisterte und Erholungsuchende. Unter der Leitung von Signe Reisch genießen die Gäste eine Atmosphäre, die herzlich und echt ist. In den gemütlich eingerichteten Zimmern und Suiten, alle im traditionellen Landhausstil gehalten, finden Besucher Ruhe – genau wie im Wellnessbereich.

Weisses Rössl

6370 Kitzbühel, Bichlstraße 5 • 05356 71900
www.roesslkitz.at • hotel@roesslkitz.at

Willkommen im Hotel Weisses Rössl, einer exquisiten Adresse in Kitzbühel! Hier verschmelzen Design und Lifestyle inmitten der Kulisse einer historischen Bausubstanz. Die 45 Zimmer und Suiten strahlen eine Mischung aus zeitloser Eleganz und modernem Komfort aus, in perfekter Lage nahe der Hahnenkamm-Bahn. Im „Cheval Blanc"-Spa, auf einer Fläche von 1.000 m², genießt man nach einem Skitag Entspannung am Indoorpool, in verschiedenen Saunen oder bei einer Massage. Kulinarisch verwöhnt wird man im Restaurant Zuma mit erstklassiger japanischer Küche; der Abend lässt sich ideal in der Zuma Bar ausklingen.

Post Lech
Hotel-Gasthof

6764 Lech am Arlberg, Dorf 11 • 05583 22060
www.postlech.com • info@postlech.com

Im Herzen von Lech am Arlberg bietet der Gasthof Post eine exquisite Kombination aus traditioneller Gastlichkeit und Fünf-Sterne-Luxus. Unter der Führung der Familie Moosbrugger, die das Hotel über Generationen hinweg mit großer Leidenschaft betreibt, genießen Gäste ein authentisches Alpenerlebnis. Das Haus zeichnet sich durch seine exklusive Lage und sein historisches Ambiente aus, ergänzt durch modernen Komfort und eine preisgekrönte Küche. Man relaxt im großzügigen Wellnessbereich oder startet direkt vom Hotel auf die Pisten. Hier verbindet sich alpiner Charme nahtlos mit erstklassigem Service.

Die Riederalm

Genießerhotel

5771 Leogang, Rain 100 • 06583 7342
www.riederalm.com • info@riederalm.com

Die Riederalm in Leogang ist ein wahres Paradies für Ski-
liebhaber, Golffans und all jene, die alpine Gastfreundschaft zu schätzen wissen. Im Herzen des Salzburger Lands
bietet dieses Vier-Sterne-Superior-Hotel ein umfassendes
Angebot an Inklusivleistungen, das jeden Aufenthalt zu
einem besonderen Erlebnis macht. Küchenchef Andreas
Herbst verwöhnt die Gäste mit einer Gourmetpension, die
ein Höchstmaß an kulinarischer Qualität garantiert. Der
Wellnessbereich erstreckt sich über 2.000 m² und bietet
unter anderem das Adults-only-Mountain-Spa und ein Pa-
norama-Fitnesscenter.

© Hotel Riederalm, Carmen Huter

Die Wälderin

6881 Mellau, Hinterbündt 383 • 05518 20102
www.diewaelderin.at • hotel@diewaelderin.at

Das Hotel Die Wälderin in Mellau, direkt an der Bergbahn gelegen, bietet das perfekte Ambiente für einen aktiven und erholsamen Urlaub im Herzen der Skiregion Mellau-Damüls. Wunderbar ist die weitläufige Badewelt des Hotels: Die Kinder freuen sich über den Spaßpool, während Erwachsene die vielfältige Saunalandschaft genießen können. Ein besonderes Highlight ist der ganzjährig beheizte Gartenpool, der Entspannung mit atemberaubender Aussicht verbindet. Kulinarisch wird man vom Frühstücksbuffet bis zum Fünf-Gänge-Abend-Wahlmenü mit regionalen Spezialitäten verwöhnt.

Hochfirst
Alpen-Wellness Resort

6456 Obergurgl, Gurgler Straße 123 • 05256 63250
www.hochfirst.com • info@hochfirst.com

Willkommen im Alpen-Wellness Resort Hochfirst, einem exklusiven Fünf-Sterne-Urlaubsdomizil in Obergurgl. Dieses Luxushotel bietet nicht nur eine einzigartige Lage direkt an den Skipisten, sondern auch ein unvergleichliches Wellnesserlebnis auf 1.500 m². Man erlebt erlesene Kulinarik auf Haubenniveau und genießt die exquisite Gastfreundschaft, die in diesem familiengeführten Resort großgeschrieben wird. Ob entspannte Stunden im beheizten Outdoorpool oder aktive Tage auf den Pisten – das Hochfirst verspricht einen Urlaub, bei dem Luxus und Wohlgefühl im Mittelpunkt stehen.

The Crystal
Obergurgl

6456 Obergurgl, Gurgler Straße 90 • 05256 6454
www.thecrystal.at • rez.cry@vayaresorts.com

Mit dem The Crystal VAYA Unique in Obergurgl findet sich ein exklusives Refugium für den anspruchsvollen Urlauber. Gelegen auf über 2.000 Metern Höhe, bietet dieses Hotel nicht nur einen atemberaubenden Blick auf die Ötztaler Alpen, sondern auch direkten Zugang zur Festkoglbahn – ideal für Skibegeisterte. Die Zimmer und Suiten überzeugen mit einem luxuriösen Design und großzügigen Fensterfronten, die die alpine Landschaft ins Innere holen. Kulinarisch werden Gäste mit alpiner Küche mit modernen Akzenten verwöhnt, während der 2.000 m² große Wellnessbereich mit Indoor- und Outdoorpool zum Entspannen einlädt.

Schneider

5562 Obertauern, Brettsteinstraße 2 • 06456 73140
www.schneider.at • hotel@schneider.at

In diesem Hotel werden Geschichten geschrieben – voller Abenteuer, gespickt mit Highlights von der Piste, von purer Erholung und märchenhaftem Genuss. Das Hotel in Toplage garantiert eine entspannte Zeit in der Freiheit der Berge – inklusive Ski-in/Ski-out. Autofreies Skivergnügen – man könnte fast schon im Zimmer die Skier anschnallen und sich auf die glitzernden Skipisten freuen. Oder man spürt bei idyllischen Wanderungen die positiven Auswirkungen der frischen Bergluft auf Körper und Geist. Nach dem Skitag erholt man sich im Sole-Aromadampfbad oder auf einem angenehm temperierten Wasserbett.

Ski in Ski out

Almhof Rupp

6991 Riezlern/Kleinwalsertal, Walserstraße 83 • 05517 5004
www.almhof-rupp.at • info@almhof-rupp.at

Egal, ob Kinder, Anfänger oder Profi: Zwischen Heuberg-arena, Walmendingerhorn, Fellhorn-Kanzelwand und Ifen bieten diese gut erschlossenen Skigebiete mit zahlreichen Liften und Bahnen für jeden Schwierigkeitsgrad ein optimales Skivergnügen. Alles da, da, da – mit Kids Ground Fun Park, Almdudler Fellhornpark und Halfpipe. Erholen kann man sich in hellen, komfortablen Zimmern mit traumhafter und ruhiger Lage und der einzigartigen Aussicht auf die Berge des Kleinwalsertals. Wellness, Sauna und Schwimmbad beziehungsweise die alpenländische Harmonie im Restaurant verwöhnen die Gäste des Hotels Almhof Rupp vollends.

AlpenParks Sonnleiten

5753 Saalbach, Hinterhagweg 361 • 06541 6402
www.sonnleiten.com • sonnleiten@alpenparks.at

Im Hotel & Apartment Sonnleiten in Saalbach, direkt an der Ski- und Bikepiste Kohlmais gelegen, genießt man das ganze Jahr über sportliche Aktivitäten direkt vor der Haustür. Die 36 modernen Zimmer, Suiten und Apartments – viele mit eigener Sauna – bieten einen herrlichen Blick auf das Glemmtal und laden nach einem Tag auf den Pisten oder Wegen zum Entspannen ein. Im hauseigenen Restaurant wird man mit kulinarischen Köstlichkeiten verwöhnt, während der beheizte Außenpool zur Erholung einlädt. Das Sonnleiten bietet eine perfekte Kombination aus Aktivurlaub und entspannten Momenten in der Natur.

Sonnhof Alpendorf

5600 St. Johann im Pongau, Alpendorf 16 • 06412 7271
www.sonnhof-alpendorf.at • info@sonnhof-alpendorf.at

Dieses Adults-only-Hotel ist eine Oase des Müßiggangs. Was zu Hause nicht funktioniert, klappt hier mühelos – Entspannung und Erholung pur. Im Winter ist das Motto „Auf die Brettln, fertig, los!", denn das Wintersportparadies beginnt direkt vor der Haustür mit einem bequemen Zugang zum „Snow Space Salzburg". Im Sommer bietet die zentrale Lage in der Bergwelt der Salzburger Alpen Sportlern und Genusswanderern ein Eldorado an Möglichkeiten rund um das Hochkönig- und Tennengebirge und den Nationalpark Hohe Tauern. Golffans haben im Umkreis von 60 Fahrminuten die Qual der Wahl aus 18 Golfplätzen.

Das Seemount

Active Nature Resort

6553 See/Paznaun, Au 170 • 05441 8509
www.seemount.at • info@seemount.at

Im Hotel Das SeeMOUNT in See in Paznaun muss man sich nicht zwischen Wellness- und Aktivurlaub entscheiden, denn hier lässt sich beides ganz wunderbar miteinander kombinieren. Gegenüber vom Hotel finden Gäste eine Seilbahn auf die Berge der Silvrettagruppe, im Winter lockt das Skigebiet See und im Sommer lädt die Natur zum Biken und Wandern ein. Nach einem anstrengenden Tag in der wunderschönen Paznauner Natur entspannt man im „Hot See Tub" oder lockert die Muskeln bei gemütlichen Längen im Infinity-Außenpool. Die großzügigen Zimmer sorgen mit komfortablen Designmöbeln und Balkon oder Loggia für erholsame Nächte.

Enzian

6450 Sölden, Hochsöldenstraße 7 • 05254 2252
www.hotel-soelden-enzian.com • info@hotel-enzian.at

Auf 2.090 Meter, im schneesicheren Hochsölden, zeigt das Vier-Sterne-Superior-Hotel Enzian, wie man Tiroler Hoteltradition mit einer gekonnten Symbiose aus alpinem Lifestyle und urbanem Chic neu belebt. Direkt an der Skipiste liegt das Hideaway in den Ötztaler Bergen mit einem Panoramablick auf die Bergriesen Tirols. Großzügige Zimmer mit edlem Wohndesign laden zum Verweilen ein. Infinitypool und Saunalandschaften bilden ein Refugium für alpines Wellfeeling, die Kulisse wird zum wichtigsten Element der Erholung. Kulinarisch werden Gustostückerl kredenzt, abgerundet mit einmaligen Gipfelblicken.

Hochsölden Ⓝ

Sonnenhotel

6450 Sölden, Hochsöldenstraße 24 • 05254 22290
www.hotelhochsoelden.at • info@hotelhochsoelden.at

Auf einer Höhenlage von 2.090 Meter scheint im Hotel Hochsölden der Himmel zum Greifen nahe. Morgens geht es gut gestärkt vom reichhaltigen Frühstücksbuffet direkt vom Hotel auf die Piste, wo 144 Pistenkilometer für reichlich Skispaß sorgen. Am späten Nachmittag führt der Weg zurück ins Hotel, wo beim Längenschwimmen im Innenpool oder beim Relaxen im Außenwhirlpool mit Ötztaler Bergpanorama die Muskeln gelockert werden können. Nach einem wohltuenden Saunagang bringt man im Kneipp-Becken anschließend den Kreislauf wieder in Schwung. Abends werden Gäste mit einem Vier-Gänge-Wahlmenü verwöhnt.

Ski in Ski out

Falkensteiner Hotel & Spa Carinzia

9631 Tröpolach, Tröpolach 156 • 04285 72000
www.falkensteiner.com • reservations.carinzia@falkensteiner.com

Direkt vor der Tür des Falkensteiner Hotel & Spa Carinzia am Kärntner Nassfeld eröffnet sich ein Skiparadies mit Ski-in/Ski-out, wo man die wunderbaren Pisten des größten Skigebiets Kärntens erkunden kann. Nach einem Tag im Schnee findet man Entspannung im neu gestalteten Acquapura Spa Via Carnica, genießt das wohltuende Erlebnis der finnischen Panoramasauna oder des beheizten Außenpools und lässt die Seele in verschiedenen Ruhebereichen baumeln. Ergänzt wird der Aufenthalt durch kulinarische Höhepunkte und ein umfassendes Aktivprogramm, das keine Wünsche unerfüllt lässt.

Berghotel Biberkopf

6767 Warth, Warth 28 • 05583 41800
www.biberkopf.at • office@biberkopf.at

Ein Urlaub in den Alpen, an einem Ort, wo alles kann und nichts muss – mitten in Warth am legendären Arlberg, in unschlagbarer guter Lage. Vom Berghotel Biberkopf aus ist man in Nullkommanichts im Skiparadies. Ein außergewöhnliches Ambiente auf höchstem Niveau: Alpin-urbane Architektur mit viel heimischem Holz und harmonischen Farbkontrasten schafft eine natürliche Wohlfühlatmosphäre. Für jung(gebliebene) Erwachsene (Mindestalter 12 Jahre) der Treffpunkt in einem beschaulichen Bergdorf. Der atemberaubende Rundumblick durch große Panoramafenster und -balkone gehört zur Grundausstattung.

Edelweiss

6763 Zürs am Arlberg, Zürs 79 • 05583 2662
www.edelweiss-arlberg.at • welcome@edelweiss-arlberg.at

Der Arlberg ist seit jeher der Place to be für passionierte Skifahrer. Das Edelweiss zeigt sich als die perfekte Unterkunft für all jene, die das Besondere im Skiurlaub schätzen. Von außen ein traditionelles Haus, überraschen die Zimmer und Suiten mit kreativen Looks – bunte Tapeten, Kunst und Designelemente lassen einen staunen. Ebenso außergewöhnlich ist die Küche. Abends wählt man flexibel zwischen einem Vier- oder Fünf-Gänge-Menü oder À-la-carte-Gerichten. Apropos Kulinarik: Auch am Berg erwarten einen Köstlichkeiten in der zugehörigen Skihütte Flexenhäusl, die man im Sommer als Feierlocation buchen kann.

Hirlanda

6763 Zürs am Arlberg, Zürs 80 • 05583 22620
www.hirlanda.at • alberta@hirlanda.at

Schnee ist das Gold der Alpen und besonders in Lech Zürs am Arlberg, wo das alpine Skifahren seinen Ursprung hat, gibt es reichlich davon. Direkt an der Piste schätzt man den Komfort des Anschnallens, Abschnallens, Abschaltens. Was auch immer der Anspruch ist, im Hirlanda weiß man, dass es die Kleinigkeiten sind, mit denen man die Gäste verwöhnt. In den 30er-Jahren eine kleine beschauliche Pension, ist das Hirlanda heute eine Topdestination für Gäste, die einen Ort suchen, wo es einem leicht fällt, der Hektik und dem Stress zu entfliehen. Und wo man die Liebe zum Beruf in jeder Aktion spürt.

Zürserhof

6763 Zürs am Arlberg, Zürs 75 • 05583 25130
www.zuerserhof.at • hotel@zuerserhof.at

Das Grand Resort Zürserhof am Arlberg, ein Fünf-Sterne-Luxus-Skihotel, verkörpert die Quintessenz alpiner Eleganz. In diesem traditionsreichen Familienbetrieb erleben Gäste eine außergewöhnliche Verbindung von erstklassigem Service, herzlicher Gastfreundschaft und luxuriösem Wohnambiente. Ob auf den Pisten von Zürs oder im exklusiven Spa-Bereich des Hotels, das auf über 3.200 m² eine Oase der Entspannung bietet – hier wird Verwöhnkultur großgeschrieben. Die Gäste genießen nicht nur die raffinierten Kreationen, sondern auch die liebevoll gestalteten Zimmer und Suiten.

WELLNESS

Almesberger
Wellnesshotel

4160 Aigen-Schlägl, Marktplatz 4 • 07281 8713
www.almesberger.at • hotel@almesberger.at

Gelegen im malerischen Mühlviertel, bietet das Hotel Almesberger ein exklusives Erlebnis für Wellness- und Aktivurlauber. Das Wellnessparadies erstreckt sich über 5.000 m² und bietet Saunen, Ruheräume, Pools und ein vielfältiges Spa-Angebot. Kulinarisch verwöhnt das Hotel mit regionalen Spezialitäten, einem umfangreichen Frühstücksbuffet und erlesenen Mehr-Gänge-Menüs. Sportliche Gäste können im modernen Fitnessstudio trainieren oder die Natur per Rad und zu Fuß erkunden. Ein Highlight ist die gelebte Gastfreundschaft des seit 1850 in Familienhand befindlichen Hauses.

Der Böglerhof
pure nature spa resort

6236 Alpbach, Nr. 166 • 05336 5227
www.boeglerhof.at • info@boeglerhof.at

Willkommen im Böglerhof im Alpbachtal, wo Herzlichkeit, Luxus und traumhafte Natur aufeinandertreffen. Man darf sich über einige Neuheiten im Haus freuen – etwa die neuen, luxuriösen Wohlfühlsuiten, darunter auch edle Penthouses mit atemberaubendem Bergblick, einen großzügigen Badesee mit beheiztem Outdoorpool und weitere neue Annehmlichkeiten im Spa-Bereich wie Saunen und ein Ruheraum für Erwachsene. Feinschmeckererlebnisse genießt man in der historischen Fuggerstube, den passenden Wein findet man dank des außergewöhnlichen Kellers auch!

Alpenrose

5541 Altenmarkt, Zauchensee 24 • 06452 4027
www.hotel-alpenrose.at • office@hotel-alpenrose.at

Urlaub im Hotel Alpenrose bedeutet, von den Annehmlich-
keiten von Berg und See an einem Ort zu profitieren. Das
Haus ist nämlich der beste Ausgangspunkt für winterliche
wie auch sommerliche Erlebnisse. Auch im Inneren des
Hotels wird einiges geboten: Da wären etwa die Mühlen-
sauna, ein Hallenbad, Ruheräume und der Whirlpool mit
Blick auf die Alpen. In den warmen Monaten lockt die große
Sonnenterrasse. Der Tag beginnt immer mit einem ausgie-
bigen Frühstück und endet beim abendlichen Dinner in der
Ofenstube oder in der Almstube mit einem guten Glas Wein.

Adler

6883 Au im Bregenzerwald, Lisse 90 • 05515 2264
www.adler-au.at • hotel@adler-au.at

Selten passt die Beschreibung „Postkartenmotiv" so gut
wie beim Hotel Adler in Au. Das familiengeführte Haus – ein
hölzernes, modern gehaltenes Gebäude – ist umgeben von
einer massiven Berglandschaft. Was die ganz besondere
Atmosphäre ausmacht? Die Gastlichkeit und das Traditions-
bewusstsein in Kombination mit dem Zeitgemäßen. Der
Adler ist ein Haus für die ganze Familie – dementsprechend
vielseitig ist das Programm, das geboten wird. Vor sommer-
lichen Aktivitäten wie Wandern bis hin zu Skifahren im Winter. Der Spa-Bereich und das kulinarische Angebot runden
den Urlaub im Bregenzerwald ab.

Narzissen Vital Resort

8990 Bad Aussee, Pötschenstraße 172 • 03622 55300
www.vitalresort.at • info@vitalresort.at

Im Narzissen Vital Resort in Bad Aussee erleben Gäste Vitalität, Ruhe und Entspannung in einer ruhigen Naturkulisse. Aufgrund der Umgebung, bestehend aus der Berglandschaft des Salzkammerguts, ist Entspannung bei einem Aufenthalt garantiert. Sowohl die Zimmer, die im Suitenhotel allesamt mit größtmöglichem Komfort ausgestattet sind, als auch das Solebad setzen auf Luxus. Letzteres ermöglicht ein vielfältiges Badeerlebnis rund um die Ausseer Sole – von der Solegrotte bis hin zur Saunalandschaft. Daneben werden auch ganzheitliche Therapien und Medical Wellness angeboten.

Rogner Bad Blumau

8283 Bad Blumau, Bad Blumau 100 • 03383 51009449
www.blumau.com • urlaubsschneiderei@rogner.com

Ein Gesamtkunstwerk, das gleichzeitig Wellnessherzen höherschlagen lässt: Das Rogner in Bad Blumau verspricht mit seiner umfangreichen Wasserwelt und dem von Friedensreich Hundertwasser gestalteten Gebäude eine kunstvolle Auszeit. In einem farbenfrohen Ambiente können Gäste im Thermalwasser baden oder in der Salzgrotte zur Ruhe kommen. Kulinarisch wird ganztägig etwas geboten: vom Frühstücksbuffet über steirische Tapas zu Mittag bis hin zum À-la-carte-Menü am Abend. Zurückziehen kann man sich nach den regionalen Köstlichkeiten in den schlicht gehaltenen Zimmern mit Blick ins Grüne.

Villa Gleichenberg

8344 Bad Gleichenberg, Am Kurpark/Bergstraße 2 und 4 • 03159 2424
www.gleichenbergerhof.at/gleichenberger-hof-thermenland.html
office@gleichenbergerhof.at

Die geschichtsträchtige Villa, die 1845 als „Villa Weihnachtsbaum" erbaut wurde, begrüßt jährlich zahlreiche Erholungsuchende. 15 behagliche Zimmer mit Terrasse und Loggia erstrahlen – wie das restliche Haus – in liebevollem Jugendstil-Flair und bieten einen wunderschönen Ausblick auf den anliegenden Kurpark. Das Gartenbad ist das Herzstück des weitläufigen Wellnessangebots des Hotels und lädt ganzjährig zum Baden unter freiem Himmel ein. In „Gertis Bio-Küche" wird frisch gekocht und gebacken, wofür ausschließlich biologische Lebensmittel verwendet werden.

Panorama Royal

6323 Bad Häring, Panoramastraße 2 • 05332 77117
www.panorama-royal.at • office@panorama-royal.at

Das Panorama Royal im Tiroler Bad Häring bietet luxuriöse Wellness- und Erholungsmöglichkeiten in einer idyllischen Umgebung. Es verfügt über eine 7.500 m² große Wellnesslandschaft mit mehreren Pools, Saunen und einem umfangreichen Spa-Bereich. Das Hotel legt großen Wert auf Gesundheit und Wohlbefinden, kombiniert ganzheitliche Heilmethoden und bietet zudem verschiedene Beauty-Behandlungen und Massagen an. Gäste übernachten in komfortablen Zimmern und Suiten und genießen im Restaurant von morgens bis abends exquisite Kulinarik. Besonders schön: der Ausblick auf das Inntal auf der Sonnenterrasse.

Das.Goldberg

5630 Bad Hofgastein, Haltestellenweg 23 • 06432 6444
www.dasgoldberg.at • info@dasgoldberg.at

Inmitten der Hohen Tauern und mit einem beeindruckenden Ausblick steht das Hotel Das.Goldberg in Bad Hofgastein für eine luxuriöse Kombination aus Natur, Design und Wellness. Zu den Highlights gehören ein alpines Spa, ein Infinitypool, ein Naturbadesee mit Sandstrand sowie das gastronomische Angebot: Hier überzeugen drei Bars sowie ein Restaurant mit Sonnenterrasse, die allesamt regionale Spezialitäten anbieten. Für Aktivurlauber gibt es einen direkten Zugang zu Skipisten und zahlreiche Aktivitäten für die warmen Monate. Wellnessbehandlungen und Yoga-Retreats runden das Angebot ab.

Österreichischer Hof

5630 Bad Hofgastein, Kurgartenstraße 9 • 06432 62160
www.oehof.at • info@oehof.at

Im Herzen des Gasteinertals gelegen, verbindet der Österreichische Hof in Bad Hofgastein traditionelle Gastfreundschaft mit modernem Komfort. Das Hotel bietet direkten Zugang zur Alpentherme Gastein und umfasst ein eigenes Thermalbecken. Gäste können unbegrenzt die Thermenlandschaft nutzen und haben Zugriff auf den großzügigen Wellnessbereich des Hotels, der diverse Spa-Angebote umfasst. Die Zimmer bieten Gemütlichkeit und sind mit viel Holzmobiliar ausgestattet. Zusätzlich sind Appartements verfügbar, die ebenfalls Zugang zu allen Hotelannehmlichkeiten bieten.

Verwöhnhotel Bismarck

5630 Bad Hofgastein, Alpenstraße 4 • 06432 66810
www.hotel-bismarck.com • info@hotel-bismarck.com

Das Hotel in Gastein überzeugt mit seiner Grünlage und dem umfassenden Entspannungsangebot im Haus. Die Gastgeber Christina und Ulrich Wendler führen das Verwöhnhotel Bismarck in zweiter Generation und legen größten Wert auf Gastfreundschaft und Traditionen. Das Interieur zeigt sich alpin-elegant mit einem modernen Einschlag; die Zimmer bieten viel Platz und Komfort. Ein Schwerpunkt liegt auf dem kulinarischen Angebot, wofür man sich hauptsächlich an regionalem und saisonalem Angebot orientiert. Der Wellnessbereich mit Saunen, Sonnenterrasse und Wasserwelt komplettiert das erholsame Angebot.

Thermenwelt Pulverer

9546 Bad Kleinkirchheim, Thermenstraße 4 • 04240 744
www.pulverer.at • hotel@pulverer.at

Das Hotel Pulverer in Bad Kleinkirchheim verspricht eine angenehme Auszeit inmitten der Nockberge. Die Zimmer sind gemütlich eingerichtet und verfügen über jeglichen Komfort. Kulinarisch werden die Gäste mit regionalen Köstlichkeiten verwöhnt, die aus Produkten der hoteleigenen Landwirtschaft zubereitet werden. Der großzügige Wellnessbereich des Hotels erstreckt sich über 2100 m² und bietet eine Vielzahl an Beauty- und Wellnessbehandlungen. Highlight ist die Saunenlandschaft sowie das Thermalheilwasserbad, das für seine heilenden Eigenschaften bekannt ist.

Kowald

Thermenhotel

8282 Bad Loipersdorf, An der Therme 215 • 03382 8282

www.kowald.com • info@kowald.com

Im Hotel Kowald in Bad Loipersdorf stehen Liebe und Zweisamkeit im Mittelpunkt. Alle sechs Zimmerkategorien überzeugen mit stylish-modernem oder klassisch-elegantem Ambiente. Besondere Kuschelmomente sind in der Hot Suite, Love Suite und Rooftop Suite sicher, wo Partnerwannen und Kuschellandschaften für das gewisse Extra sorgen. Mit direkter Anbindung zur Therme Loipersdorf und zum Schafflbad (nur für Erwachsene) ist das Wellnessangebot nahezu unbegrenzt. Abends empfängt das hoteleigene Restaurant Gusto die Gäste zum mehrgängigen Dinner, dazu gibt es unter anderem Weine aus dem eigenen Weingarten.

Stoiser

Thermenhotel

8282 Bad Loipersdorf, An der Therme 153 • 03382 8212

www.stoiser.com • thermenhotel@stoiser.com

Als Gast im Thermenhotel Stoiser hat man direkten Zugang zur Therme und genießt einen 3.500 Quadratmeter großen Bade-, Sauna- und Gesundheitsbereich. Das familiengeführte Hotel setzt alles daran, einen erholsamen Urlaub zu garantieren – und das beginnt beim Wellnessangebot und endet bei den einzelnen Zimmern und Suiten. Nach einem entspannenden Tag in den Saunen, Schwimmbecken und Behandlungsräumen des Hotels warten liebevoll eingerichtete Zimmer mit Balkon in unterschiedlichen Kategorien. Eine Besonderheit stellen die Suites dar, unterteilt in die „Weiße Suite" und die „Falco Suite".

Avita Resort

7431 Bad Tatzmannsdorf, Thermenplatz 1 • 03353 8990
www.avita.at • info@avita.at

Resort und Therme in einem: Das bietet das Avita Resort im Südburgenland. 2.000 Quadratmeter große Wasserflächen, 24 Saunen und ein umfassendes Premium-Spa sorgen für ein vielseitiges Wellnessangebot, das für Erwachsene wie auch für Kinder das Passende bereithält. Die Zimmer und Suiten sind schlicht, aber stilvoll ausgestattet und verfügen je nach Bedürfnis der Gäste über ausreichend Platz, um sich richtig wohlzufühlen. Im hauseigenen Restaurant, das ganztags Speisen bietet, setzt man den Fokus auf pannonische Spezialitäten. Ein Highlight ist definitiv das Fünf-Gänge-Dinner am Abend.

Reduce Bad Tatzmannsdorf
Gesundheitsresort

7431 Bad Tatzmannsdorf, Am Kurplatz 2 • 03353 820050
www.reduce.at • verwaltung@reduce.at

Das Wellnesshotel im südlichen Burgenland ist mit seiner Thermen- und Saunawelt eine besondere Erholungsoase. Auf 2.000 Quadratmetern genießen Gäste mit allen Sinnen, um vom stressigen Alltag abzuschalten. Da hilft es etwa, sich im Thermalbecken treiben zu lassen oder auf den Relax-Liegen zu entspannen. Dazu gibt es weitere Wohlfühl-Packages, die mit unterschiedlichen Annehmlichkeiten für jedes Urlaubsbedürfnis das Passende bereithalten. Auf kulinarischer Ebene werden klassische bodenständige Fleischgerichte sowie vegane und vegetarische Alternativen geboten.

Mandira

Ayurveda Resort

8271 Bad Waltersdorf, Wagerberg 120 • 03333 2801
www.mandira-ayurveda.at • info@mandira-ayurveda.at

Im Ayurveda Resort Mandira im steirischen Hügelland heißt es ankommen und Energie tanken. Das Hotel legt großen Wert auf ganzheitliche Gesundheit und ermöglicht seinen Gästen einen umfassenden Reset. Dies wird durch Behandlungen nach Methoden der klassischen Medizin sowie der indischen Heilkunst erreicht, was individuelle, alternativmedizinische Ansätze beinhaltet. Das Resort bietet eine breite Palette an Behandlungen, darunter Ayurveda-Massagen, Detox-Programme und Yoga. Die Gäste können sich in der friedlichen Atmosphäre des Resorts vollständig regenerieren und neue Vitalität gewinnen.

Der Steirerhof Bad Waltersdorf

Hotel & Spa

8271 Bad Waltersdorf, Wagerberg 125 • 08000 311412
www.dersteirerhof.at • reservierung@dersteirerhof.at

Das Hotel Der Steirerhof Bad Waltersdorf ist ein Refugium für Erholungsuchende, das in der Hügellandschaft der Steiermark liegt. Mit seinem umfangreichen Wellnessangebot, das unter anderem mehrere Saunen und Dampfbäder umfasst, setzt es auf ganzheitliches Wohlbefinden. Die Zimmer des Hotels sind so gestaltet, dass sie Ruhe und Entspannung fördern und gleichzeitig einen Hauch von Luxus bieten. Für aktive Stunden bietet der Steirerhof auch geführte Wanderungen, Yoga und Radtouren an. Ein idealer Ort für jene, die sich eine Auszeit vom Alltag gönnen und in natürlicher Umgebung regenerieren möchten.

Heiltherme Bad Waltersdorf

8271 Bad Waltersdorf, Thermenstraße 111 • 03333 5000
www.heiltherme.at • office@heiltherme.at

Hier wird auf ganzheitliche Entspannung gesetzt: Das Heiltherme Quellenhotel Bad Waltersdorf verfügt über einen komplett erneuerten Thermenbereich, der exklusiv für die Gäste zugänglich ist. Mitten im Grünen wird hier eine Wohlfühlwelt geboten, die über mehrere Thermalpools und einen Naturbadeteich verfügt. Auf drei Ebenen gibt es eine neue Ruheoase mit Blick in den Garten, eine Waldsauna mit Panoramafenster sowie ein Teichblick-Restaurant. Für Letzteres werden hochwertige Lebensmittel von Familienbetrieben aus der Nachbarschaft nach strengen Qualitätskriterien verarbeitet.

Gesundheitsresort Lebensquell

4283 Bad Zell, Lebensquellplatz 1 • 07263 7515
www.lebensquell-badzell.at • office.hotel@lebensquell-badzell.at

Nomen est omen im Gesundheitsresort Lebensquell: Inmitten vom ruhigen Mühlviertel hat sich das komfortable Hotel auf die ganzheitliche Gesundheit seiner Gäste konzentriert. Das fürsorgliche und kompetente Team schafft es dabei, den Gästen optimale Erholung und Genesung zu bieten. Die Wellnessoase lädt zum Entspannen ein, während im Therapiezentrum die Gesundheit im Mittelpunkt steht. Hier wird unter anderem radonhaltiges Wasser eingesetzt, sodass Gäste die Vorteile der Medy-Jet-Massage genießen können. Die Zimmer, gestaltet nach den vier Elementen, bieten einen idealen Rückzugsort.

Genussdorf Gmachl

5101 Bergheim bei Salzburg, Dorfstraße 35 • 0662 4521240
www.gmachl.at • info@gmachl.at

Im Salzburger Bergheim befindet sich das familiengeführte Genussdorf Gmachl. Dort können Gäste – nur fünf Kilometer von der Mozartstadt entfernt – urlauben, und zwar ohne, dass Wünsche unerfüllt bleiben. Die Zimmer – liebevoll „Schlafgmachl" genannt – gibt es in unterschiedlichen Ausführungen; sie bieten sowohl für Einzelreisende als auch für Familien ausreichend Platz. Das neu konzipierte Dorf-Spa verfügt über einen Infinitypool auf dem Dach, Beauty-Behandlungen, Saunen und ein Fitnessstudio. Im Restaurant werden ein ausgiebiges Frühstück und Abendessen auf Haubenniveau serviert.

Val Blu Resort

6700 Bludenz, Haldenweg 2a • 05552 63106
www.valblu.at • valblu@bludenz.at

Im Val Blu Resort in Bludenz, Vorarlberg, werden Hotel, Freizeitbad, Saunalandschaft und Fitnessclub vereint. Das Hotel ist in einer idyllischen Alpenkulisse eingebettet und verfügt über 56 moderne Zimmer. Für das Interieur wurden hochwertige und natürliche Materialien aus der Region verwendet, die wiederum den ortsbezogenen Charakter des Hauses unterstreichen. Durch das umfassende Freizeit- und Wellnessangebot – darunter ein Hallenbad, Freibad und eine Panoramasauna – ist den Gästen Abwechslung und Entspannung nach einem aktiven Tag im Haus oder in der umliegenden Natur garantiert.

Mountain Resort Feuerberg

♙ Hotel des Jahres 2025

9551 Bodensdorf, Gerlitzenstraße 87 • 04248 2880
www.feuerberg.at • kontakt@feuerberg.at

Das Mountain Resort Feuerberg liegt hoch oben auf der Gerlitzen Alpe in Kärnten. Von hier aus genießt man nicht nur einen atemberaubenden Blick, sondern kann man sich auf eine großflächige Wellnessoase mit vielseitigen weiteren Angeboten freuen. Das Resort bietet das ganze Jahr über eine Vielzahl an Aktivitäten, die von Skifahren über Rodeln bis hin zum Erlebnispark mit Slackline und Mountainbiken reicht. Im hauseigenen Restaurant gibt es authentische Gerichte mit Lebensmitteln von kleinen Produzenten – sowohl in Form eines Gusto-Frühstücks als auch als sechsgängiges Abendmenü.

© Shutterstock

Kaiserhof

6352 Ellmau, Harmstätt 8 • 05358 2022, 0664 540 8120
www.kaiserhof-ellmau.at • info@kaiserhof-ellmau.at

Über dem beschaulichen Tiroler Dorf Ellmau liegt der Kaiserhof. Dort genießen Gäste ganzjährig nicht nur einen phänomenalen Ausblick, sondern auch zahlreiche Annehmlichkeiten im und um das Hotel. Der Fokus liegt auf Wellness – dementsprechend qualitativ ist der Spa-Bereich des Hauses. Der sogenannte „Spa-Turm" verfügt über mehrere Etagen, das Highlight ist die Sonnenterrasse mit Fernsicht. Abgesehen davon gibt es ein Hallenbad, Fitness- und Yogaräume sowie Massage-Treatments. Die Zimmer sind elegant eingerichtet und bieten ebenfalls einen Blick auf die Bergkulisse.

© Hotel Kaiserhof GmbH

Gault&Millau

Entdecken
Genießen
& Erleben

Newsletter abonnieren und informiert bleiben auf
gaultmillau.at

Der Lärchenhof

6383 Erpfendorf, Lärchenweg 11 • 05352 81380
www.laerchenhof-tirol.at • info@laerchenhof-tirol.at

Ganzjährige Urlaubserlebnisse beschert das Hotel Der Lärchenhof in den Kitzbüheler Alpen. Drei Sand-, zwei Hardcourt- und drei Indoor-Top-Slide-Granulatplätze bieten den idealen Bodenbelag für jeden Tennisliebhaber. Golffans erfreuen sich an einer 6- und 9-Loch-Anlage. Entspannung pur heißt es im 5.000 m² großen Wellnessbereich inklusive Saunadorf, unterschiedlicher Behandlungen in der Beautyfarm, Innen- und Außenwhirlpool und Hallenbad. Auf Kinder warten zudem Kinderreiten, ein Streichelzoo sowie ein abwechslungsreiches Freizeitprogramm für den perfekten, entspannten Familienurlaub.

Dorfhotel Fasching

8654 Fischbach, Badgasse 5 • 03170 262
www.dorfhotel-fasching.at • info@dorfhotel-fasching.at

Im Herzen von Fischbach in der Steiermark befindet sich das Dorfhotel Fasching. Hier werden Urlauber mit jeder Menge Entspannung und Komfort begrüßt – allen voran im hauseigenen Wellnessbereich mit Ruheraum, individuellen Behandlungen und einer großzügigen Poollandschaft mit beheiztem Infinity-Außenpool. Des Weiteren ist das Hotel im Höhenluftkurort der ideale Ausgangspunkt für Wanderungen, insbesondere lohnen sich die spezialisierten Wanderangebote. Nach getaner Wanderung bringt das Kulinarium die Region auf die Teller, etwa in Form von Eierschwammerl-Tatar oder hausgemachten Steinpilznudeln.

© Dorfhotel Fasching G.A.Service-GmbH Mühlbacher

Pierer

Almwellness Hotel

🏅 Hotel des Jahres 2020

8163 Fladnitz an der Teichalm, Teichalm 77 • 03179 7172
www.hotel-pierer.at • hotel.pierer@almurlaub.at

Das Pierer in der Steiermark versteht sich als Almwellness-Hotel und bietet eine breite Palette an Angeboten, die auf Erholung, Genuss und Aktivität in der Natur ausgerichtet sind – und das fängt bei den Zimmern an, die allesamt stilvoll eingerichtet sind und über moderne Annehmlichkeiten verfügen. Von dort aus sowie vom Wellnessbereich erlangen Gäste einen phänomenalen Blick in die Natur. Letzterer zählt verschiedene Saunen, Dampfbäder, Ruheräume sowie einen Indoor- und Outdoorpool. Das hauseigene Restaurant bringt regionale und saisonale Spezialitäten zu Tisch.

beide Fotos © Harald Eisenberger

Alpenresort Walsertal

6733 Fontanella, Faschina 55 • 05510 224
www.alpenresort-walsertal.at • info@alpenresort-walsertal.at

Nach eineinhalb Jahren des Umbaus präsentiert sich das Alpenresort Walsertal in neuem Glanz. Nach wie vor setzt das familiengeführte Haus auf Natur, Tradition und Design. Im Angebot zeigt sich das wie folgt: Umgeben von heimischen Naturmaterialien können Gäste in der 2.000 Quadratmeter großen Wellnessoase mit Pools, Saunen, Relaxinseln und Massagebehandlungen entspannen. Im Anschluss geht es auf die gemütlich eingerichteten Zimmer. Das Panoramarestaurant inklusive Sonnenterrasse bietet kulinarische Spezialitäten der Region und zudem einen einzigartigen Blick auf die Berglandschaft.

Das Schäfer

6733 Fontanella, Kirchberg 77 • 05554 5228
www.dasschaefer.at

Inmitten des Biosphärenparks befindet sich das Schäfer – ein Hotel mit Berg-Spa und einer alpinen Traumlage. Die Verbundenheit mit der Natur zeigt sich im ganzen Haus, allen voran in der Kräutermanufaktur. Dort werden Öle hergestellt, die später im Spa-Bereich eingesetzt werden. Die wohltuende Wirkung lässt sich in den Saunen oder bei Massagen erleben. Darüber hinaus verfügt der Erholungsbereich über einen In- sowie Outdoorpool. Im Restaurant wird darauf geachtet, dass insbesondere pflanzliche Lebensmittel verarbeitet werden, sodass der Säure-Basen-Haushalt des Körpers positiv beeinflusst wird.

St. Martins Therme & Lodge

7132 Frauenkirchen, Im Seewinkel 1 • 02172 20500
www.stmartins.at • info@stmartins.at

Die St. Martins Therme & Lodge im burgenländischen Seewinkel ist mit ihrer See-Therme in Österreich einzigartig. Als
Gast hat man das Gefühl, auf einer Ruheinsel zu entspannen, außerdem genießt man nebenbei zahlreiche Annehmlichkeiten, die den Wellnessurlaub ganz besonders machen.
Im Sommer gibt es dank der vielen Sonnenstunden im Burgenland umfassenden Bade- und Thermenspaß im Freien.
Im Hotel selbst warten eine Wasserlandschaft, Ruhezonen
sowie Saunen. Die gemütlich eingerichteten Suiten und Zimmer sind wahre Rückzugsorte und beeindrucken mit Ausblick auf den See.

Boutiquehotel Haidachhof

6263 Fügen, Haidach 2 • 05288 62380
www.haidachhof.com • hotel@haidachhof.at

Bergidylle und ganz viel Entspannung – das darf bei einem
Urlaub im Haidachhof erwartet werden. Im Tiroler Zillertal
eingebettet, überzeugt das Boutiquehotel bereits mit seiner hölzernen Erscheinung, die auf moderne Innenausstattung trifft. Das Wellnessangebot des Hauses passt sich dem
modernen Stil an: Die Grottendusche, die Zirbensauna und
die Poollandschaft komplettieren den alpinen Rückzugsort.
Und weil die Region auch in kulinarischer Hinsicht nicht zu
kurz kommen darf, legt die Küche einen Schwerpunkt auf
Tiroler Spezialitäten mit internationalem Weitblick.

Gartenhotel Crystal

6263 Fügen, Hochfügener Straße 63 • 05288 62425, 0664 851 8773
www.gartenhotel-crystal.at • info@gartenhotel-crystal.at

Rund 4.500 m² Grün umgibt das Gartenhotel Crystal, weshalb es seinen Namen redlich verdient hat. Dazu kommen Wellnessangebote und eine Naturküche, die für ganzheitliche Entspannung vom Alltag sorgen. Das Hotel, das am Rande des Zillertaler Dorfs Fügen liegt, fand vor fünf Jahrzehnten seinen Anfang als Frühstückspension. Seither hat sich das Haus zu einem luxuriösen Rückzugsort mit einem breiten Angebot entwickelt. Neben dem gepflegten Garten gibt es noch weitere Highlights – darunter das kulinarische Angebot oder das Wellnessangebot –, die einen Besuch lohnenswert machen.

Held
Sport- und Wellnesshotel

6263 Fügen, Kleinbodener Straße 6 • 05288 62386
www.held.at • info@held.at

Wer gerne aktiv und gleichermaßen erholsam urlauben möchte, dem empfiehlt sich ein Besuch im Hotel Held. Das luxuriöse Haus befindet sich unweit der Zillertaler Berge und bildet somit den idealen Ausgangspunkt für Wanderungen, Radtouren oder Skiausflüge. Damit man sich von der aktiven Zeit bestmöglich erholen kann, lädt der Wellnessbereich zu entspannten Stunden ein. Hier warten etwa ein Shan-Shui-Beautybereich sowie eine Sauna- und Wasserwelt. Und nach dem Erholen ist vor dem Genießen: im hauseigenen Restaurant mit heimischen Speisen und Kräuter aus dem Garten.

Vitalhotel Therme Geinberg

4943 Geinberg, Thermenplatz 1 • 07723 85013017
www.therme-geinberg.at • reservierung@therme-geinberg.at

Es ist eine der führenden Adressen im Oberösterreich, wenn es um Wellness und Entspannung geht: Das Vitalhotel Therme Geinberg verfügt neben einem umfangreichen Wellnessareal mit Wasserwelten, Karibiklagune mit Palmen und Sandstrand, einer „Oriental World" sowie Themensaunen über 192 Zimmer in fünf Kategorien. Gäste profitieren von modernen und komfortablen Zimmern, kulinarischen Gaumenfreuden im Restaurant und jeder Menge Entspannung im Spa-Resort. Sportlich austoben kann man sich entweder im hauseigenen Fitnessstudio oder in der umliegenden Natur.

Stanglwirt
Bio- und Wellnessresort

6353 Going, Kaiserweg 1 • 05358 2000
www.stanglwirt.com • daheim@stanglwirt.com

Der Stanglwirt begrüßt nicht ohne Grund jährlich eine Vielzahl an prominenten Gästen, die extra für einen Aufenthalt in die kleine Ortschaft Going am Wilden Kaiser reisen. Die Beliebtheit des Hauses geht einerseits auf das luxuriöse Angebot zurück und andererseits darauf, dass alles dafür getan wird, damit sich jeder Gast wie daheim fühlt. Das ermöglicht die ideale Auszeit vom sonst so stressigen Alltag. Angesprochen werden davon Alleinreisende, Paare wie auch Familien, für die jeweils individuelle Programme zusammengestellt werden. Dazu gibt es ein majestätisches Bergpanorama und eine umfangreiche Wellnesswelt.

Bergblick

6673 Grän, Am Lumberg 20 • 05675 63960
www.hotelbergblick.at • info@hotelbergblick.at

Das Hotel Bergblick bildet einen Rückzugsort, an dem man sich in gemütlichem Ambiente wie zu Hause fühlen kann. Einerseits ist es die Gastlichkeit und Herzlichkeit, die einem entgegenkommen, andererseits das bunte Angebot an Annehmlichkeiten. Es beginnt bei den liebevoll eingerichteten Zimmern, wovon jedes ein Unikat ist, und hört beim Wellnessbereich auf. Letzterer bietet einen Panoramapool, eine Saunalandschaft und diverse Beauty-Behandlungen. Die Kulinarik des Hauses richtet sich ganz nach dem Angebot der Tiroler Spezialitäten – mit internationalem Weitblick.

Der Engel
Wellnesshotel

6673 Grän, Dorfstraße 35 • 05675 6423
www.engel-tirol.com • post@engel-tirol.com

Ein luxuriöser Rückzugsort inmitten von Tirol: Der Engel in Grän heißt seit 1748 Gäste willkommen und befindet sich im malerischen Tannheimer Tal. Traditionelle Tiroler Gastfreundschaft trifft auf modernen Komfort, der im ganzen Haus zu spüren ist. Die Zimmer und Suiten des Hotels sind stylish und modern eingerichtet und bieten einen schönen Ausblick auf die Landschaft. Das Herzstück des Hotels ist das Organic Spa mit Saunen, Dampfbädern und Pools. Außerdem werden Behandlungen wie Massagen, Ayurveda-Therapien und Beauty-Treatments angeboten. Die Küche bringt heimische Spezialitäten zu Tisch.

Das Edelweiss

Salzburg Mountain Resort

5611 Großarl, Unterbergstraße 65 • 06414 3000
www.edelweiss-grossarl.com • info@edelweiss-grossarl.com

Im malerischen Großarltal öffnet DAS EDELWEISS Salzburg
Mountain Resort seine Pforten als perfektes Urlaubsdomi-
zil. Dieses elegante Hotel im Salzburger Land bietet ideale
Bedingungen, um in der frischen Bergluft zu entspannen
und die Natur zu genießen. Im MOUNTAIN SPA können Gäste
in eine Welt voller Entspannung eintauchen – mit umfassenden Wellnessangeboten von Saunen bis zu Infinitypools.
Kulinarisch verwöhnt das Resort mit einer Vielfalt, die von
herzhaften regionalen Speisen bis zu exquisitem Sushi
reicht. Die warme Gastfreundschaft der Gastgeberfamilie
Hettegger macht jeden Aufenthalt besonders.

Nesslerhof

5611 Großarl, Unterbergstraße 50 • 06414 81200
www.nesslerhof.at • info@nesslerhof.at

Der Nesslerhof in Großarl im Salzburger Land setzt die Natur
und die umliegende Bergwelt in den Mittelpunkt. „Surroun-
ded by nature" zeichnet das Hotel somit nicht nur in Sachen
Lage aus, sondern auch hinsichtlich der Annehmlichkeiten:
angefangen von den luxuriösen Zimmern, die den perfekten
Rückzugsort bilden, bis hin zu den neu gestalteten Suiten
und dem Spa-Bereich. In Letzterem warten ein 25 Meter langer Outdoorpool, ein Naturschwimmteich sowie moderni-
sierte Ruheräume. Der Restaurantbereich wurde vergrößert
und durch eine neue Bar namens „The Spirit" erweitert.

Gault&Millau

Genussmesse, Weinfest und vieles mehr...

Alle Tickets zu unseren kulinarischen Events auf gaultmillau.at

Tauernhof Grossarl

5611 Großarl, Unterbergstraße 55 • 06414 2640
www.tauernhof.com • info@tauernhof.com

Rustikal und doch luxuriös, alpin und gleichzeitig urban:
Der Tauernhof in Großarl vereint verschiedene Welten und
kommt damit jedem Urlaubsbedürfnis nach. Zum charmanten Angebot im Haus mit modernen und gemütlichen Zimmern und großzügigem Wellnessbereich gesellen sich eine
Vielzahl an Aktivitäten vor der Tür, denn das Großarltal im
Salzburger Land bietet sommers wie winters ein buntes
Programm: von Skifahren, Wandern und Biken bis hin zum
Besuch auf dem Bauernhof inklusive Streichelzoo. Aktiv zu
sein, macht hungrig, da schafft die „Schatzarei", das hauseigene Restaurant mit regionalem Schwerpunkt, Abhilfe.

Natur- und Wellnesshotel Höflehner

8967 Haus im Ennstal, Gumpenberg 2 • 03686 2548
www.hoeflehner.com • info@hoeflehner.com

Wo Natur auf Wellness trifft, ist eine ganzheitliche Auszeit garantiert. Im Hotel Höflehner, das direkt an den Wanderwegen der Region Schladming-Dachstein gelegen ist, wird genau das geboten. Einerseits begeistert die Gegend mit zahlreichen Aktivitäten in alpiner Landschaft, andererseits ermöglicht der Wellnessbereich des Hauses Tiefenentspannung. Die Wasserwelt mit Whirlpools, Schwimmbecken, Naturteich und Saunen hilft dabei, vollends zur Ruhe zu kommen. Bevor es in die liebevoll eingerichteten Zimmer und Suiten geht, verwöhnt das Kulinarium mit heimischen Spezialitäten und regionalen Lebensmitteln.

© CMvisuals

Wellnesshotel Alpin Juwel

5754 Hinterglemm, Haidweg 357 • 06541 7226
www.alpinjuwel.at • info@alpinjuwel.at

Rustikaler Luxus und ein breit gefächertes Angebot erwarten die Gäste des Wellnesshotels Alpin Juwel in Hinterglemm: exklusive Wellnessbehandlungen, elegante Zimmer und Suiten sowie eine exquisite Kulinarik mit regionalem und biologischem Schwerpunkt. Dazu gibt es jede Menge attraktive Aktivitäten, die sowohl im Winter als auch im Sommer im und um das Hotel aktive Stunden bereiten. Ideal dazu im Nachgang: Massagen oder entspannte Stunden im beheizten Pool mit Panoramablick. Und weil Eltern auch einmal Zeit zu zweit verdienen, gibt es einen Kinder-Club mit Betreuung bis zum Abend.

Travel Charme Ifen Hotel

6992 Hirschegg/Kleinwalsertal, Oberseitestraße 6 • 05517 608-0
www.travelcharme.com/ifenhotel • ifen@travelcharme.com

Ein Ausflug in das Kleinwalsertal lohnt sich allemal — sei es aufgrund der Landschaft oder ob der groß gelebten Gastlichkeit. Ein Ort, wo dies zu finden ist, ist das Ifen Hotel. Hier wird modernes Design mit harmonischer Natur verbunden. Die Zimmer und Suiten sind demnach modern, aber dennoch in alpinem Stil gehalten und mit bequemem Mobiliar ausgestattet. Große Panoramafenster ermöglichen einen nahtlosen Übergang zur alpinen Berglandschaft. Das Puria Spa mit 2.500 m² verfügt über einen Indoor- sowie Outdoorpool, verschiedene Saunen sowie einen Kursraum, in dem Pilates und Yoga angeboten werden.

Jerzner Hof

6474 Jerzens, Oberfeld 170 • 05414 8510
www.jerznerhof.at • info@jerznerhof.at

Der Jerzner Hof ist ein Kraftplatz in alpiner Umgebung, der sich von morgens bis abends über Sonne freuen darf. Das Vier-Sterne-Haus fügt sich perfekt in die Hänge der Pitztaler Berge ein, die sowohl vom Restaurant als auch von den restlichen Räumlichkeiten aus sichtbar sind. Dank der hervorragenden Lage sind im Sommer Wanderer und im Winter Skifahrer begeistert. Der Wellnessbereich mit Indoor- und Outdoorpool, Saunen und Massageangeboten sorgt für Entspannung. Kulinarisch werden Gäste mit einem reichhaltigen Frühstücksbuffet und einem abendlichen Fünf-Gänge-Menü verwöhnt.

Tauern Spa
Zell am See-Kaprun

5710 Kaprun, Tauern-Spa-Platz 1 • 06547 20400
www.tauernspakaprun.com • office@tauernspakaprun.com

Eingebettet in das malerische Salzburger Land, träumen die Gäste hier, im Tauern Spa Zell am See-Kaprun, in großzügigen, modern ausgestatteten Wohlfühlzimmern und -suiten sowie Natur- und Gartenzimmern mit Panoramablick und Balkon. Das Hotel verfügt zusätzlich zum 20.000 m² großen Thermenareal über ein 2.500 m² großes Hotel-Panorama-SPA mit einem gläsernen Skylinepool mit Blick auf die Hohen Tauern sowie Panoramasaunen. Besondere Genussmomente erleben die Gäste im Gourmetrestaurant FinES-SEN. Aktivurlauber erfreuen sich außerdem an Langlaufloipen sowie Lauf- und Bike-Strecken direkt vor der Tür.

Lebenberg Schlosshotel

6370 Kitzbühel, Lebenbergstraße 17 • 05356 6901
www.daslebenberg.com • hotel@daslebenberg.com

Im Herzen von Kitzbühel thront das Lebenberg Schlosshotel, das eine eindrückliche Kombination aus historischer Eleganz und modernem Luxus bietet. Die Zimmer sind in verschiedenen Kategorien verfügbar und bieten allesamt eine spektakuläre Aussicht auf die Alpen – besonders gut ist diese aber vom 46 Meter langen Panoramapool aus zu erleben. Überhaupt ist das Hotel bekannt für seine umfangreichen Wellnessangebote, darunter ein großer Spa-Bereich und ein Fitnesscenter. Kulinarisches bieten das alpin-moderne Restaurant sowie die Bar mit umfangreicher Getränkekarte.

Peternhof
Wellnesshotel

6345 Kössen, Moserbergweg 60 • 05375 6285
www.peternhof.com • info@peternhof.com

Der Peternhof im Kaiserwinkl zeigt sich seinen Gästen als wahres alpenländisches Wohlfühlresort. Das Wellnesshotel richtet sich insbesondere an Familien und Aktivsuchende und bietet aufgrund seiner günstigen Lage in Tirol zahlreiche Aktivitäten. Nach sportlichen Stunden im Hallenbad, im Infinitypool, beim hauseigenen Reiterhof oder in der umliegenden Natur laden die luxuriösen Zimmer und Suiten sowie der Spa-Bereich zum Entspannen ein. Kulinarisch kommen Gäste im Restaurant auf ihre Kosten – mit frischen Gerichten und Zutaten aus Kössen und dem Kaiserwinkl.

Steigenberger Hotel & Spa Krems

3500 Krems, Stein, Am Goldberg 2 • 02732 71010
krems.steigenberger.at • reservations@krems.steigenberger.at

Das Steigenberger Hotel & Spa Krems begrüßt seine Gäste mit einem herrlichen Blick auf die Donau, umgeben von malerischen Weinbergen, ideal für Wander-, Rad- und Joggingliebhaber. Das Zentrum von Krems ist etwa zwei, der Hauptbahnhof etwa drei Kilometer entfernt. Die 173 Zimmer und Suiten sind hell und modern eingerichtet, ermöglichen einen Blick auf die Weinberge und bieten Annehmlichkeiten wie Flachbildfernseher, Minibar und Safe. Zu den Highlights zählen der Spa- und Wellnessbereich sowie die Dachterrasse, die im Sommer mit wechselnden Events bespielt wird.

Mooshaus

6183 Kühtai, Kühtai 40 • 05239 5207
www.mooshaus.at • hotel@mooshaus.at

Direkt an der Skipiste und unweit der Landeshauptstadt Innsbruck gelegen, lädt das Mooshaus auf 2.000 Metern zu einem entspannten und gleichzeitig aktiven Winterurlaub ein. Nach einem Tag in Kühtais alpiner Bergwelt können Gäste vollends im Spa-Bereich des Hauses entspannen. Besonders empfehlenswert ist der Infinitypool, der einen beeindruckenden Blick auf die Alpenwelt bietet. Daneben runden Saunakammern und diverse Behandlungen das wohltuende Programm ab. Ein weiteres Highlight ist die Küche vom Mooshaus, die regionale Spezialitäten modern interpretiert – vom Frühstück bis hin zum Abendmenü.

Therme Laa

Hotel & Silent Spa

2136 Laa an der Thaya, Thermenplatz 3 • 02522 84700733
www.therme-laa.at • hotel@therme-laa.at

Im Herzen des Weinviertels findet man die Therme Laa – Hotel & Silent Spa. Auf einem fast 8.000 m² großen Thermenareal kommen hier Längenschwimmer ebenso auf ihre Kosten wie Saunagänger. Kinder erwarten eine eigene Wasserwelt mit Rutsche und Kinderbecken sowie Kinderanimation. Abends sorgt das Hotelrestaurant mit lokalen Köstlichkeiten aus dem Weinviertel für Gaumenfreuden. Als Highlight bieten seit August 2024 zusätzlich zu den 122 Zimmern und Suiten – alle mit eigenem Balkon – zehn Silent Villas einen besonders privaten Rückzugsort nur für Erwachsene – direkt am hauseigenen Badeteich mit exklusivem Spa.

Aqua Dome

6444 Längenfeld, Oberlängenfeld 140 • 05253 6400
www.aqua-dome.at • office@aqua-dome.at

Besonders berühmt ist der Aqua Dome in Tirol für seine auffälligen und extravaganten Soleschalen. Sie sind Teil des umfangreichen Wellnessbereichs beziehungsweise der Therme, die neben den Hotelgästen auch Tagesgäste anlockt. Neben diesen Annehmlichkeiten profitieren Hotelgäste zudem von einigem mehr: Im Haus wird auf natürliche Ressourcen wie Stein und Holz sowie viel Glas gesetzt, damit die beeindruckende Berglandschaft stets im Blick behalten werden kann. Die Zimmer sind liebevoll eingerichtet und im Restaurant kommen Speisen mit Produkten heimischer Landwirte und Produzenten zu Tisch.

Biohotel Rupertus

5771 Leogang, Hütten 40 • 06583 8466
www.rupertus.at • info@rupertus.at

Man spürt förmlich, wie das Gewicht von den Schultern
abfällt, sobald man das Biohotel Rupertus betritt. Gelegen
in Leogang im schönen Salzburger Land, überzeugt es mit
mehr als nur der perfekten Lage zum Skifahren. Hier macht
man das ganze Jahr über gerne Urlaub: 100 Prozent Bioküche,
herzliche Gastgeber, bequemste Biobetten (immerhin
verschläft man ein Drittel seines Urlaubs), Sauna, In- und
Outdoorpool, Fitness-, Yoga- und Ruheräume. Die Familien
Herzog und Blumenkamp, die das Haus seit 1977 als Hotel
führen, freuen sich auf den Besuch ihrer Gäste.

Krallerhof

5771 Leogang, Rain 6 • 06583 8246
www.krallerhof.com • office@krallerhof.com

Der Krallerhof steht mit seiner organischen Form für nachhaltiges Bauen – und mit seinem Angebot für Luxus in der Natur. Was einst ein traditioneller Bauernhof war, hat sich mit den Jahrzehnten zu einem vielfach ausgezeichneten Wellnesshotel entwickelt – stets jedoch mit dem Gedanken, seine Wurzeln nicht zu vergessen. Neben steten Neuheiten wie dem Programm „Regeneration & Longevity" gibt es im Haus auch klassische Wellnessangebote, darunter Ruheräume, Saunen und Pools. Aktiv kann man in der umliegenden Natur werden und Kulinarisches bietet das hauseigene Restaurant.

Salzburger Hof

5771 Leogang, Sonnberg 170 • 06583 73100
www.salzburgerhof.eu • office@salzburgerhof.eu

All jenen, die sich gerne in der Natur aufhalten und gleichzeitig nicht auf Wellness verzichten möchten, empfehlen wir den Salzburger Hof in Leogang. Hier wird Sportler, Familien und Kindern ein abwechslungsreiches Programm geboten. Neben spannenden Aktivitäten bleibt auch genügend Zeit für Erholung: Zehn Saunen und Dampfbäder, ein Panorama-Spa, ein umfangreicher Infinitypool auf der Dachterrasse und einiges mehr warten im Wellnessbereich. Die Zimmer sind mit viel Holz und gemütlichem Mobiliar ausgestattet und schaffen so den idealen Rückzugsort nach einem ereignisreichen Tag.

Geniesserhotel Post Lermoos

Alpine Luxury, Gourmet & Spa

6631 Lermoos, Kirchplatz 6 • 05673 2281-0
www.post-lermoos.at • welcome@post-lermoos.at

Ein traditionsreiches Haus mit phänomenalem Bergblick:
Das Geniesserhotel Post Lermoos garantiert seinen Gästen einen Urlaub mit umfangreichem Aktiv- und Wellnessprogramm. Die umliegenden Berge laden sommers wie
winters zum Erkunden ein – entweder beim Wandern oder
Skifahren. Im Anschluss kann im Wellnessbereich ausgiebig
entspannt werden: von Innen- und Außenpools über Saunen bis hin zu Massagen. In kulinarischer Hinsicht werden
ein ausgiebiges Frühstücksbuffet, eine Brettljause sowie
ein abendliches Dinner angeboten. Außerdem: An ausgewählten Wochen im Jahr öffnet das Haus ausschließlich für
Erwachsene.

© Günter Standl

Mohr life resort

6631 Lermoos, Innsbrucker Staße 40 • 05673 2362
www.mohr-life-resort.at • willkommen@mohr-life-resort.at

Das Mohr Life Resort garantiert mit seiner idyllischen Lage und dem Panoramablick auf die Zugspitze eine erholsame Zeit in der Natur. Das Wellness- und Lifestylehotel zeichnet sich durch qualitativen Service und zahlreiche Annehmlichkeiten aus. Zu nennen ist hierbei etwa der umfangreiche Wellnessbereich mit Saunen, Relaxlounges und Infinitypool. Neben Zimmern und Suiten können Gäste auch Penthouses oder Lodges wählen – allesamt in bester Ausstattung mit natürlichen Materialien. Der Genuss kommt dank des kulinarischen Angebots des Hauses – vom Frühstück bis zum Dinner – nicht zur kurz.

Quellenhof Leutasch

6105 Leutasch, Weidach 288 • 05214 67820
www.quellenhof.at • info@quellenhof.at

Der Quellenhof Leutasch kombiniert Luxus und Komfort mit herzlicher Gastfreundschaft und einer spektakulären Naturkulisse. Auf dem Tiroler Hochplateau wird ein großzügiges Wellnessprogramm geboten, unter anderem mit ganzjährig beheiztem Außenpool, einem Schneeraum und einer spektakulären Sky-Sauna. In kulinarischer Hinsicht werden regionale Spezialitäten und vegetarische Alternativen geboten. Für vinophile Gäste empfiehlt sich ein Besuch im Vineum, wo erlesene Weine verkostet werden können. Außerhalb des Hotels – und zwar direkt vor der Haustür – kann gewandert und Ski gefahren werden.

Grandhotel Lienz

9900 Lienz, Fanny-Wibmer-Pedit-Straße 2 • 04852 64070
www.grandhotel-lienz.com • info@grandhotel-lienz.com

Im Grandhotel in Lienz residiert man in einem luxuriösen, altehrwürdigen Haus, das großen Wert auf Traditionen setzt. Das familiengeführte Hotel vereint dabei ein vielseitiges Angebot: vom umfangreichen Wellnessbereich über komfortable Zimmer und Suiten bis hin zum hauseigenen Gourmetrestaurant. Auf insgesamt drei Stockwerken erwartet die Gäste vollumfängliche Erholung mit individualisierten Leistungen. Das Hotel ist darüber hinaus der ideale Ausgangspunkt für zahlreiche Aktivitäten in der Umgebung: ob Wandern, Skifahren oder kulturelle Ausflüge.

Wellnessresidenz Alpenrose

6212 Maurach am Achensee, Mühltalweg 10 • 03524 352930
www.alpenrose.at • info@alpenrose.at

Ein Kraftplatz in alpiner Landschaft: Die Wellnessresidenz Alpenrose in Tirol verfügt über eine umfangreiche Bade-, Sauna- und Wohlfühllandschaft. Massagen- und Körperbehandlungen sowie Licht-, Klang- und Duftinszenierungen machen das Angebot einzigartig und lassen den sonst so stressigen Alltag in die Ferne rücken. Dem Abschalten helfen auch die Aktivitäten, die außerhalb des Hotels möglich sind, darunter Skifahren oder Wandern in den Tiroler Alpen. Die Kulinarik des Hauses steht ganz im Zeichen der Region und bietet neben bodenständigen Klassikern auch internationale Kreationen.

Zillergrund Rock

Luxury Mountain Resort

6290 Mayrhofen, Zillergrund 903 • 05285 62377
www.zillergrund.at • info@zillergrund.at

Wer auf der Suche nach einer luxuriösen Unterkunft im Zillertal ist, dem sei das Hotel Zillergrund Rock empfohlen. Inmitten der Tiroler Alpen werden hier Komfort und moderner Lifestyle gelebt. Ein besonderes Highlight ist der Wellnessbereich mit einem Pool, der sich über zwei Ebenen erstreckt. Charmante Saunen, eine Infrarot-Grotte und eine Relax-Lodge runden das vielseitige Entspannungsprogramm ab. Zudem wurden unlängst 13 neue „Alpin Rock Suites" eingerichtet. Das Restaurant „Rocky 7" leitet Küchenchef Alexander Hönigsberger, der auf ungezwungene Menüs mit besten Lebensmitteln setzt.

Sporthotel Neustift

6167 Neustift im Stubaital, Moos 7 • 05226 2510
www.sporthotel-neustift.at • info@sporthotel-neustift.at

Das familiengeführte Sporthotel Neustift lockt nicht nur mit einer herausragenden Lage inmitten der Stubaier Bergwelt, sondern bietet mit einer 2.000 m² großen Wellnessfläche auch die ideale Umgebung, um Kraft zu tanken. Nach einem langen Tag voller Outdooraktivitäten wie Wandern, Klettern, Skifahren oder Eislaufen begibt man sich am besten in den Riesenwhirlpool – die Blaue Grotte – für ein Extra an Entspannung. Auch kleine Gäste sind herzlich willkommen. Familienfreundliche Aktivitäten, Kinderbetreuung sowie ein eigenes Kinderbecken im Wellnessbereich runden den perfekten Familien-Wellnessurlaub ab.

Vitalhotel Edelweiss

6167 Neustift im Stubaital, Krössbach 1 • 05226 2280
www.vitalhotel-edelweiss.at • info@vitalhotel-edelweiss.at

Zwischen Gletscher und saftig-grünen Almwiesen gibt es im Vitalhotel Edelweiss, das auf einer Höhe von 1.100 Metern liegt, jede Menge Entspannung. Der Spa-Bereich des Hauses verfügt über Saunen, Dampfbad, Ruhebereich sowie Behandlungsräume. Das Highlight ist der ganzjährig beheizte Infinitypool mit spektakulärem Gletscherblick. In den Zimmern und Suiten, darunter auch Familienzimmer, überzeugt der alpine Look mit natürlichen Farben. Heimisch geht es im Restaurant weiter, wo Tiroler Spezialitäten und moderne Interpretationen zu Tisch gelangen.

Das Kohlmayr

Alpine Luxury Boutique Hotel

5562 Obertauern, Ringstraße 5 • 06456 72720
www.daskohlmayr.at • info@daskohlmayr.at

Im Herzen von Obertauern empfängt einen das Hotel Das Kohlmayr, ein alpines Luxus-Boutiquehotel, das Eleganz und alpine Gastlichkeit meisterhaft vereint. Auf 1.700 Meter Höhe gelegen, fasziniert es mit direkter Pistennähe und einem Interieur, das traditionelle Werte mit moderner Architektur neu interpretiert. Die 54 exquisiten Zimmer und Suiten bieten traumhafte Ausblicke und sind Refugien des Komforts. Ein Highlight ist der 2.000 m² große Spa-Bereich mit Infinitypool und Panoramasauna. Kulinarisch begeistern die alpin-mediterranen Delikatessen.

Holzleiten

Bio Wellness Hotel

6416 Obsteig, Holzleiten 84 • 05264 8244

www.holzleiten.at • hotel@holzleiten.at

Das Holzleiten Bio Wellness Hotel setzt auf nachhaltiges Reisen voller Naturerlebnisse. Aufgrund der dankbaren Lage auf dem Mieminger Sonnenplateau in Tirol gelingt dies optimal: Von den behaglichen Zimmern und großzügigen Suiten mit natürlichen Materialien erblickt man gleichermaßen die umliegende Landschaft wie vom Wellnessbereich aus. Letzterer ist ein absoluter Traum und verfügt über Saunen, Ruheräume, Dampfbad und einen spektakulären, ganzjährig beheizten Außenpool. In der Küche werden ausschließlich biologische und vorwiegend regionale Lebensmittel verarbeitet.

Das Karwendel

6213 Pertisau, Karwendelstraße 1 • 05243 5284

www.karwendel-achensee.com • info@karwendel-achensee.com

Das Wellnesshotel Das Karwendel am Achensee bietet seinen Gästen eine Kombination aus alpinem Charme, Tiroler Gastlichkeit und modernem Komfort. Sämtliche Zimmer und Suiten sind mit hochwertigem Interieur ausgestattet, schaffen Gemütlichkeit und bieten zudem einen beeindruckenden Blick auf die Bergwelt. In der Gourmetstube wird „Alpine Wellness" serviert – was bedeutet, dass vorwiegend regionale Produkte herangezogen werden, um ganzheitlich wohltuende Gerichte zuzubereiten. Zum Wellnessbereich zählen ein Rooftop-Pool, der auch im Winter geöffnet hat, eine Saunawelt sowie eine Badelandschaft.

Travel Charme Fürstenhaus Am Achensee

6213 Pertisau, Seepromenade 26 • 05243 5442-678
www.travelcharme.com • fuerstenhaus@travelcharme.com

Direkt am Ufer des Achensees gelegen, bietet das Hotel Travel Charme Fürstenhaus einen Urlaub voller Natur und Luxus. Durch die eindrucksvolle Bergwelt haben Gäste nicht nur einen besonderen Ausblick vom Hotel aus, es wird ihnen auch ein vielseitiges Aktivprogramm geboten: von Skifahren und Snowboarden über Wandern und Golfen bis hin zu Wassersport. Die Zimmer und Suiten sind elegant ausgestattet, zudem gibt es mehrere Restaurants, eine Bar sowie eine weitläufige Wellnessanlage. Ein besonderes Highlight ist das umfangreiche Frühstück mit vielen regionalen Speisen.

Althof Retz

2070 Retz, Althofgasse 14 • 02942 3711
www.althof.at • reservierung@althof.at

Genussvoll und gelassen ist ein Urlaub im Althof Retz. Denn was hier zusammenkommt, kann nur gut werden: erlesener Wein aus der Region und das vielfältige Wellnessangebot des Hauses. Letzteres erstreckt sich auf fünf Ebenen und vereint unter anderem einen Infinitypool auf dem Dach, eine Saunaerlebniswelt und einen Ruheraum mit Sonnendeck. Die Zimmer sind unterschiedlich ausgestattet – manche mit, manche ohne Balkon beziehungsweise Terrasse –, verfügen jedoch alle über modernen Komfort. Im Restaurant stehen regionale Spezialitäten auf der Speisekarte, die ganztags serviert werden.

Linde

Gartenhotel

6531 Ried im Oberinntal, Ried im Oberinntal 80 • 05472 6270
www.hotel-linde.at • info@hotel-linde.at

Seit vier Generationen wird das Gartenhotel Linde mittlerweile von Familie Rietzler geführt – früher noch als kleiner Gasthof und heute als luxuriöses Hotel mit höchstem Komfort. Besonders beeindruckend ist der ansehnliche Garten, der mit mehreren Pools, einem Kinderspielplatz und gemütlichen Rückzugsorten zum Verweilen einlädt. Die Hotelküche setzt traditionelle Tiroler Gerichte auf kreative Weise um und verwendet dabei hochwertige, regionale Zutaten. Die umliegenden Tiroler Berge bieten eine perfekte Kulisse, um den stressigen Alltag hinter sich zu lassen und in die Natur einzutauchen.

Hollweger

5340 St. Gilgen, Mondsee-Bundesstraße 2 • 06227 2226
www.hollweger.at • office@hollweger.at

Das Hotel Hollweger in St. Gilgen am Wolfgangsee bietet eine Kombination aus Erholung und Aktivurlaub in der idyllischen Landschaft des Salzkammerguts. Mit komfortablen Zimmern und Suiten, einem großen Hallenbad und einem umfangreichen Wellnessbereich verspricht das Vier-Sterne-Hotel Entspannung pur. Kulinarische Genüsse erwarten die Gäste im hauseigenen Restaurant. Für Aktive gibt es zahlreiche Möglichkeiten wie Wandern, Radfahren und Segeln. Auch für Seminare und Tagungen ist hier – dank eines professionellen Service und verschiedener Räumlichkeiten – der ideale Platz.

Almwellness-Resort Tuffbad

9654 St. Lorenzen im Lesachtal, Tuffbad 3 • 04716 622
www.almwellness.com • info@almwellness.com

Auf der Kärntner Lesachtaler Alm fließt nicht nur eine uralte Heilquelle, hier befindet sich auch das Hotel Tuffbad der Familie Oberluggauer und Obernosterer. Das Spa-Hotel setzt auf die Schätze der Natur und macht diese im Rahmen eines erholsamen und kulinarischen Programms für Gäste erlebbar. Alles, was im Haus angeboten wird – von den Wärmepumpen des Wellnessbereichs bis hin zum hölzernen Mobiliar in den Zimmern –, wurde im Sinne der Nachhaltigkeit geplant und entwickelt. Im Kulinarium gilt dasselbe Prinzip: Gekocht wird mit regionalen Zutaten, mit Tradition und mit modernem Weitblick.

Almgut
Mountain Wellness Hotel

5581 St. Margarethen im Lungau, Liftstraße 166 • 06476 4290
www.almgut.at • info@almgut.at

Familie Lüftenegger hat mit ihrem Almgut einen Urlaubsort geschaffen, der sowohl im Sommer als auch im Winter Wellness und Natur zusammenbringt. Ob beim Wandern oder Skifahren – für beides ist das Haus der optimale Ausgangspunkt –, hier können sich Gäste aktiv austoben, bevor es für entspannte Stunden in den Wellnessbereich geht. Dieser trumpft mit wohltuendem Ausblick auf die Alpen sowie einem ausgefeilten Spa-Angebot auf. Die Zimmer, ebenfalls mit Blick auf die Berge, sind puristisch gehalten und mit warmen Farben und natürlichen Materialien ausgestattet.

Eggerwirt

Spa & Vitalresort

5582 St. Michael im Lungau, Kaltbachstraße 5 • 06477 82240
www.eggerwirt.at • office@eggerwirt.at

Ist ein Hotel familiengeführt, dann kann in den meisten Fällen davon ausgegangen werden, dass großer Wert auf Gastlichkeit gelegt wird. So auch im Hotel Eggerwirt. Seit 1640 ist das Haus im Salzburger Lungau in Familienbesitz. Das Wellnesshotel ist mit 80 Zimmern und Suiten ausgestattet und bietet im Rahmen des großzügigen Garten-Spas zugeschnittene Angebote für unterschiedliche Bedürfnisse: vom Adults-only-Spa über den Ladys-Spa bis hin zum Family-Spa. Kulinarisches gibt es mit regionalem und saisonalem Schwerpunkt, das am besten im Rahmen der „Eggerwirt All-inclusive-Verwöhnpension" genossen wird.

Löwen Hotel Montafon

6780 Schruns, Silvrettastraße 8 • 05556 7141
www.loewen-hotel.com • info@loewen-hotel.com

In der behaglichen Ortschaft Schruns lädt das Löwen Hotel zu Wellness und kulinarischem Genuss in alpiner Umgebung ein. Hier kann sommers wie winters die Berglandschaft erkundet werden – entweder auf Skiern oder in Wanderschuhen. Zurück im Hotel, lässt sich rasch wieder Kraft tanken. Das gelingt am besten im 3.000 Quadratmeter großen Wellnessbereich: vom Schwimmen im Indoor- oder Outdoorpool bis zum Entspannen im Saunabereich oder auf den Ruheliegen. Daneben können es sich die Gäste in den Zimmern und Suiten, die im typischen Montafoner Chalet-Look gehalten sind, gemütlich machen.

Alpin Resort Sacher

6100 Seefeld, Geigenbühelstraße 185 • 05212 22720
seefeld.sacher.com • seefeld@sacher.com

Das Alpin Resort Sacher bringt Erholung und Entspannung inmitten einer naturnahen Umgebung zusammen. Mit einem 4.700 m² großen Wellnessbereich bietet das Resort tiefenwirksame Beauty-Treatments, einladende Pools, belebende Saunagänge und ein abwechslungsreiches Aktivprogramm. Gäste können zwischen dem textilen Alpin-Aktiv-Spa und dem textilfreien Spa-Chalet wählen. Der Spa-Bereich umfasst außerdem einen Naturbadesee und gemütliche Ruheräume. Tagesgäste sind ebenfalls willkommen und können das Day Spa oder das Private Spa mit Panoramablick auf die Seefelder Berglandschaft genießen.

Jennys Schlössl

6534 Serfaus, Plojenweg 9 • 05476 6654
www.schloessl.com • info@schloessl.com

Das familiengeführte Beauty- und Vital-Hotel auf dem Tiroler Sonnenplateau in Serfaus überzeugt mit gemütlichem Ambiente auf gehobenem Niveau. Neben raffinierter Kulinarik, wofür die Produkte vorrangig aus der Region bezogen werden, und einem ausgeklügelten Wellnessprogramm laden die umliegenden Berge im Sommer wie auch im Winter zu aktiven Stunden ein. Ein Highlight sind das Panoramaschwimmbad und die Sonnenterrasse – beide ermöglichen einen einzigartigen Blick auf den Sonnenuntergang. Die Zimmer gibt es in unterschiedlichen Kategorien und sie verfügen über jeglichen Komfort.

Schalber

Genießerhotel Wellness Residenz

6534 Serfaus, Dorfbahnstraße 15 • 05476 6770
www.schalber.com • info@schalber.com

Ein Wellnesshotel in beeindruckender Alpenkulisse: Das Schalber verfügt über eine 5.000 m² große Spa-Anlage und bietet vielfältige Entspannungsmöglichkeiten, darunter mehrere Saunen und ein Panorama-Spa. Kulinarisch setzt das Hotel auf eine hochwertige Küche, wofür die Lebensmittel vorrangig aus der Region bezogen werden. Ideale Begleiter dazu lassen sich im umfangreichen Weinkeller finden. Mit seinem großen Angebot an Aktivitäten wie Wandern und Skifahren spricht das Hotel insbesondere jene an, die sportliche Erholung in exklusivem Ambiente suchen.

Belmonte

Boutique Hotel

♕ Entdeckung des Jahres 2025

9920 Sillian, Sillian 166 • 04842 21010
www.belmonte.tirol • welcome@belmonte.tirol

Manchmal ist es schwierig, Entscheidungen zu treffen. Entweder sporteln oder Seele baumeln lassen. Genießen oder fasten. Über Almwiesen wandern oder im Liegestuhl dösen. Das Belmonte macht einem derartige Entscheidungen nicht wirklich einfacher. Es ist mitten in einer Landschaft gelegen, die im Winter mit herrlichen Pisten und im Sommer mit dem alpinen Zauber einer intakten Bergwelt lockt. Geradlinige Architektur und hochwertige Materialien machen es so besonders. Außerdem ist das kulinarische Angebot im Belmonte von erlesener Güte. Das beginnt beim regional inspirierten Frühstück und hört beim überraschend großartigen Dinner noch lange nicht auf.

Jungbrunn

Der Gutzeitort

6675 Tannheim, Oberhöfen 25 • 05675 6248
www.jungbrunn.at • hotel@jungbrunn.at

Ein „Gutzeitort" stellt der Jungbrunn dar. Was genau damit
gemeint ist, zeigt sich anhand des Hauptaugenmerks des
Hauses: Entspannung und Entschleunigung. Die Natur mit
ihren Bergen und Wiesen kann von dort aus betrachtet oder
auch erkundet werden. Die 92 Zimmer, Appartements und
Suiten sind allesamt mit natürlichen Materialien ausgestattet und bieten allen Urlaubsgästen das passende Angebot.
Im Kulinarium, dem hauseigenen Restaurant mit Panoramablick, finden traditionelle Speisen mit internationalem Weitblick zu Tisch; wahlweise auch kalorienreduzierte Wellnessküche oder vegetarische Menüs.

© stefanolunardi | Shutterstock

Hochschober

9565 Turracher Höhe, Nr. 5 • 04275 8213
www.hochschober.com • urlaub@hochschober.com

Hier urlaubt man auf der Turracher Höhe in Kärnten und darf
sich auf viel Freiraum in der Natur freuen. Das Hotel Hochschober setzt im Inneren auf zeitlose Eleganz und verfügt
über Zimmer und Suiten, die sorgfältig und mit viel Liebe
fürs Detail eingerichtet wurden. Traditionelle alpine Elemente sind gleichermaßen zu finden wie modernes Design.
Neben diesen Annehmlichkeiten kann sich insbesondere
der großzügige Wellnessbereich sehen lassen, der von Massagen und Beauty-Anwendungen bis hin zu einem beheizten Seebad mit Blick auf die Berge ganzheitlich Entspannung schafft.

Alpinhotel Berghaus

6293 Tux, Madseit 711 • 05287 87364
www.hotel-berghaus.at • info@hotel-berghaus.at

Wellness, Wandern und Genießen stehen hier im Mittelpunkt. Das familiengeführte Haus im Tuxertal war einst
eine „Milchtrinkstube", wandelte sich zur „Alten Hütte"
und wurde schließlich zu dem Hotel gemacht, das es heute
ist – ein Rückzugsort, der jährlich eine Vielzahl an Gästen
begrüßt. Insbesondere das Wellnessareal mit Panoramapool, finnischer Sauna, Sole-Dampfgrotte und Ruheraum
ist ein beliebter Platz. Auch Nachhaltigkeit spielt in Tux eine
wesentliche Rolle, denn es wird ein „Green-Living-Konzept"
verfolgt, wodurch Luxus mit Komfort und Umweltbewusstsein zusammengebracht wird.

Berghof

Crystal Sap & Sports

6293 Tux, Hintertux 754 • 05287 8585, 0664 325 4909
www.berghof.at • info@berghof.at

Am Fuße des Hintertuxer Gletschers, auf 1.500 Meter See-
höhe, erwartet Gäste im Berghof in Hintertux Erholung der
Extraklasse. Das Crystal Spa & Sports erstreckt sich über
mehrere Etagen und bietet mit Innen- und Außenpool,
Textilsauna und Dachterrasse Entspannung für die ganze
Familie. Ungestörte Ruhe finden Erwachsene im Crystal
Premium Spa inklusive Nacktsaunabereich, Ruheräume,
Erlebnisduschen und vielem mehr. Auspowern lässt sich in
der umliegenden Hintertuxer Bergwelt oder im Fitness- und
Bewegungsraum. Den perfekten Tagesabschluss bildet das
fünfgängige Gourmetmenü in einer der gemütlichen Stuben.

© Berghof

Tuxerhof

Hotel Alpin SPA

6293 Tux, Vorderlanersbach 80 • 05287 8511
www.tuxerhof.at • info@tuxerhof.at

Mit dem Tuxerhof im Zillertal hat sich ein Rückzugsort aufgetan, der Erholungsuchende so richtig zur Ruhe kommen lässt. Inmitten der Natur laden hier sowohl der alpine Spa-Bereich als auch das Aktivprogramm zu erholsamen Stunden ein, wodurch der stressige Alltag für eine Zeit lang in Vergessenheit gerät. Die 52 Zimmer gibt es in verschiedenen Ausführungen und jedes davon begeistert mit eigener Persönlichkeit und individuellem Flair. Auch kulinarisch kommen die Gäste auf ihre Kosten: vom „Kaiserfrühstück" mit Spezialitäten aus der Region über den Lunch bis hin zum Dinner.

Wöscherhof

6271 Uderns, Kirchweg 26 • 05288 63054, 0664 136 8525
www.woescherhof.com • office@woescherhof.com

Im Tiroler Uderns lädt der Wöscherhof zu einem Urlaub voller Traditionen, Gastfreundschaft und Aktivprogramm. Vom modernisierten Haus mit liebevoll dekorierten Zimmern und Suiten aus erblickt man sowohl das beschauliche Dorf als auch die beeindruckenden umliegenden Berge. Und diese gilt es im Rahmen der angebotenen Sommer- und Winteraktivitäten wie Wandern, Skifahren und Co zu erkunden. Wieder retour, erholt man sich zunächst im umfangreichen Wellnessbereich mit Saunen sowie Pool und genießt schließlich Bestes aus Tirol im hauseigenen Kulinarium.

© Wöscherhof

Vivea Umhausen

Gesundheitshotel

6441 Umhausen, Lehgasse 50 • 05255 50160

www.vivea-hotels.com/hotels/umhausen-im-oetztal • umhausen@vivea-hotels.com

Schon der Ausblick ist eine Wohltat: Das Vivea Umhausen liegt inmitten der Ötztaler Alpen, die zum Entdecken einladen. Zum Beispiel wäre da Tirols höchster Wasserfall: Der Stuibenfall ist nicht nur ein beeindruckendes Naturschauspiel, sondern auch eine Wohltat für die Lungen – dank seiner positiven Auswirkung auf die Luftqualität. Im Wellnessbereich profitieren die Gäste vom natürlichen Radonvorkommen in Umhausen: Radonheilwasser stärkt das Immunsystem und verbessert Hautbild sowie Stoffwechsel. Für das leibliche Wohl sorgt eine speziell auf individuelle Bedürfnisse abgestimmte Küche (vegetarisch, vegan, basisch).

Lürzerhof

Alpin Life Resort

5561 Untertauern, Dorfstraße 23 • 06455 251

www.luerzerhof.at • hotel@luerzerhof.at

Das Alpin Life Resort Lürzerhof in den Salzburger Bergen ist eines dieser Häuser, die genau wissen, wie sie Bestes aus der Natur mit Entspannung kombinieren können. Durch das vielseitige Relax- und Freizeitprogramm wird sowohl Ruhesuchenden als auch aktiven Gästen Passendes geboten. Das Resort verfügt über Premiumzimmer und Suiten in stimmungsvollem Interieur und mit natürlichen Materialien. Hier kann sich dann ausgiebig ausgeruht werden, etwa nach aktiven Stunden auf der Skipiste oder einer gemütlichen Zeit im Wellnessbereich. Im Sommer lohnt sich ein Ausflug auf die hoteleigene Gnadenalm.

Parks

9220 Velden am Wörthersee, Seecorso 68 • 04274 2298
www.parks-velden.at • office@parks-velden.at

Das Parks ist ein Seehotel der Sonderklasse: Gäste können zwischen unterschiedlichen Zimmerkategorien – von
Classic über Superior bis zu Seeblick-Suiten – wählen und
genießen einen traumhaften Aufenthalt direkt am Wörthersee. Ein weiteres Highlight ist der Spa- und Wellnessbereich
mit finnischer Sauna, Dampfbad, Ruheraum, Dachterrasse
und direktem Seezugang. Abseits dessen bietet das Hotel
zahlreiche Aktivitäten außerhalb des Hauses an, darunter
Wassersport wie Segeln und Motorbootfahren sowie Golfen
und Wandern. Das umfangreiche Frühstück wappnet einen
perfekt für den ereignisreichen Tag.

Goldenes Lamm

9500 Villach, Hauptplatz 1 • 04242 24105
www.goldeneslamm.at • office@goldeneslamm.at

Das Hotel Goldenes Lamm ist zentral in Villach gelegen, eignet sich ideal für einen Städtetrip und bietet eine harmonische Kombination aus historischem Charme und modernem
Komfort. Gäste können aus Zimmerkategorien von Klassik
bis Superior de luxe wählen, die alle einen schönen Blick
auf den Hauptplatz bieten. Im hauseigenen Restaurant, das
einen verglasten Wintergarten und einen gemütlichen Gastgarten umfasst, wird Kärntner Küche mit regionalen Produkten serviert. Ein Highlight ist das reichhaltige Frühstücksbuffet, das keine Wünsche unerfüllt lässt.

Guglwald

4191 Vorderweißenbach, Guglwald 8 • 07219 7007
www.guglwald.at • rezeption@guglwald.at

Das Guglwald wird von Astrid und Alexander Pilsl liebevoll in sechster Generation geführt. Hier erleben Gäste inmitten des Mühlviertels eine entspannte Auszeit mit Wellnessschwerpunkt – „Slow-Wellness", um genau zu sein. Das gelingt in der idyllischen Alleinlage im Böhmerwald. Durch ein Zusammenspiel von Kulinarik, Regionalität und Wohlfühlbehandlungen erleben die Gäste im Adults-only-Hotel jede Menge Ruhe und Leichtigkeit, unter anderem mithilfe der „Bocca della Verità" und der Saunen. Auf der Speisekarte steht abseits vom reichhaltigen Frühstück ein abendliches Goumetdinner.

Thermenhotel Karawankenhof

9504 Warmbad-Villach, Kadischenallee 27 • 04242 30012099
www.karawankenhof.com • karawankenhof@warmbad.at

Im Thermenhotel Karawankenhof werden Entspannung und Abwechslung garantiert. Dank eines direkten Bademantelgangs haben Hotelgäste Zugang zur weitläufigen KärntenTherme, die mit Thermalpools, zwei finnischen Saunen, einem Hamam und diversen Entspannungsbereichen ausgestattet ist. Für die jüngsten Besucher sorgt der Croco-Club für Unterhaltung und Spaß. Sportbegeisterte können den nahegelegenen Naturpark Dobratsch erkunden oder sich auf den Tennisplätzen des Hotels austoben. Somit eignet sich das Hotel wunderbar für einen Wellnessurlaub für die ganze Familie.

Warther Hof

6767 Warth, Bregenzerwaldstraße 53 • 05583 3504
www.wartherhof.at • hotel@wartherhof.at

In der Region um Warth ist man der Natur besonders nah –
gleichermaßen wie im Wellnesshotel Warther Hof. Gelegen
im charmanten Bergdorf am Arlberg, bildet das Hotel den
idealen Ausgangspunkt für Abenteuer in den Alpen – zu
jeder Jahreszeit. Und weil es sich mit Blick auf die Bergwelt
noch besser ausruhen lässt, verfügt auch der Wellnessbereich mit Schwimmteich, Saunen und Co über großflächige
Panoramafenster. Genussvoll wird es im hauseigenen Restaurant, wo insbesondere hausgemachte und vor allem regionale Spezialitäten in Form mehrgängiger Menüs zu Tisch
gelangen.

Landhotel Schermer

6363 Westendorf, Dorfstraße 106 • 05334 6268
www.schermer.at • welcome@schermer.at

Das Landhotel Schermer in Westendorf ist in Familienhand
– und diese familiäre Gastlichkeit ist es auch, die das Haus
ausmacht. Gäste reisen sowohl im Sommer als auch im Winter an, um die umliegende Natur und die Annehmlichkeiten
des Hotels zu genießen. Vom Skifahren bis zum Wandern,
all das ermöglicht das Brixental. Im Hotel selbst warten
gemütlich eingerichtete Zimmer und ein umfassender Wellnessbereich mit finnischer Sauna, Kristalldampfbad, Ruhebereich sowie Indoor- und Outdoorschwimmbad. Im Restaurant des Hauses wird – vom Frühstück bis zum Abendessen
– auf Regionalität gesetzt.

Sperlhof

4580 Windischgarsten, Edlbach 34 • 07562 7430
www.sperlhof.at • office@sperlhof.at

Der Sperlhof heißt Familien, Paare wie auch Single-Reisende herzlich willkommen. Dafür sorgt das bunte Angebot des Hauses: Der Wellnessbereich mit Outdoor-Panoramapool, kinderfreundlicher Spa-Area und Saunen mit Blick ins Freie schafft entspannte Stunden für Groß und Klein. Die Zimmer sind simpel, im alpinen Chic und mit einer modernen Natürlichkeit – mit Zirbenholzmöbeln und gemütlichen Betten – eingerichtet. Bei all dieser Gemütlichkeit muss auch das Kulinarische passen. Im Restaurant Sperlhof werden vorrangig Produkte aus der Region verwendet und zu klassischen Speisen mit Twist vollendet.

Schwarz Alm Ⓝ

3910 Zwettl, Almweg 1 • 02822 531730
www.schwarzalm.at • willkommen@schwarzalm.at

Eingebettet in die Waldviertler Landschaft, bietet die Schwarz Alm einen Urlaub voller Entspannung und Naturerlebnisse. Das Hotel gilt als Ruheoase, was es insbesondere seiner Umgebung zu verdanken hat: Auf einer ruhigen Waldlichtung, nahe von Zwettl, verfügt das Haus über 48 lichtdurchflutete Zimmer mit Balkon. Von dort – wie auch vom Spa-Bereich aus, der über beheizte Pools, Saunen, Dampfbäder und Co verfügt – erblickt man die unberührte Natur. Im Restaurant wird eine klassische Küche aufgetischt; die Lebensmittel, darunter Mohn, Karpfen, Erdäpfel und Wild, stammen aus der Region.

Gault&Millau

Süße
Säure
& Tannine

Alle News rund um österreichische Weine
im Newsletter und auf gaultmillau.at

# #

... liebes Rot-Flüh 6673 Grän 259

2

25hours Hotel 1070 Wien 143

A

A-Rosa Kitzbühel 6370 Kitzbühel 283
Adapura Wagrain 5602 Wagrain 264
Adler 6791 St. Gallenkirch 69
Adler 6883 Au im Bregenzerwald 395
Adler Inn 6294 Hintertux 59
aDLERS Innsbruck 6020 Innsbruck 171
Aichinger 4865 Nußdorf am Attersee 87
Almanac Palais Vienna 1010 Wien 187
Almdorf Reiteralm 8973 Pichl bei Schladming 119
Almesberger 4160 Aigen-Schlägl 394
Almfrieden 8972 Ramsau am Dachstein 268
Almgut 5581 St. Margarethen im Lungau 437
Almhof 6281 Gerlos 201
Almhof Rupp 6991 Riezlern/Kleinwalsertal 386
Almmonte Suites 5602 Wagrain 187
Almwellness-Resort Tuffbad
    9654 St. Lorenzen im Lesachtal 437
Alpbacherin 6236 Alpbach 164
Alpegg Chalets 6384 Waidring 127
Alpenhof 5542 Flachau 168
Alpenhof 6293 Tux 75
Alpenhotel Kitzbühel 6370 Kitzbühel 84
AlpenParks Sonnleiten 5753 Saalbach 386
Alpenresort Schwarz 6414 Mieming 252
Alpenresort Walsertal 6733 Fontanella 412
Alpenrose 5541 Altenmarkt 395
Alpenrose 6780 Schruns 240
Alpin Resort Sacher 6100 Seefeld 439
Alpin Resort Stubaier Hof 6166 Fulpmes 377
Alpine Palace 5754 Hinterglemm 378
Alpinhotel Berghaus 6293 Tux 442
Alpinhotel Pacheiner 9520 Gerlitzen 58
Alpinresort Schillerkopf 6707 Bürserberg 56
Althof Retz 2070 Retz 435
Altstadt Vienna 1070 Wien 188
Am Holand 6883 Au im Bregenzerwald 36
Ambassador Hotel 1010 Wien 297
Amerika-Holzer am See 9122 Klopeiner See 85
amiamo 5700 Zell am See 215
Ammerhauser 5102 Anthering 370
Anantara 1010 Wien 298
Andaz 1100 Wien 188
Andreas Hofer 6330 Kufstein 333
Anno Dazumal 6293 Tux 126
Aqua Dome 6444 Längenfeld 426
Arcotel Nike 4020 Linz an der Donau 139
Arthotel Blaue Gans 5020 Salzburg 181
Artist Boutique Hotel 1080 Wien 144

ARX Guesthouse 8971 Schladming-Rohrmoos 184
Asia Resort Linsberg 2822 Bad Erlach 36
At the Park Hotel 2500 Baden bei Wien 371
Auersperg 5020 Salzburg 140
Augarten Art Hotel 8010 Graz 168
Auracher Löchl 6330 Kufstein 174
Aurelio 6764 Lech am Arlberg 284
Avita Resort 7431 Bad Tatzmannsdorf 401
Aviva 4170 St. Stefan-Afiesl 48

B

Babula am Augarten 1020 Wien 244
Bachmanngut 5360 St. Wolfgang 344
Bad Reuthe 6870 Reuthe 316
Balance 9210 Pörtschach 253
Bär 6352 Ellmau 57
BAR1oZIMMER 6850 Dornbirn 167
Bären 6881 Mellau 64
Beethoven 1060 Wien 144
Beim Hochfilzer 6306 Söll 124
Bellevue 5700 Zell am See 103
Belmonte 9920 Sillian 440
Bentleys House 6763 Zürs am Arlberg 350
Bergblick 6673 Grän 416
Bergdorf Hotel Zaglgut 5710 Kaprun 380
berge 6450 Sölden 72
Bergfried 6293 Hintertux 281
Berghaus Schröcken 6888 Schröcken 71
Berghof 6293 Tux 443
Berghof 6764 Lech am Arlberg 261
Berghof 8972 Ramsau am Dachstein 66
Berghotel Biberkopf 6767 Warth 389
Berghotel Madlener 6884 Damüls 323
Berghotel Tulbingerkogel 3001 Tulbingerkogel . 348
Bergland 6450 Sölden 186
Bergresort Seefeld 6100 Seefeld 272
Bergschlössl 6580 St. Anton am Arlberg 365
Bergwiesenglück 6553 See/Paznaun 122
Biberkopf 6767 Warth 389
Bichlhof 6370 Kitzbühel 332
Biohotel Grafenast 6136 Pill 338
Biohotel Rupertus 5771 Leogang 427
Biohotel Schwanen 6874 Bizau 323
Birkenhöhe 6992 Hirschegg /Kleinwalsertal 379
Blaue Gans 5020 Salzburg 181
Blü 5630 Bad Hofgastein 219
Böglerhof 6236 Alpbach 394
Boutique Hotel im Auracher Löchl
    6330 Kufstein 174
Boutique Hotel Wachtelhof 5761 Maria Alm 177
Boutiquehotel Dom 8010 Graz 133
Boutiquehotel Haidachhof 6263 Fügen 413
Boutiquehotel Stadthalle 1150 Wien 145
Boutiquehotel Weinspitz 3620 Spitz 49
Brandstätter 5020 Salzburg 237

Brennseehof 9544 Feld am See 200
Brillantengrund 1070 Wien 150
Bristol 1010 Wien 298
Brolli Südsteiermark 8462 Gamlitz 327
Buchau 6212 Maurach am Achensee 206
Bühlhof 6764 Lech am Arlberg 110
Burg Hotel Lech 6764 Lech am Arlberg 229
Burg Vital Resort 6764 Lech am Arlberg 285
Bürgerhaus 7071 Rust 180
Burgi's Living 6764 Lech am Arlberg 40
Burgstaller 9873 Döbriach 324

C

Central 6450 Sölden 295
Cervosa 6534 Serfaus 294
Chalet 1551 6764 Lech am Arlberg 112
Chalet 1597 6764 Lech am Arlberg 112
Chalet Artemis 6580 St. Anton am Arlberg 120
Chalet Bischoferalm 6236 Alpbach 106
Chalet Grand Flüh 6672 Nesselwängle 115
Chalet Mimi 6764 Oberlech 117
Chalet Plauderei 5722 Niedernsill 116
Chesa Valisa 6992 Hirschegg /Kleinwalsertal 329
Coburg Residenz 1010 Wien 300
coolnest 6284 Ramsau 66
Cortisen am See 5360 St. Wolfgang 92
Country Suites 5571 Mariapfarr 114
Crystal 6456 Obergurgl 385

D

daberer. das biohotel 9635 Dellach/Gailtal 324
Dachsteinkönig 4824 Gosau 202
Daniel Wien 1030 Wien 145
Das Adler Inn 6294 Hintertux 59
Das Balance 9210 Pörtschach 253
Das Central 6450 Sölden 295
Das Edelweiss 5611 Großarl 417
Das Eisenberg 8383 St. Martin an der Raab 238
Das Grafengut 4865 Nußdorf am Attersee 88
Das Hohe Salve 6361 Hopfgarten im Brixental 60
Das Innsbruck 6020 Innsbruck 136
Das Kaiserblick Hotel 6352 Ellmau 376
Das Karwendel 6213 Pertisau 434
Das Kohlmayr 5562 Obertauern 433
Das Kronthaler 6215 Achenkirch 35
Das Moerisch 9871 Seeboden 254
Das Naturhotel Chesa Valisa
6992 Hirschegg /Kleinwalsertal 329
Das Rieser 6213 Pertisau 207
Das Römerstein 8282 Bad Loipersdorf 55
Das Ronacher 9546 Bad Kleinkirchheim 259
Das Schäfer 6733 Fontanella 412
Das Schiff 6952 Hittisau 226
Das Schloss an der Eisenstrasse
3340 Waidhofen an der Ybbs 366
Das Seekarhaus 5562 Obertauern 288

Das Seemount 6553 See/Paznaun 387
Das Seepark 9020 Klagenfurt 84
Das Sieben 6323 Bad Häring 311
Das Tirol Jochberg 6373 Jochberg 282
Das Traunsee 4801 Traunkirchen 96
Das Tyrol 1060 Wien 190
Das Walchsee 6344 Walchsee 76
Das Weitzer 8020 Graz 133
Das Zwölferhaus 5754 Hinterglemm 378
Das.Goldberg 5630 Bad Hofgastein 398
dasMAX 6100 Seefeld 185
DasPosthotel 6280 Zell am Ziller 306
Der Bär 6352 Ellmau 57
Der Berghof 6764 Lech am Arlberg 261
Der Böglerhof 6236 Alpbach 394
der daberer. das biohotel
9635 Dellach/Gailtal 324
Der Engel 6673 Grän 416
Der Lärchenhof 6383 Erpfendorf 408
Der Steinerwirt 5090 Lofer 231
Der Steirerhof Bad Waltersdorf
8271 Bad Waltersdorf 402
Der Wilde Eder 8171 St. Kathrein am Offenegg 238
Der Wilhelmshof 1020 Wien 245
Die Alpbacherin 6236 Alpbach 164
die berge 6450 Sölden 72
Die Forelle 9762 Weissensee 100
Die Gersberg Alm 5020 Salzburg 342
Die Hochkönigin 5761 Maria Alm 287
Die Josefine 1060 Wien 147
Die Klause 8344 Bad Gleichenberg 310
Die Riederalm 5771 Leogang 383
Die Seitenalm 5550 Radstadt 209
Die Sonne 5753 Saalbach 271
Die Wälderin 6881 Mellau 384
Die Wasnerin 8990 Bad Aussee 322
DO & CO Hotel Vienna 1010 Wien 147
Dolomiten Residenz Sporthotel Sillian
9920 Sillian 212
Dolomitengolf Suites 9906 Lavant 251
Domplatz 4020 Linz an der Donau 41
Dorfhotel Fasching 8654 Fischbach 409

E

Ebner's Waldhof am See 5330 Fuschl am See 82
Edelweiss 5611 Großarl 417
Edelweiss 5611 Großarl 417
Edelweiss 6763 Zürs am Arlberg 390
Edenlehen 6290 Mayrhofen 336
Eder 5761 Maria Alm 63
Eggerwirt 5582 St. Michael im Lungau 438
Eichingerbauer 5310 Mondsee 233
Eisenberg 8383 St. Martin an der Raab 238
Elefant 5020 Salzburg 139
Elisabeth 6263 Fügen 356

Elisabeth 6365 Kirchberg in Tirol 332
ElisabethHotel 6290 Mayrhofen 43
Ellmauhof 5754 Hinterglemm 203
Enzian 6450 Sölden 388
Enzian 9762 Weissensee 101
Erzherzog Johann 8010 Graz 279
Europäischer Hof 5640 Bad Gastein 55
ever.grün 5710 Kaprun 330

F

Falkensteiner Balance Resort Stegersbach
7551 Stegersbach 50
Falkensteiner Genuss & Wohlfühlhotel
Mühlviertel 4190 Bad Leonfelden 37
Falkensteiner Hotel & Spa Carinzia
9631 Tröpolach 389
Falkensteiner Hotel Cristallo
9863 Rennweg 210
Falkensteiner Hotel Montafon
6774 Tschagguns 213
Falkensteiner Hotel Schladming
8970 Schladming 69
Falkensteiner Schlosshotel Velden
9220 Velden am Wörthersee 297
Familiengut Burgstaller 9873 Döbriach 324
Feriendorf Holzleb'n 5611 Großarl 109
Fernblick Montafon 6780 Schruns 71
Fernsteinsee 6465 Nassereith 365
Feuerberg 9551 Bodensdorf 405
FIRSTpeak Zauchensee 5541 Altenmarkt 258
Fischer am See 6611 Heiterwang 83
Forelle 9762 Weissensee 100
Forsthofgut 5771 Leogang 334
Forstinger 780 Schärding 239
FourElements 8923 Palfau 236
Franz Ferdinand 9631 Jenig 172
Fräulein Leni 8462 Gamlitz 327
Fritsch am Berg 6911 Lochau 42
Fuchsegg Eco Lodge 6863 Egg 325

G

G'Schlössl Murtal 8734 Großlobming 203
Gabrium 2344 Maria Enzersdorf 231
Galántha 7000 Eisenstadt 222
Galtenberg 6236 Alpbach 198
Gams zu zweit 6870 Bezau 354
Garten-Hotel Ochensberger
8181 St. Ruprecht an der Raab 344
Gartenhotel Crystal 6263 Fügen 414
Gassner 5741 Neukirchen am Großvenediger 235
Gästehaus Wallner 9220 Velden am Wörthersee 242
Geinberg 4943 Geinberg 415
Geinberg5 4943 Geinberg 109
Geniesserhotel Die Forelle 9762 Weissensee 100
Geniesserhotel Post Lermoos 6631 Lermoos ... 429
Geniesserhotel Unterlechner

6392 St. Jakob in Haus 47
Genussdorf Gmachl
5101 Bergheim bei Salzburg 404
Genusshotel Riegersburg 8333 Riegersburg 342
Gerl 5071 Wals bei Salzburg 349
Germania 6900 Bregenz 131
Gersberg Alm 5020 Salzburg 342
Gesundheitsresort Lebensquell
4283 Bad Zell 403
Gilbert 1070 Wien 245
Gipfelhaus Magdalensberg
9064 Magdalensberg 335
Gmachl 5101 Bergheim bei Salzburg 404
Goldberg 5630 Bad Hofgastein 398
Golden Hill 8505 St. Nikolai im Sausal 121
Goldener Adler 6020 Innsbruck 136
Goldener Berg 6764 Lech am Arlberg 229
Goldener Greif Kitzbühel 6370 Kitzbühel 380
Goldener Hirsch 5020 Salzburg 289
Goldener Ochs 4820 Bad Ischl 130
Goldenes Lamm 9500 Villach 447
Goldgasse 5020 Salzburg 181
Goldstück 5753 Saalbach/Hinterglemm 45
Golfresort Haugschlag 3874 Haugschlag 251
Gradonna Mountain Resort
9981 Kals am Großglockner 173
Grafenast 6136 Pill 338
Grafengut 4865 Nußdorf am Attersee 88
Gralhof 9762 Weissensee ....
Grand Ferdinand 1010 Wien 148
Grand Hotel Wien 1010 Wien 299
Grand Hôtel Wiesler 8020 Graz 134
Grand Hotel Zell am See 5700 Zell am See 102
Grand Tirolia Kitzbühel 6370 Kitzbühel 283
Grandhotel Lienz 9900 Lienz 431
grätzlhotel Meidlinger Markt 1120 Wien 148
greet Wien City Nord 1210 Wien 149
Gridlon 6574 Pettneu am Arlberg 208
Grimming 5661 Rauris 269
Grosslehen 6391 Fieberbrunn 326
Großarler Hof 5611 Großarl 280
Gugerbauer 4780 Schärding 316
Guglwald 4191 Vorderweißenbach 448
Gut Guntrams 2625 Schwarzau am Steinfelde 345
Gut Sonnberghof 5730 Mittersill 337
Gut Stiluppe 6290 Mayrhofen 63
Gut Weissenhof 5550 Radstadt 253

H

Habachklause5733 Bramberg am Wildkogel 199
Hafnerhotel 3250 Wieselburg an der Erlauf 193
Hahnenhof 6370 Kitzbühel 381
Haidvogel Mavida Zell am See
5700 Zell am See 194
Haldensee 6672 Nesselwängle 44

Hasenauer 5754 Hinterglemm 59
Haugschlag 3874 Haugschlag 251
Haus Hirt 5640 Bad Gastein 164
Heiltherme Bad Waltersdorf
　8271 Bad Waltersdorf 403
Held 6263 Fügen 414
Henriette 1020 Wien 246
Herkuleshof 9815 Kolbnitz 227
Hilton Vienna Danube Waterfront
　1020 Wien 215
Hilton Vienna Park 1030 Wien 149
Hilton Vienna Plaza 1010 Wien 190
Hintertuxerhof 6293 Tux 213
Hirlanda 6763 Zürs am Arlberg 390
Hirschen 6867 Schwarzenberg 240
Hochfirst 6456 Obergurgl 384
Hochgurgl 6456 Hochgurgl 260
Hochkönigin 5761 Maria Alm 287
Hochschober 9565 Turracher Höhe 442
Hochsölden 6450 Sölden 388
Höflehner 8967 Haus im Ennstal 420
Hollmann am Berg 9565 Ebene Reichenau 108
Hollweger 5340 St. Gilgen 436
Holzleiten 6416 Obsteig 434
Hotel & Villa Auersperg 5020 Salzburg 140
Hotel am Brillantengrund 1070 Wien 150
Hotel am Domplatz 4020 Linz an der Donau 41
Hotel am Konzerthaus 1030 Wien 150
Hotel Schloss Pichlarn 8943 Aigen im Ennstal 277
Hoxton Vienna 1030 Wien 160
Hubertushof Anif 5081 Anif 370
Hyperion Salzburg 5020 Salzburg 140

I
Ifen Hotel
　6992 Hirschegg/Kleinwalsertal 422
Ikuna Naturresort 4723 Natternbach 206
Im Weissen Rössl am Wolfgangsee
　5360 St. Wolfgang 93
Imlauer Hotel Pitter Salzburg 5020 Salzburg 141
Imlauer Hotel Schloss Pichlarn
　8943 Aigen im Ennstal 277
Imperial Wien 1015 Wien 299
Inns Holz 4161 Ulrichsberg 126
Innsbruck 6020 Innsbruck 136
Inntalerhof 6100 Seefeld 72
Interalpen-Hotel Tyrol 6410 Telfs 296

J
Jagdhof 6167 Neustift im Stubaital 287
Jägerwirt 8864 Turrach 97
Jaglhof 8462 Gamlitz 222
Jaz in the City Vienna 1060 Wien 191
Jennys Schlössl 6534 Serfaus 439
Jerzner Hof 6474 Jerzens 423
Jilly 9210 Pörtschach 90

Josefine 1060 Wien 147
Jufenalm 5761 Maria Alm 178
Juffing Hotel & Spa 6335 Thiersee 50
Jungbrunn 6675 Tannheim 441
Juwel 5754 Hinterglemm 422

K
Kaiser Moments 6353 Going 224
Kaiserblick Hotel 6352 Ellmau 376
Kaiserhof 6352 Ellmau 406
Kaiserhof Kitzbühel 6370 Kitzbühel 61
Kaiserhof Wien 1040 Wien 372
Kaiserin Elisabeth 1010 Wien 151
Kaiserlodge 6351 Scheffau am Wilden Kaiser 292
Kapeller 6020 Innsbruck 138
Karawankenhof 9504 Warmbad-Villach 448
Karnerhof 9580 Villach-Drobollach am Faaker See . 98
Kärntnerhof 1010 Wien 152
Karwendel 6213 Pertisau 434
Kauz Design Chalets 5582 St. Michael im Lungau 121
Kempinski Hotel Das Tirol Jochberg
　6373 Jochberg 282
Kitz Boutique Chalet 6365 Kirchberg in Tirol 110
Kitzhof 6370 Kitzbühel 174
Klause 8344 Bad Gleichenberg 310
Kleines Hotel Kärnten 9580 Egg/Faaker See 221
Kleinsasserhof 9800 Spittal an der Drau 242
Klosterbräu 6100 Seefeld 294
Knappenhof 2651 Reichenau an der Rax 179
Kohlmayr 5562 Obertauern 433
Koller 4824 Gosau 361
Kollers 9871 Seeboden 95
Kontor 6060 Hall in Tirol 135
Kosis 6263 Fügen 58
Kothmühle 3364 Neuhofen an der Ybbs 338
Kowald 8282 Bad Loipersdorf 400
Kraftalm 6305 Itter 329
Krainer 8665 Langenwang 228
Krallerhof 5771 Leogang 428
Kristall 6213 Pertisau 356
Krone 1512 5020 Salzburg 141
Krone 6952 Hittisau 171
Kronthaler 6215 Achenkirch 35

L
Landgut am Pössnitzberg 8463 Leutschach 230
Landgut Furtherwirt 6382 Kirchdorf in Tirol 204
Landgut Moserhof 9816 Penk/Mölltal 119
Landhaus Koller 4824 Gosau 361
Landhaus zu Appesbach 5360 St. Wolfgang 94
Landhotel Schermer 6363 Westendorf 449
Landschützer Bergdorf Riesner
　8953 Donnersbachwald 108
Langwies 5424 Bad Vigaun 166
Lanserhof Lans 6072 Lans 314
LaPosch 6633 Biberwier 107

Lärchenhof 6383 Erpfendorf 408
Larimar 7551 Stegersbach 272
Le Méridien Wien 1010 Wien 153
Lebenberg Schlosshotel 6370 Kitzbühel 424
Lehenriedl 5602 Wagrain 127
Lendhotel 8020 Graz 134
Leo Grand 1010 Wien 304
Lercher 8850 Murau 233
Lermoos 6631 Lermoos 429
Liebnitzmühle 3820 Raabs/Thaya 340
LifeSteil 6441 Umhausen 186
Linde 6531 Ried im Oberinntal 436
Linde 9082 Maria Wörth 86
Lindenhof 8972 Ramsau am Dachstein 67
Lindner Hotel Wien Am Belvedere 1030 Wien ... 153
Lisi Family Hotel 6370 Reith bei Kitzbühel 209
loisi's 6215 Achenkirch 80
Loisium Langenlois 3550 Langenlois 175
Lorünser 6763 Zürs am Arlberg 77
Löwe & Bär 6534 Serfaus 212
Löwen Hotel Montafon 6780 Schruns 438
Lürzerhof 5561 Untertauern 446
Luxuschalet Schmiedalm
    5754 Saalbach/Hinterglemm 120
Luxuschalet Schmiedalm
    5754 Saalbach/Hinterglemm 120
Luxuslodge Zeit zum Leben 5524 Annaberg 106

M

Magdalena 6273 Ried im Zillertal 270
Magdas Hotel 1030 Wien 154
Maiensee 6580 St. Christoph am Arlberg 292
MalisGarten 6280 Zell am Ziller 51
Mama Thresl 5771 Leogang 62
Mandira 8271 Bad Waltersdorf 402
Mari Pop 6273 Ried im Zillertal 180
Maria Plain 5101 Bergheim bei Salzburg 322
Max Brown 7th District 1070 Wien 154
Maximilian 5020 Salzburg 237
Mayrlife 8992 Altaussee 310
Mein Almhof 6543 Nauders 65
Mesnerhaus 5570 Mauterndorf 232
Minglers Sportalm 6365 Kirchberg in Tirol 61
Miramonte 5640 Bad Gastein 165
Miraverde 4540 Bad Hall 311
Moar Gut 5611 Großarl 202
Moerisch 9871 Seeboden 254
Mohr life resort 6631 Lermoos 430
Molzbachhof 2880 Kirchberg am Wechsel 331
Montestyria 8630 Mariazell 115
Mooons 1040 Wien 191
Mooshaus 6183 Kühtai 425
Moserhof 2352 Gumpoldskirchen 38
Moserhof 9871 Seeboden 185
Motto 1060 Wien 192

Mountain Resort Feuerberg 9551 Bodensdorf 405
Mozart Hotel 5020 Salzburg 182
Mühle Resort 1900 6456 Obergurgl 44
Mühlenhof Rooms 3550 Langenlois 228
Mühltalhof 4120 Neufelden 234

N

Nala individuellhotel 6020 Innsbruck 172
Narzissen Vital Resort 8990 Bad Aussee 396
Natur- und Wellnesshotel Höflehner
    8967 Haus im Ennstal 420
Naturdorf Oberkühnreit
    5741 Neukirchen am Großvenediger 116
Naturhotel Alpenrose 9872 Millstatt am See 337
Naturhotel Bauernhofer 8172 Heilbrunn 328
Naturhotel Edelweiss 5602 Wagrain 349
Naturhotel Forsthofgut 5771 Leogang 334
Naturhotel Kitzspitz 6392 St. Jakob in Haus 343
Naturhotel Waldklause 6444 Längenfeld 333
Nesslerhof 5611 Großarl 417
Neustifter 2170 Poysdorf 340
Nidum 6100 Mösern bei Seefeld 64
Nils am See 7121 Weiden am See 99
Nudelbacher 9560 Feldkirchen 354

O

Oberforsthof 5600 St. Johann im Pongau 211
Ochensberger 8181 St. Ruprecht an der Raab 344
Original Mayr Resort 9082 Maria Wörth 315
Österreichischer Hof 5630 Bad Hofgastein 398

P

Pacheiner 9520 Gerlitzen 58
Palais 26 9500 Villach 143
Palais Coburg Residenz 1010 Wien 300
Palais Porcia 9020 Klagenfurt 39
Palais Vienna 1010 Wien 187
Palais-Hotel Erzherzog Johann 8010 Graz 279
Panorama Royal 6323 Bad Häring 397
Panorama 5562 Obertauern 65
Park Hyatt Vienna 1010 Wien 300
Park Igls 6080 Igls 314
Parkhotel Pörtschach 9210 Pörtschach 90
Parkhotel Schönbrunn 1130 Wien 366
Parkhotel Tristachersee 9908 Amlach/Lienz 81
Parks 9220 Velden am Wörthersee 447
pentahotel Wien 1050 Wien 155
Peternhof 6345 Kössen 424
Pichlmayrgut 8973 Pichl/Ennstal 208
Pierer 8163 Fladnitz an der Teichalm 410
Pitter Salzburg 5020 Salzburg 141
Platzhirsch 6330 Kufstein 362
Poppengut 4573 Hinterstoder 328
Pössnitzberg 8463 Leutschach 230
Post 6380 St. Johann in Tirol 184
Post 6580 St. Anton am Arlberg 262

Post am See 4801 Traunkirchen 74
Post Family Resort 5091 Unken 214
Post Lech 6764 Lech am Arlberg 382
Posthotel 6280 Zell am Ziller 306
Posthotel Achenkirch 6215 Achenkirch 35
Postillion am See 9872 Millstatt am See 87
Priesteregg 5771 Leogang 113
Puitalm 6471 Arzl im Pitztal 320
Pulverer 9546 Bad Kleinkirchheim 399
Puradies 5771 Leogang 335

Q

Quellenhof Leutasch 6105 Leutasch 430

R

Radisson Blu Altstadt Hotel 5020 Salzburg 142
Ramsauhof 8972 Ramsau am Dachstein 341
Rasmushof Hotel Kitzbühel 6370 Kitzbühel 381
Ratscher Landhaus 8461 Ehrenhausen 325
Reduce Bad Tatzmannsdorf
    7431 Bad Tatzmannsdorf 401
Refugium Lunz 3293 Lunz am See 177
Rehbach 6677 Schattwald 48
Reiterhof 6215 Achenkirch 258
Reiters Finest Family 7431 Bad Tatzmannsdorf 198
Reiters Supreme 7431 Bad Tatzmannsdorf 37
RelaxResort Kothmühle
    3364 Neuhofen an der Ybbs 338
Retter Bio-Natur-Resort 8225 Pöllauberg 339
Rickatschwende 6850 Dornbirn 313
Riederalm 5771 Leogang 383
Riederhof 6531 Ried im Oberinntal 269
Rieser 6213 Pertisau 207
Rigele Royal 5562 Obertauern 288
Ritz-Carlton, Vienna 1010 Wien 304
Ritzlerhof 6432 Sautens 271
Rogner Bad Blumau 8283 Bad Blumau 396
Römerstein 8282 Bad Loipersdorf 55
Ronacher 9546 Bad Kleinkirchheim 259
Rosewood Schloss Fuschl
    5322 Hof bei Salzburg 83
Rosewood Vienna 1010 Wien 301
Ruby Lissi 1010 Wien 155
Rupertus 5771 Leogang 427

S

Sacher 6100 Seefeld 439
Sacher Salzburg 5020 Salzburg 290
Sacher Wien 1010 Wien 301
Saint Shermin 1040 Wien 192
Salve 6361 Hopfgarten im Brixental 60
Salzburger Hof 5771 Leogang 428
Salzburgerhof 5700 Zell am See 305
Sans Souci Wien 1070 Wien 302
Sarotla 6708 Brand 250
Schäfer 6733 Fontanella 412

Schalber 6534 Serfaus 440
Schani 1100 Wien 156
Schani Salon 1070 Wien 156
Scheiblhofer The Resort 7163 Andau 277
Schiff 6952 Hittisau 226
Schillerkopf 6707 Bürserberg 56
Schloss an der Eisenstrasse
    3340 Waidhofen an der Ybbs 366
Schloss Dürnstein 3601 Dürnstein 360
Schloss Fernsteinsee 6465 Nassereith 365
Schloss Gabelhofen 8753 Fohnsdorf 360
Schloss Kammer 5751 Maishofen 336
Schloss Kurhotel Strobl 5350 Strobl 317
Schloss Leonstain 9210 Pörtschach 236
Schloss Mittersill 5730 Mittersill 364
Schloss Mönchstein 5020 Salzburg 290
Schloss Münichau 6370 Reith bei Kitzbühel 341
Schloss Obermayerhofen 8272 Sebersdorf 241
Schloss Seefels
    9212 Pörtschach, Techelsberg am Wörthersee 289
Schloss Thalheim
    3141 Kapelln an der Perschling 361
Schloss Thannegg
    8962 Michaelerberg-Pruggern 363
Schloss Wilhelminenberg 1160 Wien 367
Schlossberghotel 8010 Graz 135
Schlosshotel Dörflinger 6700 Bludenz 130
Schlosshotel Fiss 6533 Fiss 201
Schlosshotel Ischgl 6561 Ischgl 281
Schlosshotel Mondsee 5310 Mondsee 364
Schlosshotel Prielau 5700 Zell am See 367
Schlosspark Mauerbach 3001 Mauerbach 42
Schneider 5562 Obertauern 385
Schöne Aussicht 5023 Salzburg/Gnigl 343
Schöne Aussicht 6450 Sölden 49
Schreiners 1070 Wien 157
Schütterhof 8970 Schladming 70
Schwaigerhof 8970 Schladming 70
Schwanen 6874 Bizau 323
Schwarz Alm 3910 Zwettl 450
Schwarzer Adler 6370 Kitzbühel 39
Schwärzler 6900 Bregenz 131
See-Villa 9872 Millstatt am See 363
Seefischer 9873 Döbriach 81
Seegasthof Stadler 4866 Unterach am Attersee ... 97
Seeglück Hotel Forelle 9872 Millstatt am See 252
Seehof 5622 Goldegg am See 226
Seehotel Am Kaiserstrand 6911 Lochau 85
Seehotel Bellevue 5700 Zell am See 103
Seehotel Dr. Jilly 9210 Pörtschach 90
Seehotel Einwaller 6213 Pertisau 88
Seehotel Engstler 9220 Velden am Wörthersee ...214
Seehotel Enzian 9762 Weissensee 101
Seehotel Europa 9220 Velden am Wörthersee 98
Seehotel Grundlsee 3993 Grundlsee 82

Seehotel Jägerwirt 8864 Turrach 97
Seekarhaus 5562 Obertauern 288
Seemount 6553 See/Paznaun 387
Seepark 9020 Klagenfurt 84
Seespitz 6100 Seefeld 95
Seetal 6272 Kaltenbach/Zillertal 204
Seevilla Altaussee 8992 Altaussee 80
Seevilla Wolfgangsee 5360 St. Wolfgang 94
Seewirt Mattsee 5163 Mattsee 86
Seitenalm 5550 Radstadt 209
Senhoog 5771 Leogang 114
Sepp 5761 Maria Alm 178
Severin*s 6764 Lech am Arlberg 286
Sheraton Grand Salzburg 5020 Salzburg 291
Sieben 6323 Bad Häring 311
Sille 9081 Reifnitz 91
Singer 6622 Berwang 278
Skihotel Galzig 6580 St. Anton am Arlberg 68
SO/Vienna 1020 Wien 157
Sonja Alpine Resort 5721 Piesendorf 268
Sonne 5753 Saalbach 271
Sonne Mellau 6881 Mellau 43
Sonnenburg 6764 Lech am Arlberg 286
Sonnenhof 6673 Grän 377
Sonnenpark 7361 Lutzmannsburg 205
Sonnhof 5621 St. Veit im Pongau 264
Sonnhof Alpendorf 5600 St. Johann im Pongau ...387
Sonnhof European Ayurveda 6335 Thiersee 73
Spa Resort Styria 8271 Bad Waltersdorf 38
Sperlhof 4580 Windischgarsten 450
Spiess & Spiess 1030 Wien 158
Spinnerei 4030 Linz an der Donau 175
Sportalm 9546 Bad Kleinkirchheim 220
Sporthotel Neustift 6167 Neustift im Stubaital 432
Sporthotel St. Anton 6580 St. Anton am Arlberg .. 68
Sportresidenz Zillertal 6271 Uderns 254
St. Martins Therme & Lodge
    7132 Frauenkirchen 413
Stadler 4866 Unterach am Attersee 97
Stadthalle 1150 Wien 145
Stäfeli 6764 Lech am Arlberg 334
Stage 12 6020 Innsbruck 138
Stanglwirt 6353 Going 415
Steigenberger Hotel & Spa Krems
    3500 Krems 425
Steigenberger Hotel Herrenhof 1010 Wien 158
Stein 5020 Salzburg 46
Steiner 5562 Obertauern 207
Steinerwirt 5090 Lofer 231
Steirereck am Pogusch 8625 Turnau 348
Steirerhof Bad Waltersdorf
    8271 Bad Waltersdorf 402
Sternen Hotel 6922 Wolfurt 76
Stock 6292 Finkenberg 278
Stoiser 8282 Bad Loipersdorf 400

Strandhotel am Weissensee 9762 Weissensee ..102
Strandhotel Sille 9081 Reifnitz 91
Streklhof 9220 Velden am Wörthersee 244
Superbude Wien 1020 Wien 159

T
Tannenhof 5600 St. Johann im Pongau 211
Tannenhof 6580 St. Anton am Arlberg 291
Tante Frida 5761 Maria Alm 205
Tauern Spa Zell am See-Kaprun
    5710 Kaprun 423
Tauernhof Grossarl 5611 Großarl 419
Taurerwirt 9981 Kals am Großglockner 60
Teichwirt 8163 Teichalm 273
Tennerhof 6370 Kitzbühel 284
The Amauris Vienna 1010 Wien 303
The Arula Chalets 6764 Lech am Arlberg 113
the cōmodo 5640 Bad Gastein 165
The Crystal 6456 Obergurgl 385
The Guesthouse Vienna 1010 Wien 159
The Hoxton Vienna 1030 Wien 160
The Leo Grand 1010 Wien 304
The Maximilian 5020 Salzburg 237
The Mozart Hotel 5020 Salzburg 182
The Ritz-Carlton, Vienna 1010 Wien 304
Theresa 6280 Zell am Ziller 350
Therme Laa 2136 Laa an der Thaya 426
Thermenhotel Karawankenhof
    9504 Warmbad-Villach 448
Thermenwelt Pulverer
    9546 Bad Kleinkirchheim 399
Thierseerhof 6335 Thiersee 346
Tirol 6561 Ischgl 260
Tirol Lodge Ellmau 6352 Ellmau 376
Top Hotel Hochgurgl 6456 Hochgurgl ... 260
Topazz Lamée 1010 Wien 193
Traube Braz Alpen.Spa.Golf.Hotel
    6751 Braz bei Bludenz 250
Traunsee 4801 Traunkirchen 96
Travel Charme Fürstenhaus Am Achensee
    6213 Pertisau 435
Travel Charme Ifen Hotel
    6992 Hirschegg/Kleinwalsertal ... 422
Trofana Royal Resort 6561 Ischgl 282
Tulbingerkogel 3001 Tulbingerkogel ... 348
Turmhof 2352 Gumpoldskirchen 170
Tuxerhof 6293 Tux 444
Tyrol 1060 Wien 190

U
Übergossene Alm Resort 5652 Dienten 199
Ullrhaus 6580 St. Anton am Arlberg 183
Unterschwarzachhof
    5754 Saalbach/Hinterglemm 210

V

Val Blu Resort 6700 Bludenz 404
Valavier Aktivresort 6708 Brand 56
Vaya Fieberbrunn 6391 Fieberbrunn 167
Vergeiner's Hotel Traube 9900 Lienz 230
Verwall 6793 Gaschurn 223
Verwalter 6850 Dornbirn 132
Verwöhnhotel Bismarck 5630 Bad Hofgastein ... 399
Verwöhnhotel Kristall 6213 Pertisau 356
Vila Vita Pannonia 7152 Pamhagen 118
Villa Antoinette 2680 Semmering 241
Villa Gleichenberg 8344 Bad Gleichenberg 397
Villa Postillion am See 9872 Millstatt am See 87
Villa Rosa 8343 Bad Gleichenberg 166
Villa Verdin 9872 Millstatt am See 232
Vitalhotel Edelweiss 6167 Neustift im Stubaital ..433
Vitalhotel Therme Geinberg 4943 Geinberg 415
Vivamayr Maria Wörth 9082 Maria Wörth 315
Vivea Bad Traunstein 3632 Traunstein 317
Vivea Umhausen 6441 Umhausen 446
Vivea Zum Landsknecht 2853 Bad Schönau 312
Vivea Zur Quelle 2853 Bad Schönau 313
Vortuna 4190 Bad Leonfelden 312

W

Wachtelhof 5761 Maria Alm 177
Walchsee 6344 Walchsee 76
Waldchalets Brandnertal 6708 Brand 107
Wälderin 6881 Mellau 384
Waldhaus Rudolfshöhe 5640 Bad Gastein 218
Waldklause 6444 Längenfeld 333
Waldruhe 9941 Kartitsch 227
Warmbaderhof 9504 Warmbad-Villach 255
Warther Hof 6767 Warth 449
Wasnerin 8990 Bad Aussee 322
Weiden 8971 Schladming 239
Weingut Neustifter 2170 Poysdorf 340
Weinrefugium Brolli Südsteiermark
    8462 Gamlitz 327
Weissen Rössl 5360 St. Wolfgang 93
Weisses Kreuz 6900 Bregenz 132
Weisses Rössl 6370 Kitzbühel 382
Weitzer 8020 Graz 133
Wellnesshotel Alpin Juwel 5754 Hinterglemm ... 422
Wellnessresidenz Alpenrose
    6212 Maurach am Achensee 431
Werzers 9210 Pörtschach 91
Wesenufer 4085 Wesenufer 372
Weyerhof 5733 Bramberg am Wildkogel 221
Wiener Gäste Zimmer 1100 Wien 247
Wiesergut 5754 Hinterglemm 170
Wiesler 8020 Graz 134
Wilde Eder 8171 St. Kathrein am Offenegg 238
Wildspitze 6481 Mandarfen im Pitztal 62
Wilhelmshof 1020 Wien 245

Winzarei 8461 Ehrenhausen 326
Winzer 4880 St. Georgen im Attergau 47
Wirtshaus Steirereck am Pogusch
    8625 Turnau 348
Wohlfühlhotel Mühlviertel
    4190 Bad Leonfelden 37
Wolf-Dietrich 5020 Salzburg 142
Wöscherhof 6271 Uderns 445

Y

Yscla 6561 Ischgl 379

Z

Zaglgut 5710 Kaprun 380
Zeitgeist Vienna 1100 Wien 160
Zhero Hotel 6555 Kappl 173
Zillergrund Rock 6290 Mayrhofen 432
Zillertalerhof 6290 Mayrhofen 179
Zoku Vienna 1020 Wien 161
Zola 1020 Wien 247
Zugspitz Resort 6632 Ehrwald 200
Zum Goldenen Hirschen 4810 Gmunden 223
Zum Mohren 6600 Reutte 67
Zum Oberjäger 7322 Lackenbach 362
Zum Teichwirt 8163 Teichalm 273
Zum Verwalter 6850 Dornbirn 132
Zur Post 5340 St. Gilgen 357
Zur Wiener Staatsoper 1010 Wien 246
Zürserhof 6763 Zürs am Arlberg 391
Zwölferhaus 5754 Hinterglemm 378